改革开放以来绿色发展的理论与实践

陈 慧 著

东方出版中心

图书在版编目（CIP）数据

改革开放以来绿色发展的理论与实践 / 陈慧著. —
上海：东方出版中心，2021.11
ISBN 978-7-5473-1786-0

Ⅰ. ①改… Ⅱ. ①陈… Ⅲ. ①绿色经济－经济发展－
研究－中国 Ⅳ. ①F124.5

中国版本图书馆CIP数据核字（2021）第026845号

改革开放以来绿色发展的理论与实践

著　　者　陈　慧
责任编辑　杨　帆
封面设计　钟　颖　陈绿竞

出版发行　东方出版中心
地　　址　上海市仙霞路345号
邮政编码　200336
电　　话　021-62417400
印 刷 者　杭州日报报业集团盛元印务有限公司

开　　本　890mm × 1240mm　1/32
印　　张　8.875
字　　数　176千字
版　　次　2021年11月第1版
印　　次　2021年11月第1次印刷
定　　价　58.00元

序

建设美丽家园是人类的共同梦想。纵观人类文明发展史，生态兴则文明兴，生态衰则文明衰。陈慧博士这本专著体现了马克思主义学者深刻的人文情怀，对我国生态问题乃至全球生态文明之路，进行了比较深入的思考和有益的探索。我作为她的导师，借此书出版之机说几句话，既要表示由衷地祝贺，也要对作者研究生态问题的理论价值和现实意义谈几点看法，权作该书的序。

人们永远不会忘记，2020年突如其来的新冠肺炎疫情，引发了世界对“人与自然”之关系的再思考。科学技术的发展本身是把双刃剑，一方面能够为人类带来幸福生活，一方面也会带来巨大灾难。如何避免灾难的发生？陈慧博士给出了可供借鉴的答案，该著对于人类树立绿色发展理念，走绿色发展道路，构建“人类绿色命运共同体”，具有一定的理论价值和实践意义。

绿色是生命的象征，发展是时代永恒的主题，绿色发展是时代主流和人民的期盼。党的十九大报告提出，我们正在建设的现代化是人与自然和谐相处的现代化。绿色发展理念是“新发展理念”之一，表明绿色发展已成为党的执政理念，与“五位一体”总体布局一脉相承，同人民日益增长的美好生活新期待相呼应。探索绿色发展的理论与实践是解决当代中国生态问题的根本之策。这是该著的中心思想和作者的初衷。

陈慧博士在第一章“奠基与借鉴：绿色发展的理论资源”里，提出了中国传统文化中绿色意蕴是绿色发展的思想来源，体现了“文化自信”；马克思主义生态观的绿色引领为绿色发展的构筑提供了立场、观点和方法的指导，马克思恩格斯的自然观、和谐观、价值观是对传统发展观念的扬弃与超越，为绿色发展理念的形成奠定了理论基石；对西方生态马克思主义、生态女性主义、生态后现代主义、有机马克思主义等主要生态思潮的吸纳与批判，为绿色发展理论的构建提供了借鉴。第二章“回眸与省思：绿色发展的实践探索”，从绿色发展的思想历程、绿色发展的国际审视、绿色发展的现实困境三个方面阐述了改革开放以来中国绿色发展的历史脉络和国际、国内绿色发展的实践探索，反思资本主义发达国家和发展中国家绿色发展的实践困境，为中国绿色发展战略的选择提供了国际视野和理论、现实依据。第三章“坚守与承诺：绿色发展的理论建构”，从绿色发展的理念建构、模式建构以及目标建构三个层面进行阐述，将“绿色发展”理论有关元素认真归纳、渗透其中，梳理出绿色发展的理论体系及其规律性，以期为绿色发展的理论构建提供有价值的参考。第四章“创新与超越：绿色发展的实践指向”，从“加强绿色顶层设计，实现生态治理现代化；倡导绿色生产方式，发展新型绿色经济；崇尚绿色生活方式，培育绿色生态文化；加快绿色国际合作，打造绿色命运共同体”等方面提出中国绿色发展的战略路径，为国际社会和广大发展中国家选择绿色发展道路提供了有益的借鉴。

特别是第五章,“示范与启示:绿色发展的广东实践”,呈现了中央与地方在绿色发展过程中的互动和地方特色。广东作为改革开放的前沿,曾遭遇生态破坏并因此付出了沉重的生态环境代价,经过40多年的治理和保护,正努力打造全国生态第一省。广东绿色发展的生动实践为全国其他地区乃至世界发展中国家提供了比较成功的案例。

“春华秋实”,陈慧博士的辛勤付出,得到了回报。我看到在她身上始终洋溢着奋发向上、敢于登攀的精神。博士在读之前,她就已经是教授职称了。但是,她仍然是戎装再出发,发奋苦读、只争朝夕,真正夯实了自己的马克思主义理论功底。该书文风清新、说理透彻,具有较强的前瞻性、创新性,体现了研究者的家国情怀和责任担当,我希望此书能够为建设“美丽广东”提供借鉴,为建设“美丽中国”添策增力,也希望她在今后治学的征程中,能走得更远,取得更加优异的成绩。

赵智奎

2020年9月10日

于中国社会科学院

马克思主义研究院

目　录

CONTENTS

绪　论

一、研究缘起与选题意义 / 002
二、研究思路与内容框架 / 010
三、研究方法与创新之处 / 013

第一章　奠基与借鉴：绿色发展的理论资源

第一节　中国传统生态智慧的绿色发展意蕴 / 015
一、儒家："天人合一"的共同发展思想 / 016
二、佛教："众生平等"的和谐发展思想 / 019
三、道家："道法自然"的持续发展思维 / 021
四、少数民族地区的绿色生态思想 / 025
第二节　马克思主义生态观的绿色引领 / 028

一、马克思、恩格斯的自然观 / 028
二、马克思、恩格斯的和谐观 / 032
三、马克思、恩格斯的价值观 / 034
第三节 西方主要生态思潮的吸纳与批判 / 036
一、生态马克思主义的绿色价值诠释 / 037
二、生态女性主义绿色权利呈现 / 041
三、生态后现代主义的绿色理念彰显 / 047
四、有机马克思主义的绿色正义审视 / 050
本章小结 / 058

第二章 回眸与省思：绿色发展的实践探索

第一节 绿色发展的思想脉络 / 061
一、摸索中前进：新时期协调发展观（1978—1991） / 062
二、实践中确立：可持续发展观(1992—2002) / 064
三、确立中发展：科学发展观(2002—2012) / 066
四、发展中升华：新时代的绿色发展思想（2012 年至今） / 068
第二节 绿色发展的国际省思 / 074
一、"先污染、后治理"的生态检视 / 074
二、全球"绿色新政"的广泛兴起 / 078
三、"全球绿色治理"的两难抉择 / 082

四、对生态帝国主义的批判及应对 / 086
第三节 绿色发展的实践困境 / 090
一、资本逻辑与生态逻辑的内在冲突 / 091
二、交换价值与生态价值的难以相容 / 094
三、环境破坏与生态治理的并存 / 097
本章小结 / 100

第三章 坚守与承诺：绿色发展的理论建构

第一节 绿色发展的理念建构 / 102
一、从“黑色”到“绿色”的范式转型 / 103
二、从唯 GDP 到绿色 GDP 的价值重建 / 106
三、从“五位一体”到“新发展理念”的绿色延伸 / 109
第二节 绿色发展的模式建构 / 112
一、绿色发展的内涵要义：代内正义与代际正义的统一 / 112
二、绿色发展的时代特征：创新性、生态性、共享性、人本性的结合 / 116
三、绿色发展的价值旨归：人类主体与自然客体的融合 / 120
第三节 绿色发展的目标建构 / 122
一、民生幸福：绿色发展的至上价值诉求 / 122
二、两型社会：绿色发展的必由路径选择 / 125

三、生态文明：绿色发展的精神内核强化 / 128
四、美丽中国：绿色发展的崇高目标彰显 / 131
本章小结 / 136

第四章　创新与超越：绿色发展的实践指向

第一节　加强绿色顶层设计，实现生态治理现代化 / 139
一、坚守制度护航与法制支持 / 139
二、构筑立体多维“绿色治理体” / 143
三、考核绿色发展政绩主体责任 / 148
四、实现生态治理体系和治理能力现代化 / 151
第二节　倡导绿色生产方式，发展新型绿色经济 / 154
一、推动绿色生产方式和乡村振兴的协同 / 154
二、促进环境治理和生态修复的统一 / 157
三、实现生态保护与经济发展的双赢 / 160
四、完善绿色低碳循环发展的经济体系 / 163
第三节　崇尚绿色生活方式，培育绿色生态文化 / 167
一、树立生活理念“绿色化” / 167
二、坚持消费行为“绿色化” / 170
三、增强生态意识“绿色化” / 173
四、培育生态文化“绿色化” / 177
第四节　加快绿色国际合作，打造绿色命运共同体 / 180
一、完善绿色发展全球化机制 / 180

二、掌握绿色国际标准话语权 / 184
三、助力绿色“一带一路”倡议 / 187
四、打造人类绿色命运共同体 / 190
本章小结 / 195

第五章 示范与启示：绿色发展的广东实践

第一节 “绿色广东”的整体性分析 / 198
一、“绿色广东”的生态转向 / 199
二、“绿色广东”的优势、劣势分析 / 201
三、“绿色广东”的机遇、挑战分析 / 205
第二节 “美丽广东”的实施路径 / 208
一、践行“两山论断” / 209
二、打好“三大战役” / 211
三、建设“四大工程” / 213
四、构筑“五大体系” / 215
第三节 广东绿色发展的典型经验 / 217
一、绿色城市的广东典型经验 / 218
二、绿色建设的广东先行经验 / 224
三、绿色乡村的广东实践经验 / 228
四、绿色粤港澳大湾区的探索经验 / 232
第四节 广东绿色发展的当代启示 / 235
一、务实：以求真务实改善环境质量 / 236

二、发展：以锐意改革推动环境保护 / 239
三、协同：以齐抓共管健全体制机制 / 241
四、创新：以敢为人先破解环保难题 / 243
五、法治：以法治思维保障绿色发展 / 245
本章小结 / 248

第六章　凝聚绿色发展合力　实现美丽中国崛起

一、凝聚绿色发展合力 / 252
二、实现美丽中国崛起 / 254

参考文献 / 257

后　记 / 266

绪　论

绿色是生命的象征，发展是时代永恒的主题。民有所呼，党有所应。党的十八届五中全会明确提出了创新、协调、绿色、开放、共享的发展理念，这是"十三五"乃至更长时期我国的发展思路、发展方向和发展着力点，体现了我们党对发展规律的新认识①。因此，实现发展目标、破解发展难题、厚植发展优势，应牢固树立并贯彻落实创新、协调、绿色、开放、共享的发展理念。与可持续发展和生态文明建设相比较，绿色发展直接瞄准"十三五"期间的发展要求，在内容的侧重点上，突出"绿色"发展，是直接针对现存的问题和短板的②。因此，绿色发展是扬弃和超越过去传统的发展理念。建立绿色发展理念，走绿色发展之

---

① 《中共中央关于制定国民经济和社会发展第十三个五年规划的建议》，2015年11月4日《人民日报》第1版。

② 范和生、刘凯强：《从黑色文明到绿色发展：生态环境模式的演进与实践生成》，《青海社会科学》2016年第2期。

路,才能从根本上解决当代中国的发展问题。

一、研究缘起与选题意义

(一)研究缘起

无论当今世界还是今日中国,都正遭受着生态危机。新中国成立七十年来,我国工业化走过了后起大国的典型道路。改革开放以来,中国取得了令世界瞩目的成就,但由于追求经济快速增长的发展方式,中国付出了沉重代价,各类生态问题的涌现是民生之患、民心之痛、发展之殇,已成为制约中国经济社会可持续发展的短板和建设美丽中国、实现绿色中国梦的最大阻碍。因此,直面这一严峻现实,必须与工业文明黑色发展模式彻底决裂,积极探索绿色发展道路,实现从黑色发展道路向绿色发展道路的根本转变,建成生态文明绿色强国。作为马克思主义中国化在生态环境问题研究上的最新成果,绿色发展理念的提出,是对建立在科学发展观基础上的可持续发展理念的升华,是党中央在洞察世界绿色发展趋势的基础上,做出的具有全局性开创意义的战略新部署。绿色发展理念对我国当前和今后一个时期的发展具有重要引领作用。

从全球来看,绿色发展是全球生态危机治理的内在诉求。绿色发展是对生态危机的反思和生态运动的产物,工业革命使世界发生了翻天覆地的变化。随着科学技术的飞速发展,人类利用自然资源创造了大量新产品,人们的欲望得到了极大的满足。同时,传统的发展方式也带来了许多问题。环境灾害频繁发生。人们为自己的行为付出了沉重的环境代价。20 世纪中叶以后,资本主义社会相继发生了八大公害事件,引发了人们对环境问题的高度关注。绿色思潮是工业文明发展到一定阶段的产物,这是对传统工业文明带来的生态环境危机的深刻反思。21 世纪,人类发展面临三大挑战:气候变化、资源危机和环境恶化,地球村将快速成为地球城。2008 年 10 月,联合国环境规划署(简称环境署)提出了发展绿色经济的倡议。2011 年 2 月,环境署发布的《绿色经济报告》指出,发展绿色经济是人类可持续发展和消除长期贫困的重要战略,为世界各国应对金融危机提供了新的思路和策略。然而,这些发展观未能解决人与社会、自然之间的和谐平衡关系。当前,以生态贫困、生态风险和生态危机为特征的人类社会与自然关系的紧张,已成为全球经济和社会发展面临的共同问题。如何理性地认识、对待和正确处理好经济发展、社会进步和生态环境之间的关系,并实现绿色发展,是世界各国需要回答的重要问题。

随着经济全球化的发展,世界各国越来越关注经济发展带来的全球性生态问题,生态问题已成为全球性课题。国家有国界,而生态问题没有国界,任何一个国家造成的生态问题都可以成为整个地球的灾难,全球生态问题已成为全人类共同面对的头等重要的紧迫性课题。面对全球性生态危机,世界各国开始探索当代人利益和后代人利益、局部利益和全局利益、经济利益和环境利益相结合的可持续发展道路,全球绿色发展已经呈现出政治协同和科技合作的趋势,世界各国自觉地意识到大家已进入相互依存的绿色命运共同体。2015 年,195 个国家代表团、近 2 000 个非政府组织团体,参加巴黎气候变化大会,为应对气候变化威胁、达成全球共识做出历史性尝试,近 200 个缔约方成功达成《巴黎协定》。在绿色发展大趋势下,全球责任分担也有着不和谐的音调。在世界各国寻求绿色发展道路,搭建环境、气候合作平台的背景下,发达国家和发展中国家在认识上存在着立场分歧,这使得达成广泛协议、凝聚合作共识受到严重阻碍。发达国家依靠大量消耗自然资源,先行发展,是导致气候变化、全球变暖的主因,理应按照历史责任和目前发展水平承担更大部分的责任。正如习近平总书记指出,“发达国家和发展中国家对造成气候变化的历史责任不同,发展需求和能力也存在差异。就像一场赛车一样,有的车已经跑了很远,有的车刚刚出发,这个时候用统一尺度来限制车速是不适当的,也是不公平的。”①西方社会强调的可持续发展,在某种程度上是被动的,它们依然没有找到真正的绿色发展道路。作为世界上最大的发展中国家,为了顺应绿色发展潮流,中国做出了战略选择,呼吁国际社会携手并进,共谋全球绿色发展之路。为了牢固树立尊重自然、顺应自然、保护自然的意识,坚持走绿色、低碳、循环、可持续发展之路,发达国家应承担历史责任,履行减排承诺,向发展中国家提供短期和长期的财政和技术支持,以适应和缓解气候变化。习近平总书记指出:“中国将继续承担应尽的国际义务,同世界各国深入开展生态文明领域的交流合作,推动成果分享,携手共建生态良好的地球美好家园。”②

从国内来看,绿色发展是破解中国日益严重的生态危机、建设有中国特色的社会主义生态文明、实现中国生态治理能力现代化、满足新时代人民日益增长的美好生活需要、打造“人类绿色命运共同体”的必由

---

① 习近平:《共同开启中英全面战略伙伴关系的“黄金时代” 为中欧关系全面推进注入新动力》,2015 年 10 月 19 日《人民日报》(海外版)。

② 习近平:《携手共建生态良好的地球美好家园》,2013 年 7 月 21 日《人民日报》第 1 版。

之路。2002年,联合国开发计划署在《2002年中国人类发展报告:让绿色发展成为一种选择》中首先提出"绿色发展"。报告提出了在可持续发展的十字路口,中国所面临的挑战,这是2002年联合国开发计划署根据中国国情提出的中国的发展道路。实施绿色战略是中国经济可持续发展的战略选择①。改革开放以来,中国经济快速增长,取得了令人瞩目的成就。然而,在受经济增长和GDP崇拜的发展观念的支配下,人们对自然的开发和利用较少约束,生态秩序遭到一定程度的破坏。中国正以最脆弱的生态系统支撑着人口最多、最强劲的发展势头,越来越多的耕地、草地、森林和植被遭受破坏,造成水土流失、物种减少、自然灾害频发、环境污染日趋严重、工业和城市垃圾增多②。根据《全国生态保护与建设规(2013—2020)》统计,水土流失面积295万平方公里,沙化土地面积173万平方公里,人均森林面积仅为世界平均水平的23%,90%以上的天然草场有不同程度退化,野生动物、植物受威胁比例达15%~20%③。中国因生态恶化强烈呼唤绿色发展,生态环境问题的严峻挑战促使公民环保意识的不断觉醒,推动了国家生态治理能力问题的理论研究和实践探索。面对人们对环境保护的期望和要求,必须加强党的执政能力和巩固党的执政基础④。绿色发展作为一种新的发展理念,呼唤一种新的生态治理框架和治理行动逻辑。中国应顺应全球绿色发展潮流,坚定不移地走可持续发展道路。中国共产

---

① 王秋艳:《中国绿色发展报告》,中国时代经济出版社2009年版。

② 胡鞍钢:《中国:绿色发展与绿色GDP》,《理论参考》2006年第4期。

③ 国家发展改革委、科技部、财政部、国土资源部、环保部、住建部、水利部、农业部、国家统计局、国家林业局、中国气象局、国家海洋局:《全国生态保护与建设规划(2013—2020年)》,2013年10月。

④ 周生贤:《走向生态文明新时代》,《求是》2013年第17期。

党在践行中国特色社会主义事业中形成的绿色发展理论和绿色发展实践,为全球绿色发展做出了应有的贡献。正如习近平总书记所强调:中国愿意同亚洲各国一道,转变发展方式,“走出一条符合时代潮流、具有亚洲特色的绿色发展和可持续发展之路”①。习近平总书记在多个场合倡导以平等和相互尊重为基础,以开放包容、合作共赢的心态谋求共同发展,打造人类命运共同体,实现人类永续发展,为国际关系发展提供新理念、开辟新愿景②。2015 年 10 月,习近平总书记提出了“共商共建共享”的全球共同治理理念,指出要推动全球治理理念创新发展。2017 年 10 月习近平总书记在党的十九大报告中明确指出:“经过长期努力,中国特色社会主义进入了新时代,这是我国发展新的历史方位。”③新时代最显著的特征就是我国社会的主要矛盾已经转变为“人民日益增长的美好生活需要和不平衡不充分的发展之间的矛盾”。人民群众对优美环境的需要越来越强烈,因此,构筑绿色发展的生态体系,是贯彻落实到 21 世纪中叶,把我国建成为富强民主文明和谐美丽的社会主义现代化强国目标的需要。2017 年 12 月 1 日,习近平总书记在世界政党高层对话会上,阐述了构建人类命运共同体的内涵之一,就是建设一个山清水秀、清洁美丽的世界,让自然生态休养生息,让人人都享有绿水青山。

---

① 习近平:《携手推进亚洲绿色发展和可持续发展》,2010 年 4 月 11 日《人民日报》第 1 版。

② 习近平:《携手构建合作共赢新伙伴 同心打造人类命运共同体——在第七十届联合国大会一般性辩论时的讲话》,2015 年 9 月 29 日《人民日报》第 2 版。

③ 习近平:《决胜全面建成小康社会 夺取新时代中国特色社会主义伟大胜利——在中国共产党第十九次全国代表大会上的报告》,2017 年 10 月 28 日《人民日报》第 1 版。

在理论研究上,20 世纪 60 年代发达国家的绿色运动逐渐兴起,带来了绿色理念的流行。绿色理念起源于经济界,随着不断地发展和扩充,绿色理念覆盖了从生产到消费、从流通到分配、从技术到制度、从发展到文明的各个层次。当前,"绿色发展"已从单纯的经济学名词转变为一种发展理念和发展实践,引发了世界各国的高度关注①。总体来说,尽管当前绿色发展的研究成果非常丰富,但尚未形成完整的、系统的理论体系,提法比较分散,因此将政治制度、经济模式、文化扩散等方面进行统一架构,梳理整个绿色发展理论体系有着重要的理论意义。在经过了一个系统化的过程后,绿色发展理论从经济领域到社会领域再到政治形态的发展过程,为绿色发展的研究提供了理论基础和现实材料。国外绿色发展的研究相对集中在对绿色经济和可持续发展理论等领域的研究,尚未形成一个系统的理论体系,绿色经济、绿色增长、绿色 GDP 理论在国外也存在着不确定性,没有成熟的经验和模式。就国内而言,改革开放以来,政界和学术界对绿色发展的重要性已形成共识,党在不同的历史时期分别提出了可持续发展理论、科学发展观和生态文明理论。但是对绿色发展理论的内涵理解还存在一定模糊,学术界研究的重点也大都集中在生态文明上,对绿色发展理论体系的构建尚不完善,对绿色发展与可持续发展、科学发展观以及生态文明的关系界定不清,对绿色发展的发展规律研究得还不够深入,对绿色发展的理论构建尚未有新的突破。

在实践研究上,绿色发展已经成为当今世界经济发展的主旋律。

---

① 秦书生:《习近平的绿色发展思想探析》,《理论学刊》(济南)2015 年第 6 期。

从世界范围看，绿色发展指数的研究进行了将近四十年，虽然各种指标层出不穷，但对区域可持续发展的现状还没有进行真正全面地反映，国际社会还没有统一的绿色核算指标体系[①]。改革开放以来，中国学者在绿色发展的实践方面进行了深入的研究，中国共产党的几代领导人也做出了不懈的探索。

中国作为世界上经济发展的重要力量，要想保持经济的平稳持续发展，亟待新的发展理念的指引，这需要将绿色发展的实践研究落实到制度设计、政府管理和地方操作等层面，这是我国实现“十三五”绿色发展目标的必经之路。由于制度设计和政府管理设计等方面仍未深入实践，中国实现绿色发展的目标将会遇到极大的挑战。因此，从更高层面上针对绿色发展的内在机理、发展模式以及实证研究等方面进行实践研究将是今后的热点和努力的方向。本书选择了中国改革开放的前沿，作者长期工作生活的地方，也是全国绿色发展水平较高的地区——广东作为绿色发展研究的实践范本，以期能够提供一个全新的典型实践借鉴。

（二）选题意义

1. 理论意义

（1）为建设中国特色社会主义绿色发展理论提供参考。在“十三五”规划中，绿色量化指标比重增加，意味着绿色发展已成为我国新时代的重要发展主题，本书直接瞄准“十三五”期间的发展要求，突出绿色发展，直接针对现存的问题和短板。本书比较全面系统地阐述了改

① 杨灿、朱玉林：《国内外绿色发展动态研究》，《中南林业科技大学学报（社会科学版）》2015 年第 6 期。

革开放以来绿色发展的历程演进,深入研究了绿色发展的理论体系,丰富了新时代中国特色社会主义绿色发展思想。

(2) 加深了对马克思主义发展观的认识。绿色发展是对马克思主义生态观的回归和创新。本书通过对绿色发展理论资源进行阐述和对绿色发展历程演进进行梳理,反思西方现代发展和中国绿色发展的困境,进一步阐释了理解可持续发展、科学发展以及绿色发展的内在关联性,对绿色发展模式进行了创新解读,加深了对马克思主义发展观的认识。

(3) 增强了对绿色发展理念的认识。“五大发展理念”是“十三五”乃至更长时期我国的发展思路、发展方向和发展着力点,彰显了我们党对中国发展规律的新认识、新探索。本书对绿色发展理论建构的研究和挖掘,有助于增强对绿色发展理念的认识。

2. 实践意义

(1) 为全球绿色发展实践注入了中国特色的绿色要素。本书从现实视角对我国绿色发展道路进行分析,探索绿色发展道路的实践方向,为应对全球生态危机、构建人类绿色命运共同体提供全新的视野,对全球治理和中国的生态文明建设具有理论价值。

(2) 为发展中国家发展道路的选择提供绿色向导和道路示范。本书基于中国改革开放以来从“黑色发展”到“绿色发展”道路的探索和实践,在此基础上总结出的成功经验和教训,对世界上同类发展境遇的发展中国家具有重要的借鉴意义和参考价值。

(3) 对中国绿色发展战略路径选择具有重要的借鉴和启迪作用。本书立足于中国绿色发展的现实状况,深入探究了中国绿色发展的具体道路，为解决中国生态危机问题提供了一定的借鉴，对中国绿色发展战略路径的选择具有一定的启迪作用。

(4) 对广东绿色发展的典型实践研究可为决策者走出区域绿色发展困境，制定绿色发展政策提供依据。本书作者长期在广东生活、学习、工作，把广东的绿色发展实践作为典型案例，力求探寻中国的区域绿色发展的实践路径，切实为政府实现绿色发展提供了一种全新的实践空间。

二、研究思路与内容框架

(一) 研究思路

在人类社会发展过程中，对发展模式的选择历经了许多探索，由此形成了绿色发展的新的发展模式。绿色发展的理念具有鲜明的问题导向，体现出我们对自身发展中存在的问题和世界各国在发展中普遍存在的问题有着清醒的认识。在新常态下，日益紧张的资源约束、生态环境脆弱的严峻形势，成为制约经济持续发展的主要矛盾、中华民族永续发展的重大隐患，阻碍了人民生活质量的提高。对于我国这个处于工业化、城镇化阶段的发展中国家而言，如何在经济发展与生态环境保护之间实现双赢，是亟待解决的难题。

正是基于改革开放以来，我们对在发展中遭遇的突出问题的深刻认识和全面回应人民群众的期盼，绿色发展理念成为今后发展中必须坚持的方向。本书研究的整体思路：围绕绿色发展和美丽中国两个着重点，由两者相关理论入手，继而寻找两者之间理论与实践的契合点。具体思路为：从界定与绿色发展相关的概念开始，认真梳理绿色发展的理论资源和实践探索，深入研究绿色发展的理论体系和实践路径，最后用广东绿色发展的典型案例为相关部门提供决策参考，完成从理论到实践的研究路线。

（二）内容框架

本书的框架分为绪论和主体两部分。

绪论部分主要对选题的来源、选题的意义等概念进行了说明，并对几者之间的关系进行了归纳。通过对概念的界定、理论的阐释和研究内容的梳理，引出论题，为本书总体的展开作伏笔和铺垫。

第一章为“奠基与借鉴：绿色发展的理论资源”。这一章是主体研究内容的理论准备。中国传统文化中绿色意蕴是绿色发展的思想来源，体现一种“文化自信”，马克思主义生态观为绿色发展的构筑提供了立场、观点和方法的指导，是对传统发展观念的扬弃与超越，为绿色发展理念的形成奠定了理论基石，对西方主要生态思潮的吸纳与批判为绿色发展理论的构建提供了借鉴。

第二章为“回眸与省思：绿色发展的实践探索”。这一章从绿色发展的历程演进、绿色发展的国际审视、绿色发展的实践困境三个方面阐述了改革开放以来中国绿色发展的脉络，通过绿色发展的国际、国内背景的介绍，指出“全球绿色新政”的广泛兴起，推进了中国走绿色发展之路的进程。中国面对生态危机的重重挑战，谋划在“全球绿色治理”中掌握话语权。本章针对全球生态危机的现实存在，反思西方发展模式对发展中国家的影响，并对中国绿色发展的形成历程进行了系统、认真的梳理，这些都为中国绿色发展战略的选择提供了国际视野和理论依据。

第三章为“坚守与承诺：绿色发展的理论建构”。这一章是本论题的重点、难点章节，目前对于绿色发展理论建构尚未有系统的论述，此章尝试从绿色发展的理念建构、绿色发展的模式建构、绿色发展的目标建构三个层面进行阐述，将“绿色发展”理论有关的时尚元素认真归纳、渗透其中，试图理出绿色发展的理论体系及其规律性，以期为绿色发展的理论构建提供有价值的参考。

第四章为“创新与超越：绿色发展的实践指向”。这一章也是本论题的重点章节，坚持历史与现实、时间与空间、理论和实践的有机统一，分别从“加强绿色顶层设计，实现生态治理现代化；倡导绿色生产方式，发展新型绿色经济；崇尚绿色生活方式，培育绿色生态文化；加快绿色国际合作，打造绿色命运共同体”四个方面提出中国绿色发展的战略路径，丰富了中国绿色发展理论，为国际社会和广大发展中国家的绿色发展实践提供了借鉴。

第五章为“示范与启示：绿色发展的广东实践”。这一章以广东地区为例，呈现中央与地方在绿色发展过程中的互动和地方特色。广东作为改革开放的前沿，曾遭遇生态危机付出惨重代价，经过三十多年的治理和保护，正努力打造全国生态第一省。本章以“绿色广东”—“美丽广东”—“幸福广东”为主线，着重介绍了绿色城市、绿色建设的广东典型实践，从而得出广东绿色发展的当代启示，为全国所有地区乃至世界各国提供一个绿色发展的比较成功的案例。

第六章为“凝聚绿色发展合力　实现美丽中国崛起”。这一章主要阐述了未来绿色发展理论与实践的展望。

三、研究方法与创新之处

（一）研究方法

（1）辩证唯物主义和历史唯物主义方法。绿色发展是马克思主义发展观的最新成果，马克思、恩格斯的辩证唯物主义和历史唯物主义理论是研究绿色发展的主要方法，是梳理和探索马克思生态思想脉络的重要内容。本书通过理论研究与实证分析的方法对现实存在的生态危机、环境问题加以解读，尝试构建一个相对系统的当代中国绿色发展的理论体系。

（2）文献研究法。本书对文献的收集和参考主要集中在马克思主义经典作家有关生态思想的著作、国外与绿色发展相关的论著论文、中国学者的相关论著以及改革开放以来的涉及中国绿色发展相关文件的收集，以便全面、充分地把握绿色发展研究的前沿。特别是重视对改革开放以来党和政府关于绿色发展的文献资料的搜集，试图厘清绿色发展理论形成和发展的脉络，为本书的写作奠定重要而详实的文献基础。

（3）多学科综合研究方法。本书运用政治学、经济学、生态学、环境学、社会学等诸多学科知识进行研究。绿色发展作为一种新的发展理念和发展战略，实质上体现了当代发展的最新理念和人们对发展的理想追求。因此，需要从多学科的视角加以综合分析。

（4）比较研究方法。绿色发展是在对西方现代发展观进行科学批判的基础上建立的。通过对国内外主要绿色发展理论的比较分析，找出发达国家和发展中国家绿色发展理论的异同，有助于总结经验和不足，为中国的绿色发展道路提供合理的借鉴，进一步展现绿色发展的当代价值和现实意义。

（5）**个案研究法**。本书采用整体研究与地方考察相结合的研究方法，以广东地区为例，呈现中央与地方在绿色发展理论建构过程中的互动和地方特色，深入广东的城市和农村，寻找广东绿色发展的典型经验，并对特定领域的专家、政府官员进行了访谈。

（二）创新之处

（1）**选题的创新**。“绿色发展”是当下热点话题，是党的“新发展理念”之一。尽管学术界从不同视角对绿色发展进行了大量研究，但对“中国绿色发展的理论与实践研究”相结合的研究成果较少。本书把当代中国绿色发展置于全球绿色发展的背景下进行研究，既表明绿色发展在当代中国发展中的重大现实意义，也凸显了中国的绿色发展对全球重建绿色发展模式、实现人与自然和谐的示范意义。

（2）**研究方法的创新**。总体而言，学术界目前对绿色发展研究大多局限于经济学、生态学等学科，未能形成完整的理论体系。本书以马克思主义基本原理为理论基础，运用和吸收了政治学、经济学、生态学、社会学等多学科的理论观点，再将这些运用到绿色发展的理论与实践的论述中去，试图展现绿色发展理论的创新性和科学性。

（3）**实证研究的创新**。本书以马克思主义理论为指导，认真梳理了各个学科的绿色发展思想，开辟了马克思主义发展观研究的新领域。本书选择了作者的居住地广东这个在中国绿色发展方面具有典型意义的区域作为实证研究，使本书血肉更加丰满，具有较强的说服力。

第一章
奠基与借鉴：绿色发展的理论资源

绿色发展理念是马克思主义生态文明思想和中国优秀文化基因的有机融合。绿色发展汲取了中国古代朴素的生态思想，中华文明积淀了丰富的生态智慧，关于对自然取之以时、取之有度的思想古已有之。“天人合一”、“众生平等”、“道法自然”的生态思想是当代绿色发展理念的深厚积淀；马克思主义的生态观为绿色发展理论的构建提供了立场、观点和方法的指导，是对传统发展观念的扬弃与超越；生态马克思主义、生态女性主义、有机马克思主义为绿色发展的实现提供了一定的理论资源和批判借鉴。

第一节　中国传统生态智慧的绿色发展意蕴

绿色发展根植于中国本土，具有源远流长的思想文化传统，必然受到中国传统文化的浸润。在中国古代,人与自然和谐共生的文化传统是绿色发展理念形成的源头,闪烁着中国古代的生态智慧,中国生态智慧为绿色发展理论的形成提供了重要的文化根基。

一、儒家:“天人合一”的共同发展思想

“天人合一”是中国传统文化中生态思想的核心,以形象简明的话语表达了古代人的生态思想智慧,贯穿中国古代各主要学派的思想主线,成为中国文化乃至东方文化的基本格调,蕴含着十分丰富的生态智慧,是当今中国绿色发展理念的重要思想来源。

(一)“天人合一”思想的发展演进

中华民族经过世世代代的繁衍生息,创造了灿烂的民族传统文化。在博大精深的传统文化孕育和发展的历程中,“天人合一”的思想占据了重要地位,构建了中华传统文化的主体,学术界将“天人合一”理念置入儒家的语境中加以展开。孔子云:“天何言哉,四时行焉,万物生焉,天何言哉!”①孔子认为自然万物与人是一个整体,即“天人合一”。汉代董仲舒的观点丰富了儒家的“天人合一”思想。他明确提出天与人“合而为一”,“事各顺于名,名各顺于天。天人之际,合而为一,同而通理,动而相益,顺而相受”②。宋代张载最早从哲学范畴明确提出“天人合一”,提出“理不在人,皆在物,人但物中之一物耳”③。“天人合一”思想强调天人关系的密不可分,具有丰富的内涵,主张人们在社会

---

① 引自《论语·阳货篇》。
② 引自《春秋繁露》。
③ 引自《张载集》。

发展中对待自然以仁爱之心，以自身在大自然中的融入为最大的快乐和最高的追求。“天人合一”思想的核心是指人是自然界的产物，人与自然是不可分割的统一整体。“天地感而万物化生”①。这里说明万物的生长受到天地的制约，人类和万物永远都是自然界的一部分。因此，我们必须自觉地去“顺天命”，爱护自然，合理利用自然，达到人与自然的和谐发展。中国传统文化中的“天人合一”的朴素生态保护的伦理观念，与保护自然、适度消费等绿色发展思想高度吻合，为坚持人与自然的和谐与统一提供了思想渊源。

（二）“天人合一”思想的生态启示

儒家传统文化中“天人合一”的思想蕴含了丰富的绿色发展理念，对于当今维护生态系统平衡、促进人与自然和谐、拯救脆弱的生态环境、思索寻求解决生态问题具有重要的启示。

1.“天人合一”的和谐观

“天人合一”的思想精神以“和谐”为最高价值取向。“天人合一”的“合”强调人的积极性与主动性。“合”不是简单把人置于自然界中，而是在人与自然的交往中和谐共处。因此，人类要担负起尊重自然、顺应自然和保护自然的生态责任，这对于构建社会主义和谐社会具有重要意义。“和”是中国哲学精神的思维特质，“和”是“天人合一”思想与现代生态伦理思想相契合的关键，“和”追求的是人与人之间的和谐以及人与自然关系的平衡，为人与自然的和谐提供了强大的理论支撑。与现代的绿色发展理论相比，儒家的“天人合一”具有历史性和时代

① 引自《周易·咸·象》。

性,“天人合一”思想要实现古为今用,必须与现实相结合。当前,我国绿色发展理念要求人与自然、人与人、人与社会和谐共生及全面发展,强调人的自律与自觉以及人与自然的相互依存,其核心就是人与自然的和谐共生。

2.“天人合一”的整体观

“天人合一”的整体观主要指人和大自然是一个不可分割的整体,二者彼此相通而又血肉相连,一荣俱荣,一损俱损。以孔孟为代表的儒家将天、地、人看成世界和宇宙中的统一体。“天人合一”作为一种思维模式,追求宇宙的有机统一,这种整体思维模式,对解决当下全球面临生态危机提供了宝贵的借鉴。“天人合一”思想,强调人与自然的整体性,人作为整体的一部分,难以独立于自然之外,这种整体观体现在把握适度原则,树立节约意识,克制人的贪欲方面,使人类对自然始终保持一种敬畏,推进人与自然共生、共存和共荣。“天人合一”的整体性思维,强调人事应顺乎自然规律,宇宙自然是大天地,人则是一个小天地,人和自然在本质上是相同的。达到人与自然的和谐,就是把宇宙视为一个不可分割的整体,万物相互依存,共生共荣。“天人合一”的整体性思维方式为当前中国绿色发展理念提供了一种合理的思维方式。

3.“天人合一”的仁爱观

“仁”是儒家哲学的重要道德范畴,是中国古代伦理道德的精髓,在儒家看来,天地万物和谐一体,善待动物、植物等自然万物,是人类应有的道德。倡导绿色发展需要在人与自然关系中融入“仁”的情怀,有利于人们树立正确的生态道德观,实现人的全面发展。“天人合一”思想重在“天人合德”,关注人的精神指向。在生态问题凸显的今天,一部分人崇尚享乐主义、拜金主义，关注物质享受，精神世界变得极度空虚，因此应当弘扬“天人合一”思想的道德精华，树立新的生态观，规范人的自身行为，使人内化于心的生态理念转化为外在的生态保护行动，从而实现人与自然的和谐发展与人的全面发展。“仁”是儒家伦理思想的核心，“仁者人也”、“仁者爱人”基本涵盖了儒家仁学的主旨，可视为儒家仁学体系的总纲，儒家的“仁”要求自爱也要求爱人爱物，“天人合一”的生态伦理思想在整体上体现的是一种宽容与和谐的思想，人与自然只有共存共立才能共荣共富。现代生态伦理学赋予“仁”以新的时代内涵，从改善我国当前生态环境的角度而言，“天人合一”思想蕴含了丰富的绿色发展理念，对于促进人与自然的和谐具有极其重要的理论意义。

二、佛教：“众生平等”的和谐发展思想

（一）“众生平等”的思想内涵

“众生平等”是佛教的基本理念，源自产生于公元前6—前5世纪中的印度的佛教。当时的印度宗教界被婆罗门教所主宰。婆罗门教推行种姓制度，在诸种姓中婆罗门位于第一，下等种姓要绝对服从上等种姓。这种等级观念在普通民众的心灵深处根深蒂固，一直持续到佛教产生后才发生明显的改变。早期的佛教徒旗帜鲜明地主张平等观念，反对婆罗门教的种姓不平等理论，提倡不问身份和出身，主张人人平等，人人皆可以修道成佛。“众生平等”的思想观念还由人类推及宇宙众生之间的“平等”。“众生平等”就是把生命主体与生态环境当成是有机统一体，所以要善待和保护每一个弱小的生命体。佛教生命伦理

的思想内核是“众生平等”。“众生”表达了佛教关于人与其他生命体、人与自然之间共生关系的核心思想。佛教的“平等”可分为四个层次：众生与佛平等、人与人平等、人与动物平等、有情与无情平等。也就是说，宇宙万物在佛、人、动物、植物和无机物中是平等的。佛教认为，“一切众生皆有佛性”。

（二）“众生平等”的生态诉求

“众生平等”从约束人类在自然界的实践活动方式着手，重点调控人与自然界的关系，佛教注重节约、节俭的优秀美德与当前的绿色环保运动、节制欲望和绿色消费等不谋而合。

1. “众生平等”的生命价值观

佛教的“众生平等”，展现了“生命没有高低贵贱之分”的生命观。佛教所倡导的“众生平等”不仅仅是人与人的平等，而且还是万物生命的平等，给予一切生命自身的存在价值，确立了尊重生命的伦理价值。虽然佛教有一系列的戒律，但“不杀生”是戒律之首，佛教把生命看成是世间最伟大的，其他生物的生命与人的生命同样宝贵，并拥有与人类平等的生存权。“诸罪当中，杀罪最重；诸功德中，不杀第一”①。因此，佛教第一要义就是珍惜生命，任何生命都有其内在的价值及生存的权力，“敬畏生命”不只是针对人类的生命而言，还包括世间一切的生命，没有对所有生命的尊重，对自己生命的尊重也是无保障的。“众生平等”的理念表达出自然万物的统一与平等，充分地尊重了其他生物的存在价值。“众生平等”具有重要的伦理意义，告诉我们应该以同样的

① 引自《大智度论卷十三》。

方式对待所有与我们共存的人，并与他们和睦相处。可见，“众生平等”思想中蕴含的生命伦理思想，为解决绿色发展中的生态问题提供了重要的参考，也成为当代绿色发展的重要思想源泉之一。

2.“慈悲为怀”的生态伦理观

佛教的生命关怀，最集中于普度众生的怜悯之心。佛教“慈悲为怀”的理念表达了对生命的关怀，“一切诸佛法中慈悲为大”①。慈悲被佛教视为伦理道德的根源及其最高准绳。在佛教看来，“与乐”叫作“慈”，“拔苦”叫作“悲”。所谓慈悲就是一种爱，是净化了的并且升华了的爱，是一种不求回报的布施与奉献。“大慈与一切众生乐，大悲拔一切众生苦”②。“慈悲为怀”主张善结善果、恶有恶果的因果报应，提倡对自然的合理开发和利用，善待自然就必然能够得到善报，不加控制地掠夺和改造自然，最终必然会遭受自然界的报复。这些思想对缓和社会矛盾、保护生态环境具有重要意义。佛家的绿色理念所遵循的慈悲向善的修炼主旨，体现在“慈悲为怀”的伦理精神之上，彰显了人与自然的关系。“一切众生皆可佛”，指出了人类同自然界万物的共同点，即其“佛性”，主张善待万物就是善待自身的观念，倡导只有在公平地对待所有生命的前提下，才能在正确的理念指导下使环境得到彻底和有效的改善，才能建立起合理的生态平衡观。

三、道家：“道法自然”的持续发展思维

“道法自然”是道家的生态思想精髓，当代人文物理学家 F.卡普拉

---

① 引自《大智度论卷二十七》。

② 同上书。

(F. Capra)指出:“在伟大的诸传统中,据我看来,道家提供了最深刻并且是最完美的生态智慧,它强调在自然的循环过程中,个人和社会的一切现象基本一致”[①]。道家维护自然本来面目的主张与现代的生态哲学有诸多契合之处。

(一)“道法自然”的内涵解读

在中国哲学史上,老子首先提出了“自然”这一重要的范畴,并讨论了人与自然的关系。“人法地,地法天,天法道,道法自然”[②],可以解读为“人以地为法,地以天为法,天以道为法,道则唯以自己为法,更别无所法”。老子的“道法自然”的理论,指出人是自然界的一部分,应遵循万物生存发展的内在规律,辅助万物成长,展示出人与自然关系的终极归宿和最高境界。这里的“自然”,是指自然而然的状态,也就是说人类要以“道”为法则。按照老子所说,自然界中的一切事物,包括人的生命,都是自然界创造的产物,都是自然而然生成的,没有主宰者,这是“道法自然”的基本含义。老子认为,“道”是宇宙的本源,是天人之学背后更为根本的范畴,“道之为物,惟恍惟惚;惚兮恍兮,其中有象;恍兮惚兮,其中有物”[③]。在老子看来,道本身既是自然也是规律,道本身有其活动方式,人必须效法“道”行事。庄子提出“齐物论”,“有人,天也;有天,亦天也”[④],他认为只有崇尚和顺应自然,才能实现“天地与我并生,万物与我为一”的崇高境界。庄子认为天地是万物的父母,人

---

① F.卡普拉:《非凡的智慧》(*Uncommon Wisdom*),转引自王泽应:《自然与道德:道家伦理道德精粹》,湖南大学出版社 1999 年版,第 257 页。

② 引自《道德经·道经》第二十五章。

③ 引自《道德经》第二十一章。

④ 引自《庄子·山木》。

类产生于自然界，“天地者，万物之父母也，合则成体，散则成始”[①]。在老子哲学中，天、地、人和道共生共荣，共同组成了宇宙有机整体。老子认为，“天之道”是和谐适中，世界的生成模式是：“道生一，一生二，二生三，三生万物”[②]。此处的“一”是指混沌一体的宇宙，“二”是指宇宙剖分为阴阳；“三”是指阴、阳、合；“三生万物”是指通过阴阳的对立统一，形成世间万物。可见，道家在崇尚“和”的基础上，进一步概括出关于人与自然关系的生态伦理：道生万物，万物平等。

（二）“道法自然”的绿色意蕴

1. 整体生态观

道家哲学认为，世界是一个统一的整体，主要是因为“道”是统一的基础和内在根源。道家认为人与天地万物是一个整体，其本源都是“道”，“道”是天、地、人的根源与基础，空间与时间中的一切自然之物，都是以“道”为其最大的共性和最初的本源。道家思想在生态理念中主张敬畏万物，倡导崇尚自然、尊重自然为最高准则，人们在生产生活中必须顺应自然。“道法自然”体现了道家整体生态观，是道家其他一切思想和理念的基础。“道法自然”的整体生态观，反对人为的破坏，反对人类的妄自尊大，反对竭泽而渔、杀鸡取卵式地对待自然。道家将天地视为一个统一的有机整体，认为它们存在着共同的本质和相同的法则。人类不可能超越自然，不可能超离于自然之外，如果人与自然对抗，违反自然规律办事，就会自我摧残，自我毁灭。道家“道法自然”的

---

① 引自《庄子・达生》。
② 引自《老子》第四十二章。

观点有助于我们从人类和自然界为有机整体的角度认识世界,对于当前构建绿色发展理论具有重要的借鉴意义。

2. 和谐生态观

“道法自然”的和谐生态观包括人与自然的和谐、人与社会的和谐与人的身心和谐,蕴含着明确的关于生态和谐的深层次思考。道家主张遵从宇宙根本法则,并不是主张消极不行动,而是要求不妄为,道家认为人与自然的和谐统一是至高无上的精神境界,其实现途径是“自然无为”。第一,“无为”就是顺着天然规律自然地行为,这种行为也就是让所有的事物生活得自由自在。第二,“无为”是指不私为。“圣人处无为之事,行不言之教;万物作而弗始,生而弗有,为而弗恃,功成而弗居。夫唯弗居,是以不去”①。第三,“无为”是指不过度而为。任何事物都有一个界限,不能超出这个界限而为之。因此,老子强调要以无为的态度和方式达到有为,最终在自然界与人类生活中取得“无不为”的效果。但是,在道家的自然无为思想中确有导致人们消极等待、无所作为、屈从环境等消极的一面。“道法自然”的和谐生态观还追求人的身心和谐,摒弃一切外来因素对生命活动的干扰。当今世界日益严重的生态危机,就是人类过分强夺资源而不采取适当的保护方法,从而造成自然资源的浪费和自然环境的破坏的结果。而老子“道法自然”的价值指导人们维护生态平衡,解决人类生存危机,化解人与自然之间的矛盾。这样的生态伦理在今天的绿色发展道路中,对于人类树立正确的生态伦理观念具有重要的理论价值。

---

① 引自《老子》第二章。

中国古代关于人与自然和谐共生的思想文化传统，是中国人在长期的实践中对人与自然关系思考总结的思想结晶，是当今生态文明建设需要高度重视的思想瑰宝。但是，由于封建伦理道德的束缚及社会发展的局限性，中国古代生态思想既有正确的观点，也有错误的观点，因此，历史与辩证地分析中国古代关于人与自然和谐共生的思想文化传统，发挥其积极价值，克服其历史局限，将“天人合一”等思想与今天的绿色发展相联系相映照，树立辩证天人观，有助于深入解读和完整领会绿色发展理念。

四、少数民族地区的绿色生态思想

少数民族地区自然资源丰富、生态文化多样，是实施绿色发展的基本单元，也是研究自然资源和生态文化保护的典型剖面。探索少数民族生态文化中宗教和村规民约等与自然资源保护之间的耦合关系，对于自然资源保护具有重要价值。在改革开放向纵深发展的关键阶段，少数民族地区的绿色生态文化推动了绿色发展战略的实施。

（一）少数民族地区生态环境保护思想

自古以来，少数民族是生态环境的爱护者和保护者。他们热爱自己赖以生存的家园，少数民族地区生态环境的保护观念表现在民族习俗和生产方式之中。少数民族对自然环境的依赖性很大，他们十分注重对自然界加以守护，而不只是索取，守护的方式通过原始信仰和祭祀活动来实现。大多数少数民族认为万物皆有灵，对大自然充满了敬畏，崇拜山水和土地，大自然具备了少数民族的宗教和文化象征的属性。例如，少数民族对山的保护，是和对山的崇拜相连的。在藏族、蒙古族和鄂伦春族人的心目中，山往往是神的象征，祭祀山神的场地，一般设在山巅。苗族有“枫木崇拜”，把枫木当成自己的祖先看待，侵犯神山、神树者要受到惩罚。蒙古族有不少有关限制乱挖洞、乱动土的禁忌，萨满教关于祭山、祭地、祭敖包等祭祀，充满了对土地的爱护，随意挖掘土地是被禁止的。黑龙江省很多少数民族信奉萨满教，认为山川树木、日月星辰、生老病死等都是神灵在主宰。比如，当某人有了病灾，经萨满认定是因为乱砍了树木的时候，便请萨满在砍了树的地方举行告罪仪式。他们对水源和河流的保护，更为重视。藏族人认为水是神圣的，他们祭拜湖水的活动源远流长。青海湖、西藏的纳木错湖都被视为神湖，禁止污染水流，古代蒙古族认为水是纯洁的，严禁以任何方式污染它。新疆维吾尔族有保护水源的信仰，认为“向饮用水里倒垃圾、污染水是一种恶行”。哈尼族对水资源的保护独具匠心，将高山密林中溪流的水，引入盘山而下的水沟，通过一个木槽将水引入田中。西南少数民族特别重视对鸟类的保护。例如，在云南鹤庆县白族中有“祭鸟节”①。由此可见，少数民族地区与宗教和习俗相关的生态环保意识对于当今倡导的绿色发展有着积极的借鉴意义。

（二）少数民族生态文化的绿色发展思想

少数民族生态文化是在与大自然的长期相处中形成的，以特有的生态观为指导的人与自然的和谐发展文化，具有鲜明的地域特色。少数民族生态文化宽视角、多维度地呈现在各民族的生产生活中，体现了尊重自然、爱护环境的习俗，形成了少数民族的生态文化。少数民

① 赵智奎：《少数民族地区生态文明建设与中国特色社会主义》，《科学发展观与民族地区建设实践研究》2009 年第 7 期，第 57 页。

族世代和山水相依，形成了一系列与自然和谐相处的生态文化，对于维护当地的生态环境和旅游发展具有积极的意义。少数民族正是通过与他们联系紧密的山水田林等自然物的崇拜，传承了他们珍爱自然和以自然作为他们保护神的朴素生态意识，客观上也保护了生态环境。例如，贵州少数民族生态文化，提倡保护自然和合理利用自然；蒙古族在严酷而封闭的草原上长期从事狩猎业的实践活动，创造了独具特色的草原生态文化，使蒙古族得以生存和发展，凝聚着蒙古族人的智慧，塑造了蒙古族人的民族精神①；赫哲族在长期的劳动中形成了一整套较为科学的捕鱼原则，他们根据不同鱼类的活动规律和自然界不同季节的变化，将捕鱼活动分为春夏秋冬四个阶段，这种自然的传统捕鱼方式使受损的江河生态系统有了恢复生态的喘息机会，使生态系统具有良好的稳定性。少数民族生态文化为绿色发展提供了具有民族特色的生态观和人与自然和谐与共的生态伦理观，与当今社会所倡导的生态文明观一脉相承，对生态环境保护和美丽中国建设具有重要价值②。

总之，从今天的视角审视少数民族的生态文化，虽然科学理性不足，但在自然资源的发展与保护等方面留下了宝贵的经验。笔者认为，保护少数民族地区的自然资源应从该民族生态文化出发，深入研究居民的生态观等文化背景，维持和延续生态要素，保持和丰富少数民族传统文化的张力，在追求绿色发展的今天，这将使得尊重自然、敬畏自然

① 格·孟和：《论蒙古族草原生态文化观》，《内蒙古社会科学》1996 年第 3 期，第 41 页。

② 范波：《贵州少数民族生态文化探析》，《贵州民族大学学报（哲学社会科学版）》2017 年第 6 期，第 58 页。

等少数民族的生态思想重新焕发生命和活力①。

第二节　马克思主义生态观的绿色引领

改革开放以来,随着资源环境问题的凸显,马克思、恩格斯的生态思想逐步引起人们的重视,并成为理论研究的热点问题之一。绿色发展继承和发展了马克思主义发展规律论、发展价值论和发展方法论。在《1844年经济学哲学手稿》、《〈政治经济学批判〉导言》、《哥达纲领批判》、《德意志意识形态》、《自然辩证法》等经典著作中隐含着丰富的绿色发展意蕴,从中可以看到马克思、恩格斯的自然观、和谐观、发展观的思想脉络,这对我国绿色发展有着重要的理论依据和思想指导作用②。

一、马克思、恩格斯的自然观

马克思、恩格斯的自然观即自然辩证法,所谓自然观,就是人对自然界的总的看法。人对自然的看法,决定了人对生态环境的认识。马克思、恩格斯的自然观包含着科学的、系统的生态意识,充满着人与自然和谐发展的理念,并由此构成了人与自然、人类社会与自然界同一的自然观。

(一)唯物主义的自然观

马克思、恩格斯认为,无论人与自然的现实统一程度如何,自然界

---

① 安颖:《论少数民族生态文化与自然资源保护的关系》,《学术交流》2011年第2期,第199—200页。

② 潘文岚:《中国特色社会主义生态文明研究》,上海师范大学研究生院博士论文,2015年,第7页。

仍然保持着优先地位。马克思在《1844 年经济学哲学手稿》中指出："自然界的人的本质只有对社会的人来说才是存在的；因为只有在社会中，自然界对人来说才是人与人联系的纽带，才是他为别人的存在和别人为他的存在……才是人的现实的生活要素"①。这就揭示了人与自然关系的实质——人同自然界的关系直接就是人与人之间的关系，而人和人之间的关系直接就是人同自然界的关系。因此，人与自然关系的协调也只能通过调节人与人的关系来实现，只有改变人和人之间的不合理的关系，才能使人和自然的关系得到健康和谐的发展。他指出："自然界，就它本身不是人的身体而言，是人的无机的身体。"②这说明了人是自然界发展到一定阶段的产物，是自然界的重要组成部分之一，保持人与自然的和谐相处，是人类社会存在与发展不可缺少的重要条件。马克思在《1844 年经济学哲学手稿》所表达的马克思生态自然观的一个重要方面在于揭示了"私有财产制度与自然的对立"的普遍性，马克思生态自然观的核心理论是在《共产党宣言》中形成的，马克思认为，所有的生态问题都是资本主义生产方式造成的，消除城乡矛盾必须改变资本主义生产方式，也就是说，人类生态问题的解决有赖于超越资产阶级社会的观点，取决于把此作为无产阶级运动的直接目标。恩格斯与马克思的生态自然观思想具有高度一致性。恩格斯的"自然辩证法"不仅承认了自然及其规律的客观性，而且强调了自然相对于人类社会的根源性和整体性，不能无视和践踏自然规律，在《自然辩证法》中，恩格斯以美索不达米亚、希腊和小亚细亚等地居

① 《马克思恩格斯文集》第 1 卷，人民出版社 2009 年版，第 187 页。
② 同上书，第 161 页。

民开拓耕地的行为所导致的生态报复等史实,深刻说明了资本主义土地关系和城乡对立的矛盾普遍存在,这种自然异化会导致全球性的生态殖民。

马克思、恩格斯生态自然观在当代最突出的生态价值就是告诫人类"尊重自然,善待自然"。首先,尊重自然规律。如果违背了自然规律,人类必然会遭到大自然的"报复"。所以,人类必须按照自然规律办事。其次,尊重自然物,善待其他物种。人类尊重自然实质上就是尊重自身的生存环境,人类善待自然实质上也是善待人类自己。马克思、恩格斯的唯物自然观提倡未来社会人们应当合理调节人与自然之间的物质交换。马克思关于人在自然面前具有的能动性与受动性相统一的关系的论述,对于今天深刻领会绿色发展意义十分重大。人在自然面前的能动性,使绿色发展具有可能性和现实性,绿色发展需要人的能动性的发挥。人在自然面前的受动性,是绿色发展的根据之所在,需要人对自然具有敬畏之心,在探索和遵循自然规律的前提条件下发挥能动性。因此,在实践中,建构中国的绿色发展理论,应在认识上率先树立"尊重自然,善待自然"的生态伦理观念。马克思、恩格斯关于唯物主义所倡导的自然观为树立绿色发展理念提供了有益的借鉴。

(二) 辩证的自然观

1. 人与自然的同一

人与自然是马克思主义生态思想的建设维度,马克思认为人与自然的关系是探索人类社会及其历史发展的逻辑起点,认为人与自然的关系是历史的现实基础。马克思和恩格斯的生态自然观中对人与自然统一的思想是马克思主义绿色发展理论的哲学基础。在马克思眼里,

“人直接地是自然存在物”,“是能动的自然存在物”[1]。也就是说,人是靠自然界生活的。恩格斯也在《自然辩证法》中阐述着同样的观点:“我们每走一步都要记住:我们决不像征服者统治异族人那样支配自然界,决不像征服异族人那样,决不像站在自然之外的人似的去支配自然界——相反,我们连同我们的肉、血和头脑都是属于自然界和存在于自然界之中的”[2]。人是自然的产物又是社会的人,作为一切社会关系的总和而存在,这要求人类在进行“物质交换”的过程中,自觉依照自然规律规范自身的实践活动。马克思肯定了自然是人类存在和发展的前提与基础,“自然界,就他自身不是人的身体而言,是人的无机的身体。人靠自然界生活”[3]。因此,人是自然的一部分,是马克思自然观的核心命题与基础,也是马克思批判资本主义生产关系的基础,是马克思人和人、人和社会、人和自然和谐发展理论的重要组成部分。

2. 人类社会与自然界的同一

马克思、恩格斯认为,社会关系也是自然关系,人类的生产实践也创造了人类社会,创造了人类历史。人们一旦开始生产实践活动,就构成了自然关系和社会关系的双重关系。一方面,人类通过自然获取生活与生产资料,维持自身的生存与发展,通过生育人口繁衍子孙;另一方面,通过生产实践,人与人产生交往,构成社会关系。马克思认为,人与自然的互动是通过人的活动发生的,人与人的社会关系也是在这种实践活动之中产生的。同时,社会也就被赋予了自然社会的属性,而自

① 《马克思恩格斯文集》第1卷,人民出版社2009年版,第209页。
② 《马克思恩格斯选集》第3卷,人民出版社2012年版,第560页。
③ 《马克思恩格斯文集》第1卷,人民出版社2009年版,第161页。

然的社会性也是社会的自然性。马克思辩证地揭示了自然与社会的同一性,揭示了自然的社会性以印证社会的自然性。在马克思眼中,人的自然界本质只对社会之中的人而言存在着,对社会而言,自然界是人与人联系的纽带,是人生活的基本要素与存在的根本。这给予我们重要的绿色发展启示:自然主义和人道主义的真正体现是人与自然的和谐统一。

3. 人类历史与自然史的同一

马克思认为,历史是人的真正的自然史,是人与自然的互动,人类探索自然和理解自然的根本目的,是为了人类的生产实践,人类也因此创造出人类历史和自然史。自然不存在于人的意志之中,人们必须依靠自然而存在。马克思认为,人类历史的第一个前提是人类为了创造历史必须要生活。因此,任何历史的观点都必须关注人类的生产实践的事实。人类对自然的认识是由其生产实践决定的。因此,人类社会的历史与自然史的同一是必然的。恩格斯在《自然辩证法》中指出,"我们不要过分陶醉在人类对自然界的胜利,对于每一次这样的胜利,自然界都对我们进行报复。人在实践中只能尊重自然,按照自然显现出来的规律来改造自然"①。这深刻揭示了虽然我们有强于其他生物利用自然和改造自然的能力,但不可否认的是若严重违背自然的发展规律对其进行开发利用,我们必然会自食恶果,这种辩证的自然观对人们深刻反思黑色发展的弊端,自觉树立绿色发展观具有重大的现实意义。

二、马克思、恩格斯的和谐观

和谐观是以生产实践为基础的人与自然、人与人、人与社会的秩

① 《马克思恩格斯文集》第9卷,人民出版社2009年版,第559—560页。

序、平衡、协调与统一的整体概念。马克思、恩格斯的和谐观体现了马克思、恩格斯理论的批判性和马克思、恩格斯的环境意识，这对中国的绿色发展理论具有重要启示与指导。

（一）人是自然界的一部分

马克思、恩格斯相信人是自然的一部分，人是自然发展到一定历史阶段的产物。马克思指出："人本身是自然界的产物，是在自己所处的环境中并且和这个环境一起发展起来的"①。恩格斯曾经告诫人们："我们决不像征服者统治异族人那样支配自然界，决不像站在自然界之外的人似的去支配自然界。"②因此，自然界是人类生存与发展的基础。"两大和解"是马克思主义生态思想的价值取向，人在自然界以及人在社会中的"两次提升"的过程，也是人与自然以及人与社会的"两大和解"的过程。马克思提出："我们这个世纪面临的大转变，即人类与自然的和解以及人类本身的和解。"③这"两大和解"，一方面是指人与自然的矛盾，即人与自然的对立，人类无限地掠夺自然，造成人与自然的异化，带来许多环境问题，与自然规律相违背，人类必然遭受自然的"报复"；另一方面是指人与人之间的矛盾、人与社会的矛盾，即由于人与自然的异化，造成人与人的关系、人与社会的关系的异化。马克思认为，共产主义社会是人的全面发展的社会，是一个经济增长和生态环境优化相统一的社会，共产主义消除了人与人、人与社会、人与自然的对立，是全面和谐的理想社会。"人同自然的和解"体现了人与自然的

---

① 《马克思恩格斯文集》第 9 卷，人民出版社 2009 年版，第 38—39 页。
② 同上书，第 560 页。
③ 同上书，第 63 页。

和谐关系,通过建设人与自然和谐的生态文明来实现。这为构建和谐社会,实现绿色发展做了精彩的注解。

(二)人类社会与自然界是统一整体

马克思、恩格斯的和谐自然观强调,人类社会与自然是一个相互依存、相互作用、共同发展的整体,资本主义过分强调人的个体价值和利益,忽视了整体的价值和利益,缺乏整体意识的个体斗争最终会破坏整体生态系统。从物质和精神的辩证关系出发,马克思、恩格斯认为,由于人类社会的参与,生态系统有了自己的意志,成为物质、精神与符号的系统,他们认为人与自然的和谐是人类的两大变革和两大价值之一。马克思、恩格斯一再强调,“人本身是自然界的产物,是在自己所处的环境中并且和这个环境一起发展起来的”,既然人和自然是不可分割的关系,那么,人不能凌驾于自然之上,向自然进行贪婪和无情的掠夺,要客观准确地理解自然规律,实现对自然的真正尊重。马克思、恩格斯的人与人、人与自然、人与社会和谐的观念充分体现着绿色发展意蕴,在解决问题思路上完成了从“二元对立”到“和谐共生”的转向,形成了“和谐共生”的思维模式。

三、马克思、恩格斯的价值观

(一)绿色价值与实践价值的统一

马克思在《关于费尔巴哈的提纲》中多次提到“实践”这个词,实践观是马克思主义哲学的首要的基本观点,实践在马克思主义哲学体系中占有核心地位。马克思在《关于费尔巴哈的提纲》中指出:“社会生活在本质上是实践的。凡是把理论诱入神秘主义的神秘东西,都能在人的实践中以及对这种实践的理解中得到合理的解决。”①马克思批评那些只以不同方式解释世界，却不知道如何改变世界的哲学家们，马克思指出：“哲学家们只是用不同的方式解释世界，而问题在于改变世界。”②绿色发展观所体现的实践方法论表明，人与自然的关系是实践关系，人与自然的矛盾有赖于人对自然的深刻理解和绿色发展的实践，低碳发展、循环发展、绿色生产力、绿色生产方式等是绿色发展理念指导下的绿色实践；另一方面，绿色发展的理论和方法不仅来源于实践，而且可以追溯到实践中，在实践中得到了进一步的丰富和发展。绿色发展的理念是反对只为发展而发展，反对将财富积累和经济增长作为发展的唯一目的，不顾发展中的代际关系采取涸泽而渔、杀鸡取卵式的病态畸形性的发展③。

（二）民族价值与全球价值统一

马克思、恩格斯站在全球性视野的高度，将区域性、国别性、民族性的发展纳入世界整体中加以考察，表明了马克思主义发展价值论是民族价值与全球价值的统一。马克思、恩格斯从生产力与生产关系的基本矛盾出发，揭示了人类社会发展的普遍规律。马克思、恩格斯认为，生产力的发展是世界历史形成的内在原因，随着人们交往活动的扩大，国家间的封闭状态和分工不断被打破，历史发展成为世界历史。马克思、恩格斯在《德意志意识形态》中总结了世界历史的形成，随着相互影响的活动范围的扩大，各民族的原始封闭状态因为日益完善的生产

① 《马克思恩格斯文集》第1卷，人民出版社2009年版，第505—506页。
② 同上书，第506页。
③ 方世南：《论绿色发展理念对马克思主义发展观的继承和发展》，《思想理论教育》2016年第5期，第33页。

方式和交往，自然形成的不同民族之间的分工将消灭得越彻底，历史也就越成为世界历史。绿色发展理念就是对人类社会发展一般规律的总结，是新的发展哲学和发展经济学，经济全球化造就了绿色发展的全球化，生态危机时代成为全球在绿色发展问题上聚焦发力的时代。

马克思、恩格斯毕生都在关注人类的前途和命运，他们坚持科学的辩证自然观，为人类社会设计出一幅人、自然、社会相和谐的美好蓝图。马克思认为资本主义固有的基本矛盾是资本主义社会生态危机的根源，资本主义制度是人与自然走向对立的根源，要解决生态危机，必须废除资本主义制度。马克思指出了人的自由全面发展是一个渐进的历史过程，真正的人的自由而全面发展的社会是全社会的每个人的发展。人既是自然存在物，又是社会存在物，人的自由而全面发展是与生态环境紧密关联着的，良好的生态环境为人的生产生活提供坚实的物质基础。马克思主义生态思想推动了马克思主义中国化的历史进程。将马克思、恩格斯的生态思想与当代中国的绿色发展实践紧密结合起来，并在绿色发展实践中进一步丰富和发展，开创生产发展、生活富裕和生态优美的全面可持续发展的现代化建设新局面，对于建设美丽中国，实现人民对美好生活的向往，迈向社会主义生态文明新时代具有重要的理论价值。

第三节　西方主要生态思潮的吸纳与批判

西方生态思潮的兴起和发展是人类史上的一件大事，它改变了人们思考问题的传统模式，引发了伦理学、政治学、经济学等诸多方面学科思维方式的变革，系统梳理西方生态思想的发展脉络，总结各种生态思想的贡献和局限，可以为当前构建绿色发展理论找寻借鉴。

一、生态马克思主义的绿色价值诠释

20 世纪六七十年代，西方发达国家的绿色生态运动蓬勃发展，生态马克思主义作为马克思主义的新鲜血液，是为应对全球化所带来的生态危机而形成的新思潮，它在当代资本主义的大背景中产生，在绿色运动的现实中兴起，倡导人与自然的和谐相处。主要代表人物有法国学者安德烈·高兹、美国学者威廉·莱易斯、加拿大学者本·阿格尔以及英国学者戴维·佩珀等人。生态马克思主义理论体系中的生态危机解决方案有助于指导我国生态文明建设，促进我国绿色发展，但在具体运用中须坚持科学社会主义原则。

（一）生态马克思主义基本理论

1. 生态危机理论

生态马克思主义认为，导致资本主义社会产生生态危机的根源，是资本主义的生产方式，不正确的生产方式导致了生态环境受到破坏。资本主义的本质过于追求利润，致使自然环境与利润之间存在着巨大的矛盾，人们的生活质量有所下降。在《资本论》中，马克思对资本主义的基本矛盾进行了深入的分析和批判，认为经济危机将是资本主义最终灭亡的根本原因。但是，随着资本主义科学技术的迅猛发展和国家福利政策的实施，工人阶级没有出现极端贫困和极端压迫，很难爆发大规模的经济危机。生态马克思主义认为，在科学技术进步的基础上，资本主义通过科技手段来加强对自然和社会的控制，并通过牺牲生态环境维护资本主义经济的增长，从而导致了整个人类社会同自然之间的矛盾。资本主义制度通过生态危机延缓经济危机，使人类社会与自然的矛盾超越经济危机上升为资本主义社会的主要矛盾。

2. 消费异化理论

生态马克思主义认为，生态危机来源于消费异化，消费异化使人把消费当作目的本身，追求一种对自然的无度索取和占有。消费异化是一种病态的经济市场运行模式，造成了人们对物质的极端尊崇和全社会的奢靡浪费之风，导致了人的价值取向的错位，具有极大的危害性。在社会生产力高度发达的条件下，人们具有充足的条件和资金进行消费，为了满足自我身份包装，当前经济消费行为逐渐异化为消费者的身份彰显，将消费产品视为身份的"符号"。这种消费经济模式违背了生态马克思主义价值观。消费异化实质上是资本主义国家应对经济危机采用的经济策略，试图消除人们对异化劳动的不满。这种经济发展模式导致了自然资源的浪费和污染，从而造成了严重的生态危机。马克思认为，资本主义的劳动异化必然导致自然异化。生态马克思主义认为，人们对消费异化依赖的原因是劳动异化，劳动异化促使资本主义加速生产以满足虚假的异化消费，从而维护资本主义的合法性。

3. 稳态经济理论

生态马克思主义认为解决生态危机的根本途径是把生态原则和社会主义结合，废除资本主义制度，实现人与自然和谐统一，构建一种新型的社会主义模式。稳态经济模式就是要建设自然生态系统的完整性，自然界是一个相互依赖、相互作用、相互转化的有机整体，建设一个稳态的生态系统，就是在充分发挥生态系统完整性的基础上，将一切事物加以联系并归于生态化生产的范畴。阿格尔主张的"稳态经济模式”，通过控制无限增长的生产规模和经济发展的速度，保持经济零增长，达成生态环境的保护，建立人与自然的和谐一致；主张建立绿色经济发展模式，强调生态性、系统性的原则，社会生产的目的不是获利而是使用，注重产品的分配以及自然资源的合理利用和分配，高兹提出“生态重建”和“保护生态环境的最佳选择是先进的社会主义”的口号，要求经济的增长应符合生态原则，是满足人的需要为目的的绿色发展模式；主张建立新型的民主政治体制、社会文化和生活方式，接受绿党提出的“基层民主”原则，反对官僚政治体制，呼吁人们从被误导的、盲从的消费中解放出来。

（二）生态马克思主义的绿色价值

1. 绿色理念的引领

“红色”是生态马克思主义的理论属性。这一属性不仅体现在它以资本为批判对象反思生态问题，更体现在它在批判过程中所运用的方法是马克思主义的。生态马克思主义在批判资本的过程中主张以着眼于人类整体和长远利益的新人类中心主义价值观取代以资本利益集团和资本短期利益为中心的狭隘的人类中心主义价值观。生态马克思主义批判资本主导的工业文明，倡导在扬弃资本主义工业文明的基础上，创造一种新型的生态文明，而不是回到前技术时代那种田园牧歌式的生活状态。因此，从基本价值理念来看，生态马克思主义是以资本现代性为批判对象的一种新现代性理论①，使马克思主义在新的时代问题上仍然起到引领作用，在一定程度上改变了西方绿色思潮和绿色环

---

① 何建津：《生态马克思主义资本批判的四个维度及其启示》，《福建行政学院学报》2016 年第 6 期，第 62—71 页。

保运动的走向。生态马克思主义运用马克思主义的立场、观点和方法，从生态学的视角，通过对马克思主义理论的重释或重构，在一定程度上丰富了马克思主义理论。但生态马克思主义过度强调了生态问题在整个人类历史发展过程中的重要性，从而在一定程度上降低了马克思主义的理论价值。

2. 生态价值的彰显

生态马克思主义理论对生态问题和人类生存问题的剖析为解决绿色发展过程中面临的现实问题提供了强有力的理论支撑。从生态马克思主义视角认识绿色发展的价值取向，是生态马克思主义者着重解决生态危机的基本思路。针对人类面临的生态问题，生态马克思主义从生态学的视角，批判性解读了自然概念和“控制自然”的观念，将“人与自然关系”的研究从物理层面扩大至文化、社会和价值层面，试图推动和重塑马克思主义的自然观。生态马克思主义将矛头指向生态危机的根源——资本主义制度，并从经济、政治、文化等方面揭露了资本主义制度反生态的本质。生态马克思主义批判了资本主义制度的反生态性，主张从生态的维度重建绿色的历史唯物主义，重塑马克思主义的生态性。在如何处理人与自然的关系问题上，生态马克思主义倡导合理使用“支配自然”的观念，揭示了“控制或支配自然”观念的生态价值，彰显了将生态正义融入社会正义的价值诉求，与马克思主义自然观中所蕴含的绿色发展思想具有内在的一致性。

3. 绿色方案的设计

生态马克思主义不同于传统的绿色思潮，从不同的观点和立场澄清了“人与自然关系”的生态价值取向，提出了一套较为完整的解决方案，以摆脱生态危机，确保人与自然的和谐发展。生态马克思主义通过生态危机产生的社会制度根源分析，试图将西方其他绿色政治思潮理论加以整合，建立以实现社会公平正义和人的自由全面发展为核心的生态马克思主义理论。具体绿色方案包括：推动生态的社会制度变革，例如詹姆斯·奥康纳等人揭露了资本主义制度的反生态性，勾勒出一幅生态社会主义的绿色蓝图，在马克思主义框架内，戴维·佩珀提出了一套详尽的绿色政治战略，经典的语言是马克思主义对于生态社会主义犹如一支"解毒剂"，深度体现了生态马克思主义自然观的绿色意蕴。生态马克思主义主张从生态政治层面找寻解决生态困境的出路，对于解决全球生态危机和生态安全问题，具有重要的理论价值，符合当代绿色发展的要求①。然而，生态马克思主义也暴露出历史局限性。主要表现在：生态马克思主义并没有将马克思主义关于人与自然关系的思想贯穿于全部理论，不时背离人类中心主义，带有生态中心主义的倾向；生态马克思主义过于夸大生态因素的作用，用"生态危机论"取代"经济危机论"，因而只注重对资本主义的生态批判，放弃对资本主义的经济批判；生态马克思主义带有一定的浪漫主义色彩和乌托邦性质，缺乏切实可行的行动方案，导致生态马克思主义把实现生态社会主义社会寄托于"思想的启蒙"、"教育"、"示范"等"非暴力"手段。

二、生态女性主义绿色权利呈现

生态女性主义绿色发展理念以女性视角来考察社会危机和生态危

---

① 黄志斌，范思贤，张才国：《生态学马克思主义自然观的绿色意蕴》，《学术界》2017 年第 3 期，第 167—169 页。

机,提倡在生态觉悟的基础上绿色发展。尽管在某种程度上带有乌托邦色彩,但生态女性主义注意到人、自然与社会关系的整体性,将人、自然与社会置于同一理论“范式”下,强调以“关爱”伦理形成人类与自然的命运共同体,对当前我国绿色发展理念的建构具有一定的借鉴意义。

(一)生态女性主义绿色发展理念的发生逻辑

生态女性主义是女性主义与生态环境保护运动相结合的产物,既是一项社会运动,又是一种理论形态。它不仅汲取了女性主义的理论精髓,而且继承和发展了生态理论。生态女性主义的绿色发展理念是建立在生态觉悟基础上的绿色发展理论①。20 世纪 60 年代,雷切尔·卡逊(Rachel Carson)的著作《寂静的春天》以大量的事实为依据,严厉抨击了“依靠科学技术来征服、统治自然的生活方式、发展模式和价值观念”②,扭转了人类思想的前进方向,促成了生态女性主义思想的产生。生态女性主义以全新的视角把女性解放与自然解放的目标联系在一起,通过批判机械论自然观和父权制文化捍卫女性和自然的价值,并建立起人与人、人与自然之间和谐的新型社会生态关系。生态女性主义为人类提供了一剂倡导绿色发展、解决生态危机的良方③。70 年代以来,生态女性主义认为环境问题是女性要解决的问题之一,世界各地许多女性成为生态运动的积极分子,妇女解放运动催生了生态女性主义绿色发展理念,生态女性主义绿色发展理念也是“生态的”,它的产

---

① 袁玲红:《论生态女性主义的和谐发展观》,《江西社会科学》2007 年第 9 期,第 71 页。

② 余永跃、李渺:《女性与自然价值的生态女性主义审视》,2015 年 4 月 21 日《中国妇女报》第 B1 版。

③ 王诺:《欧美生态文学》,北京大学出版社 2003 年版,第 127 页。

生与环境污染和生态破坏息息相关。作为后现代的一个流派，生态女性主义批判、解构、反思“人类中心主义”，主张按照生态主义和女性主义原则建立起人与自然和谐共处的生态文化。1974 年，法国学者弗朗索瓦丝·德·奥博妮（Francoise d'Eaubonne）在其著作《女性主义·毁灭》中首次提出“生态女性主义”，目的是呼吁所有女性联合起来，为拯救地球发动一场生态革命，体现了女性保护人类在地球上生存下去而进行生态革命的潜力。生态女性主义认为妇女所领导的生态环境运动能够形成新的人与自然的关系，推动男女之间的公平真正实现，彰显了生态女性主义的绿色发展理念。随着环保运动和绿色革命的兴起，生态女性主义日益发展壮大，尽管生态女性主义理论还有不完善之处，但它的学术意义和现实影响仍具有一定的价值。

生态女性主义在实践中诞生，生态女性主义者在妇女健康、环境正义、绿色运动等方面都做出了积极的贡献。生态女性主义关注行动，是理论和实践的统一。建设美丽中国需要正确的理论，更需要脚踏实地的行动①。改革开放以来，我国在生态女性主义理论研究与实践方面进行了有益的探索，1995 年世界妇女大会在北京召开之后，中国妇女开始参与环境保护的实践，2011 年印发的《中国妇女发展纲要》（2011—2020 年）将妇女“平等参与环境决策和管理，发展环境更为优化”作为总目标之一，倡导妇女应该参与节能减排，自觉践行低碳生活②。可见，建设具有性别视域的绿色发展道路，已成为建设美丽中国

① 杨通进：《生态女性主义：精神向度与社会向度》，《广东社会科学》2003 年第 4 期，第 123 页。

② 蔡华杰、林美萍：《生态社会主义的女性主义维度解读》，《福建师范大学学报（哲学社会科学版）》2014 年第 4 期，第 17 页。

的重要举措。生态女性主义理论和实践在中国发展迅速,其核心和实质是倡导绿色发展理念,以期解决性别问题和生态问题为行动主旨的实践问题。虽然我国在绿色发展的很多方面付诸了行动实践,但仍然任重道远。因此,今后将进一步开展环保知识、环境意识的宣传和教育活动,推动环境法的发展,发展以妇女为主的民间环保团体,从而使实践活动更加扎实有效。

(二) 生态女性主义绿色发展理念的当代启示

1. 适度发展

发展是使人们摆脱无知、苦难和获取美好生活的手段。绿色发展追求经济发展的同时也要防止环境恶化。生态女性主义提出的适度发展思想是生态女性主义关于发展的主要观点之一。1972 年,在第一次人类环境大会上,英国经济学家巴巴拉·沃德(Barbara Ward)做了题为《我们只有一个地球》的报告,她提出的适度发展思想改变了人类固有的思维习惯,改写了人类保护生态环境的历史①。生态女性主义倡导一个反人类中心化的全球性活动,反对无节制发展、主张适度发展,确保当代和后代共同拥有自然界的健康。生态女性主义的适度发展理念催人反思,现代性带来欲望的膨胀,人类对自然的贪婪攫取导致地球生态系统的破坏,给人类的生存造成了极大威胁。因此,必须节制欲望和坚持保护环境的基本国策,彰显环境正义,加快建设资源节约型、环境友好型社会,支持绿色清洁生产,推动建立绿色低碳循环发展产业体系,鼓励企业设立绿色发展基金。

---

① 陈荣香:《女性主义视域下生态文明建设的领导理念》,《理论前沿》2015 年第 5 期,第 14 页。

2. 可持续发展

发展是文明社会永恒的主题，更是走出当前世界经济危机的良方。习近平总书记在 2015 年 11 月 7 日访问新加坡时提出："坚持绿色发展，就是要坚持节约资源和保护环境的基本国策，坚持可持续发展"①。生态女性主义者立足实际，重建女性主义的生态文明，提倡一种可持续发展观，认为照搬别人的经济发展方式，只会使发展中国家为了发展越来越依赖于发达国家。这是生态女性主义发展观的一个重要方面。社会发展为女性发展提供良好的社会环境，促使女性更加有效地参与社会的发展，以掠夺自然界生命为代价的发展模式应该抛弃，走可持续发展道路。1987 年，在《我们共同的未来》中，挪威前首相布伦特兰（Brundtland）率先提出了"可持续发展"战略。我国的生态文明建设体现了"可持续发展"的精神实质。生态女性主义可持续发展观的人本关怀和整体主义视野体现出人类的发展及人与自然关系的协调，对实现绿色发展具有启示作用。

3. 敬畏自然

人是万物之灵，不是万物之神。人来自大自然，是大自然的有机组成部分，是世间万物生态链条中的一环，是生命之网中的一个节点。一旦生态链条断裂了，生命之网就会支离破碎，人类就将无法生存。当前，中国正以历史上最脆弱的生态环境，承受最多的人口和最强的发展压力。大气污染、水污染、海洋污染严重，温室效应愈演愈烈。因此，在推进绿色发展的进程中，应更加强调人对自然的敬畏，积极发挥女性的

① 习近平：《深化合作伙伴关系　共建亚洲美好家园》，2015 年 11 月 8 日《人民日报》第 2 版。

主体作用,对漠视自然的男性中心文化有更深刻的生态马克思主义反思。生态女性主义者认为,世界万物都是有“灵”的,对自然“敬畏”的存在使得人类不能毫无顾忌地开发自然。生态女性主义者强调恢复对自然的“敬畏”,自然同样是具有“生命”的,生态女性主义告诫人类,在利用自然的同时,也应该在自然面前保持一种“敬畏”①。在新形势下,人们应该学会敬畏自然,积极倡导人与自然和谐相处的环境伦理精神。充分认识到大自然的神圣性,恢复大自然的尊严,重新确立对自然环境的态度,从大自然的征服者转变为大自然的朋友,实现人的精神在更高起点上的回归。同时要牢固树立“绿色发展”理念,发展“绿色产业”,推行“绿色生产”,崇尚“绿色生活方式”,维护社会发展和自然生态之间的平衡。广大女性将在绿色发展理念的感召下,发出保护环境的时代强音。

虽然生态女性主义为绿色发展理论起到了一定的借鉴作用,但生态女性主义者们强调自然和女性的相似,认为女性在环保中具有不可替代的作用。事实上,自然和女性是有根本区别的,我们不能想当然地认为,只要是女性就意味着具有充分的生态意识,混淆了性别的生理性和社会性,排斥了女性以外的其他群体对待环保的积极态度;生态女性主义思想缺少整合性观点,虽然在大的目标上殊途同归,在对待一些具体问题时却众说纷纭,缺少整合型观点,这种丰富性既是该思想包容性的体现,也为其理论的传播和实践的运用设置了障碍;生态女性主义忽视了科学技术的进步性,她们强调男性控制女性和自然的欲望,认为科

---

① 王霞:《生态女性主义视角下人与自然关系的重塑》,《理论探索》2013 年第 5 期,第 48 页。

学技术是男性主导控制世界的工具，是父权制下剥削女性的工具，这种抨击有时过于偏激和盲目。

三、生态后现代主义的绿色理念彰显

绿色发展理念的提出是中国应对现代性导致的生态危机的新举措，与生态后现代主义的诉求不谋而合。生态后现代主义的整体性世界观、反消费主义的立场、追求科技与人文的结合等理念，对我国绿色发展道路的探索具有一定的借鉴价值。

20 世纪 80 年代美国著名的后现代主义思想家、生态女权主义理论家查伦·斯普瑞特奈克（Charlene Spretnak）提出了生态后现代主义（ecological postmodernism）。它是建设性后现代主义的一个十分重要的组成部分。生态后现代主义积极寻求重建人与世界、人与人的关系，重建一个美好的新世界①。生态后现代主义认为，“身体”是统一的身心，“自然”是与身体密不可分的物理环境，“地方”是生物场域，是社区和个人得以舒展的物理场所②。斯普瑞特奈克还指出，要从民族传统智慧中汲取营养，包括佛教文化传统、犹太教文化传统、中国文化传统等。她的思想推动了绿色政治运动的发展。因此，生态后现代主义是一种生态学意义上的整体论，人应跳出人类和自然二元对立的思维模式，在和谐关系中实现自身的发展。面对现代工业文明黑色发展和人类中心主义思维带来的环境污染、资源枯竭、疾病频发等一系列的危机，生态

---

① 王治河：《后现代哲学思潮研究（增补本）》，北京大学出版社 2006 年版，第 289 页。

② Charlene Spretnak：*The Resurgence of the Real: Body, Nature, and Place in a Hypermodern World*, Massachusetts：Addison-Wesley Publishing Company, 1997.

后现代主义的整体有机论、人与自然同一的全球伦理等理论为人类走出现代性危机,走向绿色发展道路提供了一个行动方向。

(一) 整体论思想

改革开放以来,我国走上了片面追求 GDP 增长、忽视环境和资源保护的道路,淡忘了儒家、道家传统朴素的天人合一的生态智慧。挪威哲学家、深层生态学家阿恩·奈斯(Arne Naess,1912—2009)倡导"大写的自我"(Self)。大写的自我就是将自己置身于人类命运共同体中和看作是世界的一部分,看到世界万物的内在相关性。生态后现代主义主张在生态社会中弘扬社会整体论的思想,用整体论世界观逐渐取代现代性的二元对立。斯普瑞特奈克提出的地球共同体(earth community)的概念认为,地球是由人类与地球万物之间的所有联系构成的,难以切断,人类应该回归到与自然融为一体的最本真的状态①。可以看出,生态后现代主义的最大特征是提出了整体论的世界观,认为存在本身即是统一的整体。因此,绿色发展首先应该树立整体论的价值观念,真正走出二元对立的思维模式。中国的绿色发展应走一条生态建设与经济、政治、文化建设协调发展的道路,同时,还应承担相应的节能减排、防治污染的责任和义务,为全球环境治理和生态保护做出自己的贡献,引导发展中国家走上生态发展与经济建设相协调的绿色发展道路。

(二) 反消费文化的理念

生态后现代主义者认为衡量经济要看经济增长是否有利于环境的

---

① Charlene Spretnak: *The Resurgence of the Real: Body, Na-ture, and Place in a Hypermodern World*, Massachusetts: Addison-Wesley Publishing Company, 1997.

保护，是否有利于加深人与人之间的联系，是否有利于在社区形成一种系统化、整体性的空间。然而，随着物质财富积累的迅速增加，消费主义仍然盛行，并在物欲膨胀和炫耀性消费理念的盛行下开始演变成挥霍的消费文化。人们购买物品并不是购买其使用价值，而是其符号价值，通过奢侈浪费的购买行为炫耀自己的财富和地位，消费物品已变成空洞的符号，将价格已经等同于价值。消费文化价值观加快了人类向自然、土地、万物伸出自私的万恶之手的节奏。尽管各国法律禁止对珍稀野生动物的捕猎，但仍有不少利欲熏心的商人想方设法得到珍贵动物的毛皮，被视作时尚界宠儿的皮草一直畅销不衰。人类陶醉于时尚带来的快感之时忽略了自身的异化，精神世界已渐趋空洞虚无。对于利益和符号的追逐割裂了人与自然之间与生俱来的内在纽带，在这种消费观的异化下，人类沦为“物欲”的奴隶，增加了环境的负担。生态后现代主义认为消费主义的盛行，已经使消费失去了它的本意，必须反对消费主义，实践绿色消费价值观，生态现代主义希望“消费主义的文化被改造为一种尊重和关心生命共同体的文化”①，特别强调人的价值观的与时俱进。因此，绿色发展应倡导绿色消费观，认识到自然资源的有限性，从而引导人类走上爱护地球、关心生物、保护资源的道路，引导人们从过度注重物质享乐转向关照精神需要。

（三）科技与人文相结合的价值观

工业文明的发展不仅滋生了消费文化，而且导致了科技至上对人的异化。各国为了在世界之林中赢得自己的地位，不断增强自身的技

---

① ［美］大卫·格里芬：《后现代精神》，王成兵译，中央编译出版社 1998 年版，第 60—70 页。

术实力，最大限度地利用自然、牟取利益，增强自己的硬实力，在盲目追崇科技的过程中，逐渐异化，失去了人文深度和精神关怀。对此，生态后现代主义给予了批判，生态后现代主义认为工具理性是导致人类无限度征服自然、掠夺资源、污染环境进而引发灾难性后果的重要原因。生态后现代主义者通过对工业文明和人类文化考察指出，技术的发展和进步使人认识能力和生存能力得以提高，但技术理性的建立毕竟是以人类对自然资源的支配为前提的，淡化了人文关怀，漠视自然的价值，忽视人与自然和谐相处的终极价值关怀，导致人类在向自然资源索取的过程中迷失自我，最终引发了自然界一系列的报复。因此，生态后现代主义反对二元论，主张科技与人文的结合，科学可以成为人改造自然的工具，倡导人对自然的关爱，科技运用的目的只能是爱护世界，生态系统也是人的内在存在的一部分。因此，生态后现代主义科学与人文相结合的价值观对中国绿色发展中的科技道路具有重要的借鉴价值。我们必须发展自身的绿色科技，加强绿色发展中的自主创新能力建设，提高自身的绿色创新能力，最终形成自己的绿色核心技术，这是实现绿色发展的重要保障①。

四、有机马克思主义的绿色正义审视

有机马克思主义仍然处于完善与发展之中，对有机马克思主义有赞誉，有质疑，有批判。因此需要对有机马克思主义的性质和本质有一个正确的评判，在坚持马克思主义立场、观点和方法的基础上充分认识

① 陶晓：《论建设性后现代主义对中国绿色发展的借鉴价值》，《哲学研究》2020 年第 1 期，第 50—53 页。

有机马克思主义的价值与局限，才能取其精华、去其糟粕，服务于中国绿色发展的总体实践。

（一）诠释：多元素融合的新范式

1. 有机马克思主义的提出

有机马克思主义是指，将怀特海的有机哲学嵌入马克思主义，并同中国传统智慧融合产生的一种生态思潮。马克思主义、怀特海的有机哲学均以关注实践、解放全人类、追求共同福祉为旨归，两者均对现代机械思维展开了深入的批判，针对未来的发展提出理性、科学、富于智慧的众多洞见。不论是马克思主义者的怀特海思想，还是怀特海式的马克思主义，都是生成中的有机马克思主义的重要内涵，其理论的创新意义与实践的指导意义在中国的语境中应当得到特别的关注①。有机马克思主义的诞生是建立在建设性后现代主义和过程哲学与马克思主义的深度契合基础上的。2014 年 5 月，在第八届生态文明国际论坛上，有机马克思主义正式提出，以小约翰·B.柯布（John B. Cobb Jr.）和菲利普·克莱顿（Philip Clayton）为代表，将马克思主义与怀特海思想相结合，开启了有机马克思主义的理论形态，《有机马克思主义》一书为绿色发展提供了借鉴。

2. 有机马克思主义的绿色发展目标

有机马克思主义发展观是西方马克思主义在关注全球生态与发展问题上的相关理论，提倡中国传统文化的嵌入，通过对比中国绿色发展的理论依据与现实需要来剖析和批判有机马克思主义发展观在推动中

① 小约翰·B.柯布（John B. Cobb，Jr.）：《论有机马克思主义》，《马克思主义与现实》2015 年第 1 期，第 68—73 页。

国实现绿色发展中的优势与缺陷，探索中国绿色发展的理念与实践如何对其实现中国超越，以期建构绿色发展在共同福祉、整体视野、关注平等、共同体建设与有机思维方面的理想目标。有机马克思主义是将中国传统智慧、有机哲学和马克思主义哲学相融合的新范式。有机马克思主义呼唤生态文明，对马克思主义进行生态重塑，并广泛吸纳哲学智慧，其理论发展和实践追求的最终目标是要在全球实现生态正义，追求人与自然的共同福祉。

3. 有机马克思主义对资本主义的批判

有机马克思主义的思想内核体现在对资本主义的批判，对资本主义正义的抨击体现为三个方面："资本主义正义'不正义'；'自由市场'不自由；穷人将为全球气候遭到破坏付出惨重的代价"[①]。这些生态正义的理论观点构成有机马克思主义的内涵。有机马克思主义为了生态共同体利益，批判资本主义"自由市场"中的自由，放任资本主义剥夺了自然的权利，忽视了自然的价值，混淆了人类基本人权的自由，如果把自由经济理解为经济增长，只想争强斗富，那将毁灭全人类[②]。资本主义的每一种文化活动，目的都是为了资本积累，资本主义不应当把经济增长和财富的累积作为衡量一切的标准，有机马克思主义反对资本主义的暴力行为，主张建立起能够超越现代工业文明的生态文明应有的价值维度[③]。有机马克思主义维护穷人的权益，反对资本主义的贪

① 菲利普·克莱顿，贾斯廷·海因泽克：《有机马克思主义》，孟献丽、于桂凤、张丽霞译，人民出版社2015年版，第217—219页。

② 杨志华：《何为有机马克思主义——基于中国视角的观察》，《马克思主义与现实》2015年第1期，第80页。

③ 薛勇民、路强：《自然价值论与生态整体主义》，《科学技术哲学研究》2014年第8期，第25页。

婪，积极探求跨越资本主义生态难题的替代方案，对我国经济社会发展具有启示作用。

（二）借鉴：迈向绿色发展的新道路

有机马克思主义反对现代性，揭露资本主义制度的反生态的性质，把生态文明建设看作自身的革命性诉求，提出了迈进生态文明的建设方案。

1. 第三条道路：可参考的绿色发展方略

有机马克思主义探索的“第三条道路”，是以开放的方式审视马克思主义并对其进行生态重塑，主张将社会主义与生态原则进行深度融合。为了把有机马克思主义的理论应用于具体实践，有机马克思主义确立了四个核心原则：第一，把共同福祉作为社会发展的目标。第二，构建以有机生态思维为指导的价值观。第三，阶级之间的不平等应该受到重视。第四，树立长远的整体视野。绿色发展理论作为中国化的最新成果，主张的发展原则与有机马克思主义发展观有契合之处，有机马克思主义发展观认为，发展应当建立一个符合绝大多数人利益的有机环境共同体，绿色发展倡导必须立足社会现实和人民大众。有机马克思主义主张文化嵌入型马克思主义，绿色发展主张因地制宜、重视实践，把绿色发展理念融入社会建设中去。在某种程度上，有机马克思主义发展观为中国绿色发展的合理性等方面提供了一种西方话语式的解释，中国的社会主义市场经济把社会主义制度和市场经济耦合在一起，是一种中国式绿色发展的社会主义新道路①。有机马克思主义的“第

---

① 王凤珍：《有机马克思主义：问题、进路及意义》，《哲学研究》2015 年第 8 期，第 24 页。

三条道路"关注中国,认为这条道路是帮助中国走向生态文明的最佳方案,中国应当引领绿色发展。中国绿色发展与有机马克思主义的契合,对中国应对生态危机具有启发意义。

2. 有机共同体:消除生态危机的驱动力

有机马克思主义认为共同体是价值的追求。所谓共同体,指具有内在关联的人们所构成的一个整体,强调的是"共生共荣"。它向现代性发起猛烈批判,试图用"有机共同体"的思想武器摧毁人类中心主义旗帜,呼唤以人与自然的共同福祉为目标的生态革命,这与马克思的生态思想深度契合,然而却并没有超越马克思的马克思主义。有机马克思主义批判资本主义患了"经济增长癖",把 GDP 的增长当作衡量经济发展的指标,这种指标带来了社会价值观的扭曲,这种经济增长是以牺牲人类的长远利益为代价,无法代表人类生存的真实状况。"有机共同体"思维和马克思主义的价值追求,与绿色发展的诉求具有内在统一性,为人类走向生态文明描绘出理想蓝图。有机马克思主义强调地球生命应共生共荣,公正享有资源,培育共同体价值观,这种"绿色思维"促使中国绿色发展也需要建设这样一种绿色共同体,即"我们所有的人都应该对生命的地球共同体负责"①。

3. 实现共同福祉:绿色发展的价值旨归

近年来"福祉"成为中国的高频词汇,中国共产党把"福祉"写进了党的代表大会报告中,将其作为中国人民实现幸福生活的目标。这是中国绿色发展理念对有机马克思主义在价值追求上的超越,有

---

① 菲利普·克莱顿、贾斯廷·海因泽克:《有机马克思主义》,孟献丽、于桂凤、张丽霞译,人民出版社 2015 年版,第 149 页。

机马克思主义主张把人类与地球的共同福祉放在首位。有机马克思主义认为，应该把“生物圈的福祉”纳入经济发展的评价指标中，“任何一个地区的发展规划都应该考虑其发展对其他地区的影响”①。社会发展的根本目标是实现共同体的价值，共同体的基本特征是“允许所有公民参与、承担对所有人的责任、尊重个性的多样化”②。2015年10月，党的十八届五中全会提出“创新、协调、绿色、开放、共享”的五大发展理念，并将绿色发展理念作为“十三五”乃至更长时期各方面和全过程的发展理念，旨在构建人与自然和谐发展的社会，把建设美丽中国融入中华民族永续发展的长远规划中去。有机马克思主义的主张和中国共产党人的承诺形成共鸣，为中国实现绿色发展提供理论支持。

（三）反思：难以超越马克思主义的生态思潮

有机马克思主义对重新认识生态危机和资本主义制度提供了一种新的思路，为未来中国绿色发展提供了一个新的参考方向，但有机马克思主义并非是严格意义上的马克思主义理论，研究中要坚持马克思主义的立场、观点和方法，避免受到有机马克思主义资产阶级改良思想的影响。

1. 存在对马克思主义基本理论的误解与偏离

有机马克思主义认为，马克思主义基本原理是随着历史条件的变化而变化的，“每一次置于新的文化背景中，马克思主义的基本原理都

---

① 菲利普·克莱顿、贾斯廷·海因泽克：《有机马克思主义》，孟献丽、于桂凤、张丽霞译，人民出版社2015年版，第228页。

② 赫尔曼·E.达利、小约翰·B.柯布：《21世纪生态经济学》，王俊、韩冬筠译，中央编译出版社2015年版，第181页。

需要调整,以适应于所处地域和时代的经济、社会和文化特征”①。可见,有机马克思主义不是严格意义上的马克思主义理论,存在着对经典马克思主义的误解与偏离。而马克思不仅是一位哲学家,更是一位革命家,在他看来“哲学家们只是用不同的方式解释世界,问题在于改变世界”②。有机马克思主义以有机哲学为基础,虽赞成马克思的唯物史观,但忽视了对社会发展基本规律的准确把握,走上了唯心主义道路。

2. 对生态危机根源的分析不够深入

在社会领域,有机马克思主义没有坚持好马克思主义的基本理论,认识不到私有制才是生态危机的根源。有机马克思主义认为,“我们不必要求一个不允许任何人拥有私有财产的彻底的社群主义。人类追求所有权和竞争本身并不邪恶,只是过度贪婪的追求才是需要约束和控制的”③。因此,有机马克思主义主张超越公私二分法实行“混合制”,并将其作为生产资料所有制的一种理想状态。有机马克思主义对私有制的暧昧态度,决定了其不可能真正发现建构生态文明的理想之路,暴露了其寻求生态危机解决道路的资本主义改良思想。有机马克思主义以后现代的视角将生态危机的根源看作现代性,“机械主义世界观被有机马克思主义视为现代性的核心特征”④。有机马克思主义对生态危机根源的判断,还只是停留在思维方式层面,存在着明显的

---

① 菲利普·克莱顿、贾斯廷·海因泽克:《有机马克思主义》,孟献丽、于桂凤、张丽霞译,人民出版社 2015 年版,第 77 页。

② 《马克思恩格斯文集》第 1 卷,人民出版社 2009 年版,第 502 页。

③ 菲利普·克莱顿、贾斯廷·海因泽克:《有机马克思主义》,孟献丽、于桂凤、张丽霞译,人民出版社 2015 年版,第 249 页。

④ 王治河、杨韬:《有机马克思主义及其当代意义》,《马克思主义与现实》2015 年第 1 期,第 89 页。

局限性。

此外，当前生态帝国主义甚嚣尘上，发达资本主义国家依靠生态扩张、资源掠夺和废料出口等生态帝国主义行为将内部污染转嫁给其他国家，导致了全球范围的生态危机，是新型的霸权主义与强权政治，造成全球污染加重，社会不公平加深等。面对生态帝国主义的行为，中国积极应对并引领全球生态治理体系建设，努力推进生态文明建设，坚持对外开放，维护生态安全①。20世纪后半叶出现的"八大公害事件"促使发达国家制定出十分严格的环境标准，积极调整国内产业结构，大力发展高、精、尖产业，将消耗资源多、污染严重的产业转移到发展中国家。例如，美国把近四成的污染严重的产业转移到了发展中国家，日本把六成的污染性强的产业转移到了东南亚等发展中国家。面对生态帝国主义的卑劣行径，第三世界国家只能承受环境污染的毒害。当今世界，和平与发展已成为时代主题，但并不意味着霸权主义和强权政治在全球范围内已经消失。生态帝国主义恰是隐藏在和平外衣下的霸权主义与强权政治。当前，发达资本主义国家为了维持自身的经济发展，采取不平等的国际政治经济新秩序，依靠经济渗透继续操控原殖民地，大肆掠夺那里的自然生态资源，转嫁国内的污染，使人类共同承担他们造成的环境债务。面对全球生态危机，以美国为代表的西方发达资本主义国家不愿承担本该承担的义务，置发展中国家于不顾，无理要求发展中国家承担主要减排责任，美国总统特朗普上台后宣布美国退出《巴黎协定》，这是典型的生态帝国主义傲慢。作者认为，面对日益加深的

① 司会敏、张荣华：《生态帝国主义批判及其应对》，《理论月刊》2017年第9期，第17页。

全球生态危机,世界各国必须众志成城,共同应对,构建全球生态治理体系,打造人类命运共同体。以美国为首的西方国家散布“中国生态环境威胁论”,我们要高度警惕,深刻揭露生态帝国主义的本质和危害,彻底批判其虚伪性和欺骗性,团结广大发展中国家,共同防止西方发达国家污染转移,维护全球环境正义。加快转变传统的经济发展模式,用“新发展理念”作引领,坚定走中国特色社会主义绿色发展道路,建成美丽中国,为发展中国家绿色发展提供借鉴,充分展示大国负责任形象,引领世界绿色发展的潮流,努力开创社会主义生态文明新时代。

本章小结

本章通过对中国传统的生态智慧、马克思主义生态观和西方主要生态思潮的梳理,可以得出如下结论:

中国传统的生态思想是中国传统生态文化的内在逻辑,蕴含有丰富而深刻的生态思想,具有重要的时代价值。儒家强调人与自然的和谐发展,主张“天人合一”的生态自然观,尊重生命的生命伦理观,对当今社会的影响深远。佛教“众生平等”的生态伦理观,慈悲为怀的生态实践观,对保护生物和物种的多样性起着非常重要的作用。道家主张的“道法自然”的生态自然观,道生万物的生态伦理观,自然无为的生态实践观,提倡人要崇尚自然、效法自然、顺应自然,对于生态文明意识的培养和提高具有深远的影响。少数民族的生态文化在自然资源的发展与保护等方面留下了宝贵的经验。中国传统的生态文化蕴涵着丰富的生态智慧,为绿色发展理论的构建提供思想支撑、伦理依据、理论指导和实践方法，传统生态文化中“重伦理轻自然”、“重道德轻科技”、“重主体轻客体”等思想也表现出明显的局限性，应在借鉴的同时摒弃不合时宜的传统生态文化思想。

马克思、恩格斯的自然观、和谐观和价值观为绿色发展观提供基本的立场、观点和方法论，规定了绿色发展的方向和性质。马克思主义的自然观揭示了人与自然的同一、人类社会与自然界的同一、人类历史与自然史的同一；马克思主义的和谐观认为人是自然界的一部分，人类社会与自然界是统一整体；马克思主义的价值观体现了绿色价值与实践价值的统一，民族价值与全球价值的统一。马克思主义生态观所体现的“两大规律”为绿色发展观提供了可以借鉴的路径选择。绿色发展必须遵循人与自然关系规律，不能以纯粹的自我规定的实践活动来实现自己的主观目标和愿望，人在自然界所获得的自由不单单依赖于人的主观能动性的发挥，还取决于对人的受动性的控制能力。强调人的发展永远不能离开自然界的发展，应当了解和尊重自然规律，自觉调控自身的行为，实现人与自然的共同发展。人与自然的关系是人与人社会经济关系的反映，尊重自然规律也就意味着必须尊重人类的社会关系。

西方主要生态思潮从理念、制度、政策等层面揭示了当代资本主义社会存在的问题，促使西方资本主义国家对科学技术的发展方向及政治制度等做出调整，引起了人们对生态问题的重视，对实现人类的可持续发展做出了一定的贡献，推动了人类从工业文明向生态文明转型。本书对生态马克思主义、生态女性主义、有机马克思主义等流派进行了阐述和分析，希望为绿色发展理论的构建提供一定的理论借鉴。绿色发展与西方主要生态思潮有质的区别,具有显著的社会主义的质的规定性,最终的目标是人的全面发展。

中国古代朴素的生态思想、马克思主义经典理论和西方主要生态理论,是中国绿色发展的理论来源。在马克思主义生态观的引领下,古为今用,洋为中用,具有重要的指导价值。

第二章
回眸与省思：绿色发展的实践探索

十九大报告指出，我们要建设的现代化是人与自然和谐共生的现代化。在实现绿色发展的过程中，中国经历了不断探索前行的四个历史时期，积累了丰富的实践经验。根据国外所走过的道路反思发展模式的弊端，为中国的绿色发展提供了指导和借鉴。同时，中国在探索绿色发展实践的进程中也曾陷入发展困境，回眸与反思国内外绿色发展的实践，对于指导我国今后的绿色发展实践具有重要的价值和意义。

第一节　绿色发展的思想脉络

改革开放四十余年，我国对绿色发展的认识，是一个由表及里、由浅入深、由自然自发到自觉自为的过程，绿色发展的理念在曲折探索中意蕴渐浓[1]。绿色发展不同于传统的发展模式，而是在马克思主义生态价值观视域下，经过几代领导人的探索，从可持续发展、两型社会构建到十六届三中全会提出科学发展观，再到十七大提出生态文明建设，直至十八大提出“五位一体”是绿色发展思想形成、丰富并不断发展的过程。绿色发展主要经历了摸索中前进、实践中确立、确立中发展、发展中升华的思想发展历程。

一、摸索中前进：新时期协调发展观(1978—1991)

在制定改革开放和现代化建设的战略方针时，国家总是把控制人口增长、合理利用资源、加强环境保护纳入社会发展的全局中考虑。这些思想追求经济与自然的协调发展，包含了绿色发展的理论精髓。

(一) 绿色新政雏形：环境保护进入法律轨道

党在改革开放前就开始思考人与自然关系，1973 年 8 月，在第一次全国环境保护会议上，通过了我国第一个环境保护综合性法规《关于保护和改善环境的若干规定》，毛泽东关于勤俭建国与绿化祖国等观点是绿色发展理念的雏形。中国绿色发展理念伴随着改革开放一起成长和发展起来。1978 年，邓小平关于《解放思想，实事求是，团结一致向前看》的讲话，成为改革开放四十余年中国共产党生态文明建设的奠基之作。邓小平明确指出：“应该集中力量制定刑法、民法、诉讼法和其他各种必要的法律，例如森林法、草原法、环境保护法、劳动

① 王海芹、高世楫：《我国绿色发展萌芽、起步与政策演进：若干阶段性特征观察》，《改革》2016 年第 3 期，第 24—26 页。

法、外国人投资法等等，经过一定的民主程序讨论通过，并且加强检察机关和司法机关，做到有法可依，有法必依，执法必严，违法必究”①。这标志着中国的环境问题迈向了法制轨道，推动了我国森林法、草原法、环境保护法的顺利推行。邓小平认为“植树造林，绿化祖国，是建设社会主义，造福子孙后代的伟大事业，要坚持二十年，坚持一百年，要一代一代永远干下去”②。在这一思想指导下，我国制定了一系列全国性和地方性的环境保护法律法规，结束了新中国环境保护无法可依的局面。因此，以邓小平为代表的第二代党的领导集体对环境保护的最大贡献，就是将环境保护纳入法制轨道，在继承了第一代领导人的环保思想萌芽基础上实现飞跃和突破，成为中国共产党生态文明思想的奠基。

（二）经济、人口资源环境统筹：环境保护从理念到行动

1982 年党的十二大首次提出降低能耗、节约资源的观点，1987 年党的十三大指出，我国社会主义初级阶段的基本国情是“人口多，底子薄，人均国民生产总值仍居于世界后列”，分析了人口控制、环境保护和生态平衡的关系，指出“生态平衡”在国计民生中的重要作用。1991 年党的第十三届中央委员会第八次全体会议提出，“加快大江大河大湖综合治理，广泛开展农田水利基本建设”，这是我们党在生态建设方面从理念到行动的良好开端。因此，中国共产党将环境保护作为基本国策，为生态文明建设方略的提出奠定了理论和物质基础。中央主张

① 邓小平：《解放思想，实事求是，团结一致向前看》，邓小平在 1978 年 12 月 13 日中共中央工作会议闭幕会上的讲话。

② 《邓小平论林业与生态建设》，《内蒙古林业》2004 年第 8 期，第 1 页。

正确处理经济发展与人口、资源与环境的关系,为绿色发展提供了重要的理论支撑。邓小平认为,管理好我国的环境,合理地开发和利用自然资源,是现代化建设的一项基本任务[①]。邓小平主张"科教兴国"的发展战略 ,提出"解决农村能源,保护生态环境等等,都要靠科学"[②]。邓小平主张通过教育与科技推动经济和环境保护的理念与绿色发展要求依靠绿色科技的主张具有内在的一致性,丰富了马克思主义绿色发展观的内涵[③]。

二、实践中确立:可持续发展观(1992—2002)

1997 年,党的十五大报告提出了"实施可持续发展战略",分析了可持续发展战略的必要性,推动了马克思主义中国化绿色发展观不断向前发展。

(一)可持续发展理念:绿色发展的核心内容

20 世纪 90 年代,环境问题日益突出,世界各国都在寻找一种能够兼顾经济发展与环境保护的发展方式,党和国家提出了"在现代化建设中,必须把实现可持续发展作为一个重大战略"[④]。不但要实现当前的发展,而且要为子孙后代着想,决不能吃祖宗饭、断子孙路,走先污染后治理的路子[⑤]。1992 年党的十四大深入分析了控制人口和加强环境

---

① 国家环境保护总局、中共中央文献研究室:《新时期环境保护重要文献选编》,中央文献出版社、中国环境科学出版社 2001 年版,第 20 页。

② 《邓小平年谱》(下册),中央文献出版社 2004 年版,第 882 页。

③ 陈凡、白瑞:《论马克思主义绿色发展观的历史演进》,《学术论坛》2013 年第 4 期,第 16—17 页。

④ 《江泽民文选》第 1 卷,人民出版社 2006 年版,第 463 页。

⑤ 同上书,第 464 页。

保护的重要关系，提出了"不断改善人民生活，严格控制人口增长，加强环境保护"的论断。1997 年党的十五大报告提出了"实施科教兴国战略和可持续发展战略"两大战略，分析了可持续发展战略的必要性，强调作为基本国策的计划生育和环境保护的重要性。可持续发展本质上需要解决的是，代内与代际、经济发展与生态环境保护之间的关系问题，与绿色发展的根本目标一致，是绿色发展的重要内涵。可持续发展战略的提出推动了马克思主义中国化绿色发展观的向前发展。党和国家关于经济建设与人口、资源、环境的关系的论述，成为和谐社会和科学发展观中的重要理论基础。这些都体现了党中央对生态环境建设的决心和高度重视，是中国共产党生态文明执政思想，从宏观经济发展层面做出的前瞻性的重要决定，具有重大的理论价值和现实意义。

（二）可持续发展能力：小康社会的建设目标

1998 年，在中国当代史上，经历了最为严重的自然灾害，发生了令人心痛的百年不遇的洪涝灾害。国家通过这次重大自然灾害深刻认识到人类破坏生态环境产生的严重后果。因此，实施"天然林保护工程、退耕还林还草"等生态工程，加大人力、财力的投入前所未有[①]，提出实现农业可持续发展，加强水利基础设施建设和林业建设，严格保护耕地、森林植被和水资源，严格防治水土流失和环境污染，改善生产条件，保护生态环境，走科技含量高、资源消耗低、环境污染少的新型工业化道路；提出了统筹人与自然和谐发展，坚持以人为本、全面协调可

① 中国共产党历次全国代表大会数据库［EB/OL］，http：//cpc.people.com.cn/GB/64162/64168/index.html。

持续的科学发展观,推动经济社会的更好发展,体现了中国共产党的理性生态执政。此外,党和国家还意识到生态环境问题的全球性特点,人类需要共同面对生态问题,需要世界各国的密切合作①。这些理论观点提供了符合中国国情的新思路,是对马克思主义绿色发展观的进一步发展。

三、确立中发展:科学发展观(2002—2012)

党的十七大报告首次提出"生态文明"建设方略,开辟了探索中国特色社会主义绿色文明发展新道路。生态文明是对可持续发展的哲学概括,是世界各国的绿色执政典范,更是世界可持续发展的里程碑②。在全球绿色发展的浪潮下,中央强调中国要走绿色发展道路,其绿色和谐发展理论、生态文明建设方略和绿色国策战略理论标志着马克思主义绿色发展观走向成熟。

(一)绿色和谐发展理论

绿色和谐发展理论是科学发展观的核心内容之一,也是绿色发展的精髓。科学发展观主张,人与自然的和谐发展应当贯穿在中国特色社会主义发展的全过程。坚持全面发展、协调发展、可持续发展的发展观,在经济社会发展的基础上推动人的全面发展,促进人与自然的和谐。我们所构建的社会主义和谐社会是人与人、人与社会、人与自然整体和谐的社会。因此,只有关注人的发展和自然发展和谐的绿色发展,

① 《江泽民文选》第1卷,人民出版社2006年版,第480页。
② 王如松:《奏响中国建设生态文明的新乐章》,《环境保护》2007年第11期,第37—39页。

才能体现出中国特色社会主义的基本特征。构建社会主义和谐社会必须坚持科学发展，抓好发展这个党执政兴国的第一要务，并牢固树立人与自然相和谐的观念。绿色和谐发展理论把社会主义和谐社会发展纳入科学发展的绿色轨道。

（二）生态文明建设方略

建设生态文明表现在科学发展上，为中国特色社会主义经济社会发展生态化指明了发展方向。生态文明的核心和灵魂是实现人与自然相和谐发展。“保护自然就是保护人类，建设自然就是造福人类，要倍加爱护和保护自然，尊重自然规律”①。这就告诉我们，建设生态文明，必须遵循自然生态规律，在与自然和谐相处过程中实现经济增长与发展。建设生态文明的基本取向是走出一条中国特色社会主义生态文明之路，也就是绿色文明发展道路。加快建设“两型”社会是我国建设生态文明着力抓好的战略任务，建设生态文明，形成节约资源和保护生态环境的增长方式和消费模式。2008 年，“国家环境保护总局”升格为“中华人民共和国生态环境部”，“五位一体”总体布局初步形成。2012 年，十八大报告中明确提出了“建设中国特色社会主义的总布局是五位一体”的科学论断。“五位一体”总布局进一步强调了生态文明建设，把建设“美丽中国”作为“中国梦”的重要内容②。可见，生态文明是绿色发展的精神实质和最高要义，关于科学发展与绿色发展的新论断是对绿色发展理论与实践的双重创新，显示了中国特色社会

---

① 中共中央文献研究室：《科学发展观重要论述摘编》，中央文献出版社 2008 年版，第 37 页。

② 周杨：《“五位一体”总体布局的演进与当代价值》，《重庆社会科学》2013 年第 9 期，第 97—102 页。

主义已经迈入绿色发展的轨道,标志着马克思主义绿色发展观日趋走向成熟①。

(三)绿色国策战略理论

绿色国策战略理论是指赋予可持续发展战略以生态内涵,把保护生态环境转向绿色发展的轨道。改革开放以来,我们党一直把环境保护作为基本国策,把可持续发展当作一项重大战略。"全面落实科学发展观,坚持保护环境的基本国策,深入实施可持续发展战略"②。"坚持在经济发展的基础上,推动社会的全面进步和人的全面发展,实现经济社会的可持续发展,这样的发展观符合社会发展的客观规律"③。"坚持节约发展、安全发展、清洁发展,实现可持续的科学发展"④,这就是科学发展观统领下的绿色发展。"良好的生态环境是生产力持续发展以及人们生活质量提高的基础。彻底改变以破坏资源为代价的粗放型的增长方式,不能走以牺牲环境为代价换取一时经济增长的道路"⑤。

四、发展中升华:新时代的绿色发展思想(2012 年至今)

习近平新时代中国特色社会主义思想是我国经济绿色发展必须长

① 陈凡、白瑞:《论马克思主义绿色发展观的历史演进》,《学术论坛》2013 年第 4 期,第 17—18 页。

② 温家宝:《全面落实科学发展观 加快建设环境友好型社会》,2006 年 4 月 24 日《人民日报》第 2 版。

③ 中共中央文献研究室:《科学发展观重要论述摘编》,中央文献出版社 2008 年版,第 1 页。

④ 《国务院关于落实科学发展观加强环境保护的决定》,2006 年 2 月 15 日《光明日报》第 1 版 。

⑤ 中共中央文献研究室:《科学发展观重要论述摘编》,中央文献出版社 2008 年版,第 40—41 页。

期坚持的指导思想和行动指南，为广大发展中国家提供了解决增长与保护环境问题的中国方案，也为全球解决生态环境和经济增长之间的矛盾贡献了中国智慧[①]。新时代绿色发展理念的形成经历了一个长期过程。党的十八大以来习近平总书记一系列重要讲话，内容包括绿色环境、绿色经济、绿色生活、绿色民生和绿色评价等方面，丰富了绿色发展理念的内涵，他提出的绿色发展是"很大的政治"，"公共产品"、"命运共同体"等重要论断，标志着绿色发展理念的成熟。2018 年 5 月召开的全国生态环境保护大会高扬绿色发展思想，体现在"绿色"上主要是效率、环保、可持续，体现在"发展"上是指社会主义现代化建设五个方面的发展。

（一）绿色政治生态观

绿色政治生态观是指政治生态环境的净化，建设成为廉洁政治，营造良好的从政氛围。习近平总书记指出，"不能把加强生态文明建设、加强生态环境保护、提倡绿色低碳生活方式等仅仅作为经济问题。这里面有很大的政治"[②]。他创造性地提出了"政治生态"概念，并对政治生态进行了解读。政治生态是指"一个地方政治生活现状和政治发展环境的集中反映，是党风、政风和社会风气的综合体现"[③]。他指出，营造绿色政治生态，要抓好领导干部这个关键少数，在政治生态中，党风、政风和社会风气相互联系、相互影响，其中党风是政治生态的核心，对

---

① 何爱平、安梦天：《习近平新时代中国特色社会主义绿色发展思想的科学内涵与理论创新》，《西北大学学报（哲学社会科学版）》2018 年第 5 期，第 84 页。

② 中共中央文献研究室编：《习近平关于全面深化改革论述摘编》，中央文献出版社 2014 年版，第 103 页。

③ 杨绍华：《着力净化政治生态》，2016 年 5 月 3 日《光明日报》第 6 版。

于政风与社会风气的形成具有决定性作用。“解决党内存在的难题，必须营造良好的从政环境，也就是有一个良好的政治生态”①。习近平总书记指出，“自然生态要山清水秀，政治生态也要山清水秀”②，政治生态和自然生态一样，如果出现问题，恢复起来需要付出惨重代价。加强党的建设，增强党的创造力、凝聚力、战斗力，需要着力净化政治生态，把生态环境放在经济社会发展的显著位置。从政治的高度阐述了绿色发展理念，绿色发展不仅仅是经济发展的可持续问题，而是应从政治的高度理解绿色发展的重大意义，从而树立正确的政绩观。可见，绿色政治生态直接影响到绿色发展的成效，极大促进了社会生产力的发展，实现绿色政治生态的良性运行。

（二）绿色经济发展观

绿色经济是绿色发展的物质基础，绿色经济发展观是指正确处理经济发展与生态环境保护的关系，强调经济的节约、循环和可持续的新型经济发展理念，着力提高人类的福利和促进社会公平正义，推动经济发展与生态保护的协调统一，走绿色发展道路。马克思将生产力分为劳动的自然生产力和劳动的社会生产力，这种生产力是自然界生产物质财富的能力。因此，保护生态环境间接地推进了生产力的发展和经济效益的提高。习近平总书记的“绿水青山就是金山银山”的论断体现了绿色发展的主旨，人们对“两山”之间关系的认识，经历了从“替代论”到“兼顾论”再到“统一论”的渐进过程。第一阶段主张用绿水青山

---

① 中共中央文献研究室编：《十八大以来重要文献选编》（上册），中央文献出版社2014年版，第135页。

② 《奏响“四个全面”的时代强音》，2015年3月15日《人民日报》第1版。

换取金山银山，第二阶段是既要金山银山也要绿水青山，第三阶段是绿水青山就是金山银山。“两山论”有效地解决了经济发展与环境保护的两难问题，使人们认识到绿水青山能够带来金山银山，生态优势可以转化为经济优势，达到了更高的认识和发展境界。习近平总书记针对扭曲的生产力观和政绩观问题，指出“破坏生态环境就是破坏生产力，保护生态环境就是保护生产力，改善生态环境就是发展生产力，经济增长是政绩，保护环境也是政绩”①。当前，必须转变传统的经济发展方式，自觉发展绿色经济、循环经济和低碳经济，迈向具有中国特色的绿色发展新路。

（三）绿色文化发展观

绿色文化发展观是指绿色发展理念内化于心、外化于行的价值观。绿色文化弘扬尊重自然和保护环境的价值理念。推动绿色发展，就是要树立绿色的世界观、价值观文化，弘扬绿色文化，提高全民的绿色环保意识和行为自觉，形成尊重自然、保护环境的价值观念，从而推进绿色发展大众化群众化。作为一种价值取向，绿色文化自始至终渗透、贯穿并深刻影响着绿色发展的许多方面。习近平总书记指出，要把生态环境保护放在更加突出位置，要着力推进生态环境保护，“像保护眼睛一样保护生态环境，像对待生命一样对待环境”②。保护眼睛和生命是生存的本能意识，同时提醒我们，增强环保与绿色发展的意识，自觉地保护环境，将绿色发展理念镶嵌在日常生活之中，形成绿色的生活方

① 习近平：《干在实处　走在前列——推进浙江新发展的思考与实践》，中共中央党校出版社 2006 年版，第 186 页。

② 习近平：《像保护眼睛一样保护生态环境　像对待生命一样对待生态环境》，2016 年 3 月 11 日《新华日报》第 1 版。

式和健康的消费理念。习近平总书记在2019年中国北京世界园艺博览会开幕式上的讲话中强调,“我们要像保护自己的眼睛一样保护生态环境,像对待生命一样对待生态环境,同筑生态文明之基,同走绿色发展之路”。绿色发展已经成为世界发展的潮流,经济活动中包含的绿色文化因素越来越多,产品的绿色文化含量越高,在国际市场中的竞争力就越大。

(四)绿色社会发展观

绿色是社会文明的现代标志,寄托着人类对未来美好的愿景,不仅包含自然生态意义上的环境,还涵盖人类生存生活所依存的人文社会和经济环境。绿色社会发展观的指向是实现人与自然的和谐共荣,实现“绿色惠民”,推进社会的可持续发展。习近平总书记指出,要坚持绿色发展,“坚持绿色富国、绿色惠民,为人民提供更多优质生态产品,推动形成绿色发展方式和生活方式”①。惨痛的历史告诫我们,不要“过分陶醉于我们人类对自然界的胜利。对于每一次这样的胜利,自然界都对我们进行报复”②。因此,人类的经济活动应当在资源环境承载力的范围之内,才能实现人与自然的和谐。实现绿色惠民,推动人的全面发展是绿色发展的价值目标之一。习近平总书记指出,“良好生态环境是最公平的公共产品,是最普惠的民生福祉”③。生态环境的质量关系到人民群众的切身利益和幸福指数,是全面建成小康社会的关

---

① 《中共中央关于制定国民经济和社会发展第十三个五年规划的建议》,2015年11月4日《人民日报》第1版。

② 《马克思恩格斯文集》第9卷,人民出版社2009年版,第559—560页。

③ 习近平:《习近平总书记系列重要讲话读本》,学习出版社、人民出版社2014年版,第123页。

键。因此，应当坚持绿色发展，使良好的生态环境变成人们生活质量的增长点，让老百姓切实感受到绿色发展带给他们的环境收益。在十八大报告中，习近平总书记在"两山论"的基础上，创造性地提出了建设美丽中国，实现中华民族永续发展的目标。

（五）绿色环境发展观

绿色环境发展观，强调对自然环境和地球生物的保护，主张通过有效利用自然资源，改善自然环境，促进人类生活与自然环境的协调，以实现自然环境与人类社会的永续发展。这就要求建设美丽中国，开创生态文明的新时代。习近平总书记指出，"生态环境没有替代品，用之不觉，失之难存"①。改革开放以来，我国经济发展取得了举世瞩目的成就，同时也积累了大量的生态问题，成为明显的短板。当前，我国环境污染和生态系统退化严重，生态环境恶化导致了人民的正常生活受到严重影响，例如最近几年的雾霾等，已经成为突出的民生问题。因此，要加快生态文明建设，还老百姓天蓝、山绿、水清的美好生活环境。2013 年 11 月，习近平总书记把"两山论"进一步上升到系统论的高度，指出了"山水林田湖是一个生命共同体，人的命脉在田，田的命脉在水，水的命脉在山，山的命脉在土，土的命脉在树"②。此外，习近平总书记所倡导的"生态兴则文明兴，生态衰则文明衰"的论断，要求我们要树立大局观、长远观、整体观，让良好的生态环境成为展示我国良好形象的靓丽名片③。

---

① 习近平：《在省部级主要领导干部学习贯彻党的十八届五中全会精神专题研讨班上的讲话》，2016 年 5 月 10 日《人民日报》第 2 版。

② 习近平：《关于〈中共中央关于全面深化改革若干重大问题的决定〉的说明》，2013 年 11 月 16 日《人民日报》第 1 版。

③ 习近平：《抓住机遇立足优势积极作为　系统谋划"十三五"经济社会发展》，2015 年 5 月 29 日《人民日报》第 1 版。

第二节 绿色发展的国际省思

改革开放以来的实践已证明中国有发展的实力和潜力，绿色发展的理念已被广泛认同，实践内容也在不断扩展，但同时我们更应看到存在的问题，以国际省思来反观中国绿色发展现有实践，为中国选择并坚持绿色发展提供理论支持和道路引领。

一、“先污染、后治理”的生态检视

西方发达国家曾走过漫长的“黑色之路”，发展方式影响和决定着生态环境的质量。“先污染、后治理”带给全球严重的环境问题，当前极端的自然现象拷问人类的发展方式。“先污染、后治理”是政府对环境问题无奈的补救措施，是“治标不治本”的方法。

（一）“先污染、后治理”发展模式分析

近代工业的兴起和城市的不断发展，使得物质文明高度进步，但同时产生了日益严峻的生态问题，对人类的生存和发展构成了严重的威胁。全球生态问题主要表现为全球气候恶化、资源短缺和环境污染[①]。污染是指环境污染，治理是通过物理、化学、生物科学技术以及行政、经济、法律、教育等手段减少污染且逐步消除污染带来的影响[②]。马克思主义的观点认为：人与自然的关系以社会为中介，文明是人类存在

① 刘德海：《绿色发展》，江苏人民出版社 2016 年版，第 51 页。

② 徐志伟：《工业经济发展、环境规制强度与污染减排效果——基于“先污染，后治理”发展模式的理论分析与实证检验》，《财经研究》2016 年第 3 期，第 134—135 页。

于社会的方式。党的十八大报告中明确提出了建设生态文明，标志着中国进入了发展方式的生态化进程。从发展方式的实质来看，发展是硬道理，生产方式决定着发展方式，并受到经济、政治、文化等诸多因素的影响和制约。从发展方式的内涵来看，发展经济是社会发展、人的发展的基础，对发展方式的性质和水平起决定作用。选择什么方式去发展经济，不同国家选择的模式不一样，西方发达国家曾走过漫长的“黑色之路”，认为发展就是经济的无限增长，而“绿色之路”是生产力发展和生产关系变革的标志，绿色发展方式坚持生态取向。发展方式影响和决定着生态环境的质量，“先污染、后治理”带给全球严重的环境问题，气候变暖、地质灾害等极端自然现象拷问人类的发展方式。中国也曾走过一段“先污染，后治理”的道路，在一定程度上抑制了污染的高速扩散，暂时起到了对高消耗、高污染企业的抑制，然而它自身的局限性决定了“先污染、后治理”是一种迟滞性的环境保护方式。随着人们环境意识的逐步提高，世界各国制定的污染物排放标准也越来越严，企业需要支付的治理费用远远超越了产出的效益，导致众多企业处于倒闭和停产的边缘。“先污染、后治理”正是发展中国家所面临的在工业化后期集中出现的环境问题，是政府对环境无奈的补救措施，也是一条“治标不治本”的路子，会导致和引发严重的社会问题①。面对发展带来的一系列生态问题，我们急切呼唤生态化的发展方式，绿色发展也呼唤一种创新驱动型的生态化经济发展方式。

---

① 王永芹：《当代中国绿色发展观研究》，武汉大学博士论文，2014 年，第 59 页。

(二)“先污染、后治理”的典型国家和地区

西方发达国家的早期工业化发展对环境的忽视,最终酿成了惨痛的环境公害事件。各发达国家投入巨资开始对环境污染进行治理,并将重污染企业转移到发展中国家,完成了“先污染、后治理”艰难历程。1991 年,美国学者格罗斯曼(Grossman)和克鲁格(Krueger)提出的著名环境库兹涅茨曲线理论,他们认为,在一个国家的发展初期,污染物排放量会随经济增长而逐步增加,当达到拐点后,污染物的排放量会逐渐下降。大量的实证研究也进一步证实了这一理论,在大多数研究者看来,环境和经济发展之间出现的“倒 U 形”曲线关系折射出社会发展的一般规律。发达国家在发展进程中大都经历了严重的环境污染。1934 年 5 月,美国发生了一次席卷半个国家的风暴,芝加哥一天内降尘量达 12 万吨。1952 年以来,伦敦已经发生 12 次比较大的烟雾事件,使呼吸道疾病患者猛增。日本由于资源过度开发,造成生态环境和产业发展极度不均衡,使大气、土壤、水等自然环境均遭受了严重的破坏,出现了熊本水俣病、富山骨痛病等大型公害案。因此,可以看出,资本主义国家在发展初期,环境污染状况恶劣,严重威胁到了人们的健康。在发达国家丰厚的资金和先进技术的支持下,随着民众环保意识的提高,开展了长时间的治理,目前环境得到了较大改善。

(三)“先污染、后治理”发展模式的反思

人类生存必需的使用价值的量是相对恒定的、有限的,“先污染、后治理”的发展模式在世界上是无法通行的,导致了一些国家越来越贫穷,而另外一些国家越来越富有。改革开放以来,中国经济发展成就有目共睹,但现实状况是一部分地区污染严重,因此,经济的快速发展

遭受严峻的挑战。中国一直努力避免重走“先污染、后治理”的老路，但在工业化过程中，很多地方仍然存在通过牺牲环境换取经济发展的现实情况。尽管近年来环境整治投资力度逐步加大，环保立法日趋严格，但整体治理的效果不容乐观①。污染和治理的先后顺序，实质是发展模式的一种选择，技术、资金、管理制度的落后使得我们不得不依靠资源优势，建立“世界工厂”。虽然发达国家的公害事件提供给中国一面镜子，但伴随着中国 GDP 的突飞猛进，污染物激增，雾霾污染愈演愈烈，中国未能在污染之前得到有效控制，我们仍走了一条“先污染、后治理”的老路，助推了近年来环境群体性事件的爆发。如果中国仍然步发达国家的“先污染、后治理”的老路，不重视环境保护和资源节约的重要性，那么，就难以通过自身的资源使得十四亿人口都达到富裕的水平②。在总结和反思发达国家的教训之后，中国环保主管者提出了避免“先污染、后治理”的原则，中国政府应客观面对污染治理，采取有效的环境治理措施，加强主体功能布局，使污染产生与排放对环境和人群的影响降到最低程度。减少虚无口号对环保工作的干扰，避免刚性发展和刚性环保之间产生激烈冲突③。然而，在政府环境管制层面，无论是“谁污染谁治理”还是总量减排等环境污染专项治理，都暗含了污染之后应进行治理。避免“先污染、后治理”应按照环境库兹涅茨曲线理论，采取分类、分区域采取治理措施，对人均 GDP 已达到 1 万美元、

① 徐志伟：《工业经济发展、环境规制强度与污染减排效果——基于“先污染，后治理”发展模式的理论分析与实证检验》，《财经研究》2016 年第 3 期，第 134—135 页。

② 王伟卓、李成尧：《“先污染、后治理”发展模式的研究和反思》，《山西建筑》2011 年第 11 期，第 188—189 页。

③ 鞠昌华：《避免先污染后治理的理论基础及其困境》，《鄱阳湖学刊》2017 年第 1 期，第 83—89 页。

基本到达拐点的东部地区强化总量削减;对尚未达到拐点的西部地区,合理调控其污染物排放限制,给予技术、资金等的支持,更早进入环境拐点,正视规律才能更快迈过拐点,走向再生的绿色中国。

二、全球"绿色新政"的广泛兴起

在人类的历史长河中,各种社会思潮的波澜不时涌动。20世纪中期,在全球性生态危机的背景下,西方生态思想日益活跃,深刻影响着西方国家经济发展和政治制度变革。为应对影响深远的金融危机、日益加剧的生态危机,2008年12月,联合国气候变化大会提出了"绿色新政"概念,向全球倡导绿色发展的理念和实践,吹响了全球经济进军"绿色新政"的号角。绿色新政的提出迅速得到各主要国家的积极响应,试图通过绿色新政,在全球新一轮经济发展中推动产业转型升级和经济社会的可持续发展。

(一)全球"绿色新政"的主要内容

"绿色"是指政府投资等财政政策工具倾向于推进新能源、环境保护以及公共服务等领域的发展;"新政"是借用罗斯福"新政"的寓意,重点强调政府的主导作用,以及建立"后危机"时代实施可持续发展模式的变革意义。"绿色新政"的实质是针对经济危机提出的调节经济政策,主张运用政府手段弥补市场失灵。2008年以来,石油、农作物价格大幅上涨,全球气候变暖,生态严重退化,引发了全球的关注。如何重新定位全球经济的发展方向,建立可持续发展的经济发展新模式,在新形势下成为全人类发展的重大课题①。欧盟的"绿色新政"强调建立

① 李斌:《绿色新政下中国绿色经济发展的相关问题研究》,东北大学博士学位论文,2013年,第31—32页。

能源效率更高、更加绿色和更富有竞争力的经济体目标。欧盟视低碳经济为新的工业革命，是低碳经济发展的倡导者。为了应对日益严峻的全球变暖问题，法国的绿色新政主要关注生物多样性与自然资源保护、环境与公共健康、生产与消费模式等多方面内容。英国在政策和资金上向低碳产业倾斜，支持绿色制造业，研发新的绿色技术，相继出台了《低碳转型计划》和《可再生能源战略》等政策。德国增加了政府对环保技术创新的投资，通过各种政策与措施，鼓励私人投资，推动绿色经济的发展。《美国复苏与再投资法案》是一项影响深远的重大举措，该计划强调了环境投资的重要性并大力发展新能源，因此已被称为美国奥巴马政府的"绿色新政"。其核心部分是新能源的开发，其主要目标是把对中东的石油依赖度降到零。美国"绿色新政"推动了美国绿色产业快速发展，重新振兴美国经济，铸造其全球竞争优势。韩国通过低碳绿色增长重振韩国经济，欲借绿色增长战略再创"汉江奇迹"，其战略目标是要在2020年以前成为世界七大绿色强国。日本的"绿色新政"主要是通过改革税制，鼓励企业节约，大力开发节能新产品。这些国家"绿色新政"的共同目标就是将当前高能耗、高排放的"黑色"传统经济发展模式逐渐转变为低能耗、低排放的"绿色"发展模式。同时，"绿色新政"号召也为发展中国家提供了特殊的援助措施，助推联合国千年发展目标的达成。

（二）全球"绿色新政"战略目标

1. 培育新的经济增长引擎

历史上每一次经济危机，都会出现一些新产业，从而带动世界经济的新一轮增长。当前西方发达国家，以发展信息服务业和现代金融业为代表的虚拟经济为核心，将以制造业为主体的实体经济逐步转向发展中国家。然而，脱离了实体经济支撑的虚拟经济难以再现昔日的辉煌。一些发达国家通过“绿色新政”，把发展绿色经济作为重振本国经济的新的增长极。目前绿色经济产业是英国为数不多的经济增长领域，到 2020 年，有 120 万人从事绿色工作岗位。德国的可再生产业发展快速，到 2020 年，新增 100 万个就业岗位。美国计划 10 年内每年投资 150 亿美元，预计能够创造 500 万个节能和清洁生产岗位。从单纯的经济目标衡量社会进步的成果，是一种损耗式经济，影响着人类社会的和谐发展。转变高能耗、高污染的经济增长方式，发展以低能耗、低污染为标志的绿色经济，已经成为世界各国经济发展的行动。绿色经济是以维护人类生存环境、合理保护资源为特征的经济。当前，各国政府实施的“绿色新政”加强了对绿色经济的扶持，推动向绿色经济领域投资。

2. 抢占全球竞争的主导权

世界各国实施“绿色新政”不但刺激了经济走出金融危机，而且逐步转变发展模式以保护环境，更有抢占未来全球竞争主导权的战略动机。目前，发达国家在应对气候变化和绿色经济转型方面均处于竞争优势，并意图借此再次谋取国际竞争力和全球主导权。如欧盟各国大多数是核能和清洁技术的输出国，在国际经济竞争中处于领先地位。美国利用先进的技术优势，向全球推广其技术、标准、产品，力图再次主导全球经济的制高点。英国期望在新一轮绿色工业浪潮中重温第一次工业革命的荣光与梦想。西方国家往往以减排、生态保护为借口限制别国发展，以碳税为代表的绿色关税、绿色贸易壁垒等已初现端倪。气候变化成为环境保护中心概念，西方战略家试图鼓吹建立起国际干预机制，伸张环境正义。如德国将环保主义打造成一种新的国际政治话语，力求赢得更大的国际政治主导权。因此发展“绿色经济”、实施“绿色新政”，也是在争夺全球“绿色治理”的主导权。

（三）全球“绿色新政”的启示

全球生态危机使得世界各国的未来发展面临着巨大的考验和艰难的抉择，在这种情况下，“绿色新政”提供了近乎完美的解决方案。它强调了全球气候恶化带来的严峻挑战，提出了如何刺激绿色经济发展的措施。面对绿色发展全球化的潮流，处在经济社会转型期的中国跻身于全球绿色发展浪潮的前列，面对“全球绿色治理”和当今世界经济发展的新趋势、新潮流与世界竞争的新格局、新变化，在全球“绿色新政”的政策理念和国际政策框架下实施“绿色改革”。现阶段，我国在实现绿色发展战略目标的过程中，政府担负了加快经济发展、保护自然环境和提高人民福祉等多重任务和责任。因此，全球“绿色新政”理念有助于我国绿色发展战略的实现①。首先，全球“绿色新政”彰显了公共治理进步性的价值观。美国学者理查德·博克斯认为，公共治理几十年的实践产生了“倒退性”价值观，视经济为自在目的、视地球为商业活动的资源库，允许拉开社会差距等，美国的公共行政价值倒退表现最为明显。“绿色新政”符合治理的公共性特征，与视经济为手段、视地球为受保护的家园，允许有限不平等的“进步性”价值观相一致，既重树了公共治理的核心理念，又在政策实践中不断强化这种价

---

① 苏立宁、李放：《“全球绿色新政”与我国“绿色经济”政策改革》，《科技进步与对策》2011年第8期，第95—96页。

值取向[①]。其次,参与主体符合公共治理的多边主义要求,强调管理主体的多元性。在国际层面,“绿色新政”在联合国主导下,可以通过国家之间的合作实现全球经济可持续发展,在国内层面,“绿色经济”的资本来自政府、企业、金融机构等多方面,覆盖了社区、公民、非政府组织等多个社会主体,保证了公共利益的实现。再次,政策工具多样化。“绿色新政”强调政府推动“绿色经济”的主导作用,提出了可供政府选择的一系列公共政策工具,并有针对性地选择政策工具,开展综合治理,取得了明显的成效。

三、“全球绿色治理”的两难抉择

当前,“全球绿色治理”的两难主要集中体现在发展与安全的冲突上。世界各国应当同舟共济,共同参与“全球绿色治理”,搭建跨越理念和行动之间鸿沟的桥梁,消解“发展”与“安全”的两难困境,实现“绿色正义”。

(一) 全球绿色治理理念:从“浅绿”到“深绿”

全球治理理论的创始人詹姆斯·N.罗西瑙(James N. Rosenau)认为,治理是一种由共同目标支持的活动,管理活动的主体未必是政府,无须依靠国家的强制来实现,包括政府机制和非正式的、非政府的机制[②]。绿色治理源于对生态危机的思考,但超越了生态问题自身的狭

---

① 李红霞、李琪:《全球绿色新政的动向与中国的策略》,《改革与战略》2011 年第 10 期,第 169—170 页。

② [美] 詹姆斯·罗西瑙主编:《没有政府的治理》,张胜军、刘晓林译,江西人民出版社 2001 年版,第 5 页。

小论域，上升为对生存伦理的哲学反思，为生态安全维护确立了根本方向，成为谋求全球绿色治理的关键。生态安全体现了人类共同体意识的空前觉醒，主要表现在“浅绿”向“深绿”的跃进。“浅绿”是基于人类反思生态问题产生的成果，也是第一代环境运动的指导思想，“浅绿”思想的标志是“人类家园”意识，任何国家的生态危机都会殃及邻国的生态安全，任何局部环境的生态破坏均能够引发生态灾难。在生态治理体系中，“浅绿”尚未超越人类中心主义，把生态危机的产生仅仅看成是工业文明盲目发展所造成的，“深绿”的“生态家园”意识对“浅绿”思想提出了挑战。“人不再是世界的中心，仅为世界系统中的一部分，作为世界成员，人应当关注自己的生存命运，重视与自然的和谐”①。“生态家园”意识促使人类走向“深绿”，从地球生物圈的高度思考生态问题，以实现发展与环境的双赢，消解发展与生态之间的裂痕，探寻生态危机的治理新招。“深绿色环境观念，洞察到环境问题的病因藏在工业文明的发展理念之中，主张从发展的机制上堵截环境问题的发生，更崇尚人类文明的创新与变革”②。“深绿”思想对生态危机的原因探悉触及了根本问题所在，“深绿”思想所创生的“绿色生态”理念在全球治理中是一种根本的力量。“深绿”思想理念倡导超越人类中心主义，保持地球生态系统的基本平衡和可持续发展；“深绿”确立和强化“生态智慧”、“社会正义”、“个人与全球责任”等价值观③。因此，“深绿”

① ［德］尤尔根·哈贝马斯：《包容他者》，曹卫东译，上海人民出版社 2002 年版，第 125 页。

② 储大建：《“绿色前沿译丛”总序》，［美］巴里·康芒纳：《与地球和平共处》，王喜六，王文江，陈兰芳译，上海译文出版社 2002 年版。

③ ［美］丹尼尔·A.科尔曼：《生态政治：建设一个绿色社会》，梅俊杰译，上海译文出版社 2002 年版，第 111—136 页。

不但是一种包容、和谐、合乎自然的生存观念，还是一种要求国际社会变革现状的政治主张。

（二）“全球绿色治理”的制度碎片化

制度碎片化和领导缺失已经成为影响“全球绿色治理”成效的重要因素。“全球绿色治理”具有制度碎片化的特征，这种特征凸显了国际领导的重要性。在碎片化时代，鉴于“全球绿色治理”的公共产品的特性，需要一种基于多边主义理念下的国际治理制度而形成的绿色国际合作领导。这种国际合作领导的方向在于重聚绿色发展的全球共识，使“全球绿色治理”各方获得共赢。近年来，在全球环境治理进程中，制度碎片化已经成为一种非常普遍的现象，所谓碎片化，是指在国际关系特定领域出现多个治理中心并行的趋势和状态。鉴于“全球绿色治理”问题本身的复杂性，其治理结构的碎片化程度比其他环境问题更为严重。就“全球绿色治理”的成效而言，缺乏普遍认可的领导是不争的事实。近年来《联合国气候变化框架公约》以外的国际气候治理机制日益受到关注，气候治理制度碎片化日益成为影响全球气候治理的重要因素。一方面是治理制度的碎片化，另一方面是对国际领导的强烈需求。美国特朗普政府退出《巴黎协定》，其曾扮演着“全球绿色治理”的“阻碍者”的角色，欧盟一直积极主动参与，努力扮演领导者角色，而中国在国际舞台上，越来越多发挥一个潜在领导者的作用。中国的“国家自主决定贡献”重申了《中美气候变化联合声明》的承诺，中国已迈上“全球绿色治理”的前台，以绿色发展整合“全球绿色治理”中的利益冲突，为“全球绿色治理”注入了强劲动力，为人类文明做出中华民族的贡献。

（三）全球绿色治理两难："发展"与"安全"的抉择

全球绿色治理两难集中体现在发展与安全、一国发展与全球安全的冲突上。阿玛蒂亚·森（Amartya Sen）认为，安全在于发展，安全是发展的本质[①]。以往人类在发展中很少考虑生态安全问题，造成了人口过度增长、能源争夺加剧、自然资源匮乏、土地荒漠化、全球变暖等，非传统安全成为安全的重要议题。"安全的保障愈来愈多地包括物资生活基础的环境资源，包括土壤、水源、森林、气候以及构成一个国家的环境基础的所有主要成分"[②]。在生态危机面前，人类别无选择，唯有合作应对。发展中国家安全与发展的两难和发达国家一样突出，安全与发展的两难需要重新反思发展，生态问题已阻碍了社会的发展和进步。以水资源为例，预计到2025年，水危机将蔓延到48个国家，35亿人将为水所困，围绕水资源的争夺战将会愈演愈烈[③]。实践证明，没有生态安全，一切发展就是无源之水、无本之木。因此，在维护生态安全的过程中经常出现集体行动难题，在合作治理中相互推诿、相互指责，造成纷争不断的尴尬局面。但我们已经看到联合国的作用，其在国家间合作中充当"推进器"和公平的中间人，帮助克服不信任，"尽管强国会从联合国行动的不对称性中获利，但不可否认联合国毕竟使利益分享成为可能，使国家通过合作解决共同面对的问题成为可能"[④]。此

---

① Amartya Sen. "Beyond the Crisis: Development Strategies in Asia", *Singapore: Institute of Southeast Asian Studies*, 1999.

② ［美］诺曼·迈尔斯：《最终的安全》，王正平、金辉译，上海译文出版社2001年版，第54页。

③ 何德功：《新闻背景：世界水资源现状》，2003年3月16日，http://news.xinhuanet.com/world/2003 03/16/content 780942.htm。

④ Thomas G. Weiss & Sam Daws, *The Oxford Handbook on the United Nations*, Oxford University Press, 2007, P45.

外,国际社会的进步与发展日趋完善,至今,全球涉及环境保护的国际公约超过 200 个,全球生态安全状况正在得到改善。“全球绿色治理”需要搭建一座桥梁,努力跨越理念与行动之间的鸿沟,消解“发展”与“安全”的两难困境,体现“绿色正义”。

四、对生态帝国主义的批判及应对

生态帝国主义是资本主义的产物。发达资本主义国家依靠生态扩张、资源掠夺和废料出口等生态帝国主义行为将内部污染转嫁给其他国家,导致了全球范围的生态危机。生态帝国主义源于对资本无限扩张,是新型的霸权主义与强权政治,造成世界全球污染加重、社会不公平加深等。面对生态帝国主义的行为,中国积极应对并引领全球生态治理体系建设,努力推进生态文明建设,坚持对外开放,维护生态安全①。

(一)生态帝国主义的表现

生态帝国主义,是西方生态学马克思主义者批判当今全球生态危机与资本主义关系时所使用的术语。生态帝国主义是指西方发达国家凭借着自身经济优势,独占环境收益却输出环境污染,并借保护环境名义,干涉发展中国家的一系列行径。美国著名学者约翰·贝拉米·福斯特在其著作《生态危机与资本主义》中指出,自工业化以来,西方发达资本主义国家就不断攫取并转移第三世界国家的资源,向这些国家倾倒生态垃圾,造成了今天的全球生态危机,这是典型的生态帝国主义行为。今天,在贸易的合法外衣下,西方发达国家对发展中国家的生态

---

① 司会敏、张荣华:《生态帝国主义批判及其应对》,《理论月刊》2017 年第 9 期,第 17 页。

扩张从未间断。中美洲种植着大量西方国家需要的农作物，然而那里的孩子严重缺乏营养；墨西哥种植着大面积欧洲人喜欢的芦笋；塞内加尔种植着欧洲人所需的各种蔬菜，然而种植蔬菜的人却忍饥挨饿；泰国种植着西方国家需要的木薯，尽管这为泰国换回了些许外汇，但农作物的单一种植却破坏了自然环境；美国孟山都公司所培育的转基因物种在发展中国家大面积种植，大规模种植转基因物种会改变生物多样性以及土壤条件，打破了生物种群之间的平衡关系，当今转基因物种在发展中国家的大面积种植，是美国为了牟取暴利，通过贸易进行生态扩张的重要手段。这些都是当今发达资本主义国家生态扩张的重要表现。

无论是发达国家还是发展中国家，生态环境问题已被公认为人类面临的难题。造成这一时代难题的祸根在于西方发达国家的高投入、高消耗、高排放的工业化发展模式。20 世纪后半叶出现的“八大公害事件”促使发达国家制定出十分严格的环境标准，积极调整国内产业结构，大力发展高、精、尖产业，将消耗资源多、污染严重的产业转移到发展中国家。例如，美国把近四成的污染严重的产业转移到了发展中国家，日本把六成的污染性强的产业转移到了东南亚等发展中国家。面对生态帝国主义的卑劣行径，第三世界国家只能承受环境污染的毒害。有的发展中国家为了牟取暴利非法走私洋垃圾，而发达国家以贸易形式把大量垃圾出口到发展中国家，不仅能够得到本国政府的补助，而且转移了国内污染，导致全球领域的生态不断恶化。生态帝国主义政治逻辑以另一种方式展开。本质上“都是致力于维持等级化的国际架构，就其产品市场拓展与资源掠夺的目标来说，这些具体形态的新旧帝国主义无疑都归之于‘生态帝国主义’的历史形态”①。

（二）对生态帝国主义的批判

“生态帝国主义不是一项政策，而是根植于资本主义无限追逐利润最大化的本性之中的全球扩张现实”②。揭露生态帝国主义的本质必须把目光聚焦在资本上，认清不断扩张实现自我增殖是资本的本性，资本的无限扩张性导致了资本向全球蔓延，无限地占有了全球资源。追求利润是资本主义经济的首要目的，为了实现经济的无限增长，西方发达资本主义国家不惜牺牲世界上绝大多数人的利益，对有限的资源实现无限的扩张，加剧了资本主义世界和全球资源环境之间的冲突。因此，只有认清资本主义的本性才能揭露生态帝国主义的罪恶本质。

当今世界，和平与发展已成为时代主题，但并不意味着霸权主义和强权政治在全球范围内已经消失。生态帝国主义恰是隐藏在和平外衣下的霸权主义与强权政治。当前，发达资本主义国家为了维持自身的经济发展，采取不平等的国际政治经济新秩序，依靠经济渗透继续操控原殖民地，大肆掠夺那里的自然生态资源，转嫁国内的污染，使人类共同承担他们造成的环境债务。例如，以美国为首的发达资本主义国家经常打着“保护环境”的幌子，为其不断扩张铺路。2009 年 6 月美国通过的《美国清洁能源安全法案》，对出口到美国的其他国产品征收碳关税，这是典型的霸权主义表现。这一法案是针对中国的不合理法案，将很多的高耗能、高污染行业转移到我国，消耗和污染着我们的资源和

① 郇庆治：《“碳政治”的生态帝国主义逻辑及其超越》，《中国社会科学》2016 年第 3 期，第 24—41 页。

② 李娟：《生态学马克思主义的生态帝国主义批判与当代启示》，《当代世界与社会主义》2014 年第 1 期，第 60—64 页。

环境，当我们为其提供产品时却被强征不合理的税款，这是对我们的双重剥削[①]。由此可见，美国生态帝国主义、霸权主义本性暴露无遗。

当今，全球污染越来越严重。工业革命使人类创造了征服自然的利器，自然界的平衡被人类的贪欲所打破。20 世纪初以来，随着资本主义工业化进程加快，资本主义国家大肆向大自然索取，排放大量有毒有害物质。从 20 世纪 30 年代比利时发生的马斯河谷烟雾事件后，先后出现了“世界八大公害事件”。面对工业化产生的严重污染，西方发达国家纷纷寻找解救之道，这就是既能保证自身持续发展又可以有效转嫁污染的生态帝国主义道路。西方发达国家采用不平等的国际政治经济新秩序，凭借其政治、经济和军事优势，把国内污染性强的企业转移到发展中国家，以低廉的价格把废料垃圾出口到发展中国家，把污染传遍全球。面对日趋严峻的全球生态危机，发展中国家也纷纷积极行动，然而发达国家却不肯承担相应的责任。因此，“生态帝国主义，过去是过多地造成了外围国家的生态恶化，现在造成了全球的生态矛盾，正危害着整个生物圈”[②]。在生态帝国主义的强盗逻辑下，全球环境非正义所引发的社会不公进一步加深。西方发达国家除了转嫁污染，还排放大量的有害物质，是引起全球生态危机的元凶。面对全球生态危机，以美国为代表的西方发达资本主义国家不愿承担本该承担的义务，置发展中国家于不顾，无理要求发展中国家承担主要减排责任，美国总统特朗普上台后宣布美国退出《巴黎协定》，这是典型的生态帝国主义

① 郎咸平：《郎咸平说：新帝国主义在中国》，东方出版社 2010 年版，第 89 页。

② 陈永森、朱武雄：《福斯特对生态帝国主义的批判及其启示》，《科学社会主义》2009 年第 1 期，第 152—156 页。

傲慢。笔者认为,生态帝国主义就是少数西方发达国家无视其他国家生存权的典型体现,是对当今国际社会公正正义的公然挑衅,应予坚决抵制,生态帝国主义的妄自尊大只能四处碰壁。

当今世界,生态危机成为全球关注的焦点,放眼全球,西方发达国家山清水秀,与我国部分地区生态环境受到污染形成鲜明对比。有人开始指责改革开放以来我国经济建设造成了严重污染,对西方发达国家盲目崇拜。为扭转这种错误认识,我们必须认清西方发达国家今天所呈现出的美好自然环境,是以牺牲发展中国家生态环境为代价的。面对日益加深的全球生态危机,世界各国必须众志成城,共同应对,构建全球生态治理体系,打造人类命运共同体。以美国为首的西方国家散布"中国生态环境威胁论",我们要高度警惕,深刻揭露生态帝国主义的本质和危害,彻底批判其虚伪性和欺骗性,团结广大发展中国家,共同防止西方发达国家污染转移,维护全球环境正义。加快转变传统的经济发展模式,用"五大理念"作引领,坚定走中国特色社会主义绿色发展道路,建成美丽中国,为发展中国家绿色发展提供借鉴,充分展示大国负责任形象,引领世界绿色发展的潮流,努力开创社会主义生态文明新时代。

第三节 绿色发展的实践困境

绿色发展已越来越成为全球的共识,但是,不论是发达国家还是发展中国家,都面临着经济发展和环境保护的两难境遇。资本主义国家的难题突出表现在资本逻辑与生态和谐的内在冲突、交换价值与生态价值的难以相容。近年来，我国政府高度重视绿色发展，并且出台一系列政策措施推动绿色发展，但由于全球范围的绿色经济竞争优势仍然由发达国家所主导，加之我国在过去一段时间内追求较快的经济增长速度，而忽视了对资源环境的有效保护，因而我国的绿色发展仍然面临诸多困境，主要表现在环境破坏与生态治理的并存。

一、资本逻辑与生态逻辑的内在冲突

今天我们在探讨生态危机的根源时，无法回避问题的现实就是马克思所说的资本积累没有任何限制，生态危机的根源在于资本逻辑的刚性力量对生产和生活方式的宰制。因此，资本逻辑强制推动社会物质生产和生活，不断地解构与其密切相关的生态逻辑，在物质生产过程中，资本逻辑造成了生态逻辑的断裂。

（一）资本逻辑：生态危机的世俗性根源

资本逻辑就是资本追求扩张的进程中，所形成的物化劳动对人的支配和服从的规律。在资本主义社会中，劳动者只能够出卖劳动力，资本家占有生产资料，并占有劳动者创造出来的剩余价值，即资本。在资本逻辑之下，劳动者的劳动就是物化的劳动，资本逻辑具有正向作用即资本的动力机制，驱动物质生产系统向前发展。因此，“资产阶级在它的不到一百年的阶级统治中所创造的生产力，比过去一切世代创造的全部生产力还要多，还要大”①。资本逻辑支配下的劳动，吮吸了物的自然力，撕裂了生态逻辑，造成了资本逻辑与生态逻辑结构的矛盾，出

---

① 马克思、恩格斯：《共产党宣言》，人民出版社 2014 年版，第 32 页。

现了生态逻辑的裂缝，最终产生生态枯竭。从本质上看，资本逻辑具有反生态性。资本逻辑的反生态性促使生态逻辑的断裂。因此，构建生态文明必须生成生态逻辑的均衡态，如“对外开放”和“对内搞活”。当前，实现生产发展和现代化建设需要利用资本逻辑。因此，在资本逻辑视阈下，应当恢复生态逻辑的均衡态[①]。但在资本逻辑生产方式中，资本增殖是唯一目标，自然被作为外部因素所忽视。资本逻辑与生态逻辑的内在冲突，在时间和空间维度上解构生态逻辑，最终造成了生态逻辑的分崩离析。资本在追逐剩余价值过程中，必然要持续进行资本扩张，不断侵占生态空间，使得资本扩张的空间不断被压缩，限制了资本的扩张，加剧了生态系统的脆弱。

（二）资本逻辑：生态危机生成的内在驱动力

技术意志和人与自然的冲突都是生态危机的表象。真正隐藏的生态危机实质是资本肆无忌惮的膨胀。资本逻辑不断追求增殖扩张和剩余价值的最大化，资本不可避免地成为人类欲望的工具而被人格化，人格化的资本在技术理性的激励下，加速资本的周转，追求更多的资本积累，从而奴役自然，结果只能是导致生态的破坏，把人类带向不可持续发展的深渊[②]。资本逻辑推动了生态危机的形成，其主导下的现代化生产，是追求物质财富的社会生产。因此，现代工业文明的运行机制决定了生态危机是资本逻辑运行下的必然产物[③]。面对资本积累最大化

---

① 陆雪飞：《资本逻辑与生态文明——基于熵定律的分析》，《社科纵横》2014 年第 3 期，第 107—108 页。

② 胡滨生：《生态资本化：消解现代性生态危机何以可能》，《社会科学》2011 年第 8 期，第 57 页。

③ 施从美、沈承诚：《现代性、资本逻辑与生态》，《危机社会科学战线》2013 年第 9 期，第 189—190 页。

的要求，资本逻辑不断创造新的市场空间，人们试图通过消费的方式追逐权力，最终成为资本逻辑解构生态逻辑的刽子手。资本逻辑所宰割的生产和生活方式带来严重生态问题，贫富差距扩大为发展中国家与发达国家之间的生态差距。第二届联合国环境大会 2016 年发布报告指出，全球死亡人数的 1/4 与环境污染密切相关，发展中国家占有极大的比例，其中因空气污染死亡的人数发展中国家占 61%，因饮用水不洁和缺乏卫生设施而导致死亡的人数发展中国家占 97%。资本逻辑所主张的发展方式使发展中国家面临两难抉择。世界秩序的建立成为权力争夺的舞台，因此引起的战争会造成人与自然更沉重的灾难①。为了适应人类的绿色需要，资本必须要创新。资本创新逻辑通过技术创新和环境保护，倡导绿色生产，存在有走向生态领域的内在通道。生态危机是资本主义社会的根本性危机，依靠西方资本主义带领全球人民走出危机仅仅是美好的愿望。

（三）资本逻辑："自然之死"的罪魁祸首

绿色发展是当今世界和当代中国共同面临的重大现实课题。现代社会普遍遭遇的"自然之死"是生态文明话语凸显的境遇。而资本逻辑则是导致现代"自然之死"的罪魁祸首。今天，社会对绿色发展的实践要求与日俱增，人们对绿色发展话语渴求倾听，对绿色发展实践要求迫切。伴随着近代科学的突飞猛进，人类主体意识不断彰显，尽管工业文明获得了巨大的生产力与丰富的物质成果，但到处留下破碎的生态环境，撕裂着人类赖以生存的生态链条，造成了现代人难

① 张旋：《论资本逻辑与生态逻辑之关系》，《现代经济探讨》2016 年第 9 期，第 46—48 页。

以消解的生存之痛。正是在人类对“自然之死”的深度追问，以及对工业文明的深刻批判下，生态文明成了当代人难以回避的思想主题和实践要求。因此，应当充分认识资本逻辑与生态逻辑之间的内在冲突，从生产方式方面揭示生态危机的深层根源。由资本逻辑主导的现代生产方式是生态危机的深层原因，但生态文明不可能废除市场经济，不可能彻底废除“资本的逻辑”，为消除现代自由市场经济的弊端，必须限制市场的作用，控制“资本逻辑”的有效性范围①，必须“建立起反映生态真理的市场”②。我们必须清楚地认识到，资本是以利润至上的，对资本不能采取听之任之的放纵态度，更不能对资本进行无批判的拥抱，在限制与发挥资本逻辑之间保持合理的张力③。为实现消除生态危机、建设生态文明的目标，需要与资本逻辑决裂。因此，必须在限制资本与利用资本之间保持平衡，必须在保护生态环境与发展生产力之间保持平衡。为了保护生态环境我们必须改变过度生产，从传统的现代化模式中走出来，实施“以生态为导向的现代化”④。正是由于对“自然之死”的深度追问，绿色发展成了中国发展难以回避的理论主题和实践要求。

二、交换价值与生态价值的难以相容

资本主义生态危机产生的根源是围绕交换价值展开，而生态价值

① 卢风：《生态文明与绿色消费》，《深圳大学学报（人文社会科学版）》2008 年第 9 期，第 75 页。

② ［美］莱斯特·R.布朗：《B 模式》，林自新、永宁等译，东方出版社 2003 年版。

③ 毛勒堂：《资本逻辑批判与生态文明建设》，《上海师范大学学报（哲学社会科学版）》2014 年第 3 期，第 29 页。

④ 陈学明：《资本逻辑与生态危机》，《中国社会科学》2012 年第 11 期，第 22 页。

是整体性的，生态价值不能概括成市场价值，资本的逐利性导致交换价值与生态价值难以相容。

（一）交换价值：生态危机产生的动因

资本主义生态危机产生的根源是使用价值从属交换价值，资本主义的生产目的并非满足人们的需要，而是为了交换。资本的逐利性导致资本主义的生产方式、生活方式、消费方式都围绕交换价值而展开，因而生态危机难以避免[①]。在资本主义社会，对产品交换价值的追求成为必然趋势，所有东西均可以交换，社会充满了对财产和金钱的渴望，交换价值成为生态危机产生的主观动因，使用价值从属于交换价值，具体劳动是从属于抽象劳动的，因而在资本主义社会中一切都是围绕交换价值而展开的，为了实现商品的交换价值，资本求利的本性最终导致了生态危机的产生。生态价值即生态系统的总体性价值，是包括经济价值与环境价值的有机整体[②]。自然物生态价值指的是，自然物直接对生态系统平衡产生的功能[③]。交换是人类社会发展及社会分工的结果，是价值产生的原因及实现的途径，生态价值在交换中产生，人们在以交换为前提的消费中，认识到生态效用的稀缺性，产生对生态效用的客观需要，就促成了自然物的生态价值[④]。长期以来，我国重经济价值轻生态价值，由于生态价值的缺失，保护生态环境难以获得有效

① 叶登耀：《生态学马克思主义视域下的生态社会主义思想——以使用价值与交换价值的关系为视角》，《郑州轻工业学院学报（社会科学版）》2013 年第 1 期，第 16 页。

② 孙志：《生态价值的实现路径与机制构建》，《中国科学院院刊》2017 年第 1 期，第 79 页。

③ 包庆德、夏承伯：《非人类中心主义生态伦理及其启示价值》，《南京理工大学学报（社会科学版）》2008 年第 1 期，第 104 页。

④ 包宇、张继新：《浅谈生态价值的实质》，《内蒙古林业》2011 年第 3 期，第 24 页。

的价值激励，造成资源浪费和环境破坏严重，在追求经济利益最大化的目标导向下，资源的总体价值体现不够充分，生态资源所承载的生态保障及其生态价值得不到足够考量，造成经济开发有余、生态保护严重不足。

（二）交换价值与生态价值的背道而驰

面对环境和生态问题，交换价值存在着相当大的局限性。生态价值是整体性的，生态环境不能完全地纳入市场经济的循环中。生态价值不能概括成市场价值，更不能简单地对其进行成本与效益分析[①]。以《京都议定书》为例，《京都议定书》是正式的国际法律，也是水准最高的条约，但被新自由主义发明的碳市场彻底破坏了条约的进程。《京都议定书》的约束效力日渐无效，在这种情况下，征收碳排放国际环境税，是延缓气候变化的有力工具[②]。1997 年，《京都协定书》生效后，二氧化碳排放量却明显加速，二氧化碳排放问题依然如旧，充分说明资本主义制度的惯性，资本主义不会轻易改变自身的发展模式，从长远角度看这种发展模式对环境将产生灾难性影响[③]。由此可见，交换价值不可能解决生态公平的问题，气候问题的产生主要归因于发达国家无理地占有生态空间。当今世界，贫与富的生态环境已经形成，欧美发达经济国家已经走过碳排放的增加阶段，逐步进入衰减阶段，而以中国为代表的新兴经济体国家，当前正处于经济快速发展阶段，必然带来

① 解保军、李建军：《福斯特对资本主义的生态批判》，《南京林业大学学报（人文社会科学版）》2008 年第 3 期，第 64 页。

② 曹荣湘：《全球大变暖——气候经济、政治与伦理》，社会科学文献出版社 2010 年版。

③ 约翰 · 贝拉米 · 福斯特：《生态危机与资本主义》，上海译文出版社 2006 年版。

碳排放的增加，因此，发展中国家面临的生态问题更加严峻。气候变化引起的灾难损害最大的是发展中国家，气候变化造成的损害中80%由发展中国家承受①，发展中国家不可能超越现有的能源技术，直接进入使用低碳技术阶段，经济增长与发展低碳经济的矛盾难以避免。在财富积累的现代经济，将生命形式转变为纯粹的物质欲望已经达到新的高度②。

三、环境破坏与生态治理的并存

党的十八大以来，我国出台了一系列环境保护的重大政策，体现了对绿色发展的高度重视，但对各种环境保护的法律法规的执行存在一定的偏差，尚未达到应有的效果。出现了在大张旗鼓地进行生态治理的同时，为了追逐经济利益而破坏环境的事件时有发生的现象。

（一）经济发展与环境破坏相伴相生

改革开放以来，我国经济建设成绩骄人，成为世界一道亮丽的风景线。但在追逐经济高速增长的同时，忽视了人与自然、自然与社会的和谐发展，并为此付出了沉重的代价。从目前经济增长的特征看，中国积极倡导的绿色发展，在短期内势必影响到经济的增长速度，经济增长的冲动与绿色发展存在一定的冲突。我国生态环境问题的日趋严重，公民环保意识的不断觉醒，促成了国家生态治理能力问题的

---

① 国际复兴开发银行/世界银行：《变化中的国家财富：对可持续发展能力的测量》，王海昉、连国辉、洪漫译，新华出版社2013年版。

② 卢现祥：《交换价值优于一切的市场逻辑能否解决气候变化问题》，《中南财经政法大学学报》2014年第2期，第5页。

理论研究和实践探讨需求。环境污染严重和生态系统退化等问题得不到根本遏制,并且已成为影响经济持续健康发展和人民生活质量提高的隐患,很可能会导致社会秩序的混乱。当前,中国政府生态环境治理仍存在机制不健全等问题,生态环境治理有潜在“制度失范”现象,生态环境监管体制、责任追究机制、补偿机制尚不完善,难以有效体现绿色发展的宏观调控作用,导致生态环境治理能力弱化,治理效果低下。党的十八大以来,我国环境保护事业飞速发展,出台了一系列环境保护的重大政策,体现了我国政府对绿色发展的高度重视,但对环境保护法的执行仍存在偏差,没有达到应有的效果。在现实环境治理过程中,环境保护法对生态文明建设的制约作用难以显现,生态执法力度不严、环境违法成本低等多种因素,使环境执法新老问题层出不穷,违反环境法的企业,违法成本低于违法行为的成本效益,从而使企业对环境治理问题存在侥幸心理,“先排污、后收费”的执法方式,无法形成有效的环境约束机制,对环境违法行为起不到威慑作用。

(二)经济发展与生态治理重心失衡

工业化的不断发展使得中国如同世界其他工业化国家一样,面临着严峻的生态问题的挑战。改革开放以来,我国经济总量迅速增长,人民物质文化生活水平不断提高,生产方式、生活方式、思维方式不断发生新的变革。但经济发展中仍然实施粗放型生产模式,对污染的控制和治理淡漠,出现一系列的生态问题。胡鞍钢曾提出“生态贫困”的三种表现:第一,人均自然资源占有率处于匮乏状态;第二,灾害性气候的频发给人类造成灾难性的环境损失和经济损失;第三,粗放型经济发展模式的高投入和高消耗严重影响了人们的生活质量①。绿色发展主张政府应推动经济效益、社会效益和生态效益相统一，然而当前我国生态管理体制的权威性缺失，部门职能权责不清和责任落实不到位情况较为严重，碎片化的监管现象日趋严重②。因此，在生态环境治理上，需要各方面的密切配合，但在实际中，利益本位思想的驱动使得大家对有利的事情蜂拥而上，对有损于自身利益的事情却消极对待，导致环境治理效率低下。人们对绿色发展理念认识仍比较浅薄和落后，人们的环境保护意识相对淡薄，许多人仍旧是被利益驱动，对自然环境造成了无法弥补的伤害。长期以来，中国经济快速增长所采用的是资源密集的粗放型发展，对环境造成了严重破坏。由于中国绿色发展技术相对落后和人们的惯性思维，使得绿色发展只停留在口号层面，对绿色发展的实践坚持不彻底，当与经济增长发生矛盾时，依然选择牺牲生态换取增长。中国的发展在经历高速增长阶段之后，现有的发展方式已后劲不足，因此必须转变发展方式。当前国际社会流行的"中国环境威胁论"、"中国环境责任论"甚嚣尘上，我国在参与全球化治理和抵制发达国家污染产业转移等方面面临巨大的压力，面对利益博弈的核心与焦点，必须及时转变经济发展方式，走绿色发展之路，这是我国所要解决环境资源危机的当务之急，也是提高中国的国际地位，争夺世界话语权的一个重要拐点③。

---

① 把增强、王连芳：《京津冀生态环境建设：现状、问题与应对》，《石家庄铁道大学学报（社会科学版）》2015 年第 4 期，第 1—5 页。

② 杨立华、刘宏福：《绿色治理：建设美丽中国的必由之路》，《中国行政管理》2014 年第 11 期，第 6—12 页。

③ 陈炜丹：《国家治理现代化视域下的绿色发展》，《石家庄铁道大学学报（社会科学版）》2017 年第 1 期，第 20—21 页。

本章小结

改革开放以来,中国对绿色发展的认识,是一个由表及里、由浅入深、由自然自发到自觉自为的过程,中国绿色发展演进历程是一个不断弥合发展理念和行动之间鸿沟的过程,通过对国际社会绿色发展的省思和积极找寻绿色发展的实践困境,展现了中国在发展进程中解决环境问题的曲折求索和不懈努力。

中国的绿色发展理念历经了环境污染末端治理、可持续发展、科学发展观、生态文明和绿色发展等几个螺旋上升阶段。中国共产党的几代领导人一直在孜孜探索绿色发展道路,经历了探索中前进、实践中确立、确立中发展、发展中升华的发展阶段。每个阶段的理念,既是基于对当时我国社会主要矛盾和国情的客观判断,又结合了国际上有关经济发展和环境保护的最新思想。20 世纪 80 年代,环境保护被确立为基本国策,90 年代,可持续发展理念被确立为国家战略,21 世纪前十年,坚持科学发展,首次提出建设生态文明。党的十八大将生态文明建设纳入"五位一体"总体布局之中,创造性地提出了绿色发展理念,建立健全了绿色发展政策,极大弥合了理念和行动间的鸿沟。在党的十八届五中全会上,我们党将"绿色、创新、协调、开放、共享"作为新时代的五大发展理念,标志着绿色发展理念走向成熟。

当今世界,绿色发展已经成为全球发展的一个重要趋势。中国从自身实践出发,借鉴国际经验和教训,推动绿色发展,力求破解能源、资源瓶颈制约。在绿色发展进程中,发达国家进行了大量的实践与探索,积累了不少行之有效的经验，中国在进行绿色发展过程中，应不断反思发达国家走过的“先污染、后治理”的“黑色道路”，并借鉴发达国家“绿色新政”。面对新一轮绿色发展的先机，中国应主动抓住机遇，迎接挑战，抢占新一轮大国“绿色”竞争的“制高点”，赢得绿色发展的话语权，绿色发展理念给破解推动发展和保护生态环境的世界性难题提供了值得期待的中国方案。

纵观全球，资本主义国家面临着资本逻辑与生态和谐的内在冲突、交换价值与生态价值的难以相容等诸多挑战。改革开放以来，中国在取得不少成就的同时，绿色发展实践中仍然存在许多问题，主要表现在生态破坏与生态治理的并存，这些问题同生态伦理理念相悖，也同绿色发展道路不相符，值得我们反思与破解。坚持绿色发展不动摇，就是要为中国的发展找到新的出路，增加发展的后劲和潜力，以解决现在仍然突出的问题，为弘扬生态伦理思想、坚持绿色发展创造新的契机。

反思国外所走过的“先污染、后治理”的黑色发展道路，发展中国家应及时转变发展方式，实现生态发展、低碳发展、循环发展，少走弯路，尽可能避免重蹈覆辙。中国作为最大的发展中国家，面对着国际上生态帝国主义表现出的新的霸权主义，应当坚持不懈地进行批判，对于他们强加在中国头上的生态责任，应当毫不客气地予以还击；面对自身存在的绿色发展困境，应当居安思危，消解各种生态危机，坚定不移走新时代中国特色社会主义绿色发展道路，为全球绿色发展提供中国方案和中国模式。

第三章
坚守与承诺：绿色发展的理论建构

改革开放以来，中国政府和学者们对绿色发展的理论研究进行了不懈的探索，出台了一系列的法律法规，出版和发表了大量的著作和论文，形成了丰富的科研成果，但目前对绿色发展的研究较少进行系统的理论建构。本章尝试从绿色发展的理念、模式、目标三个层面进行比较系统的理论建构，以期为国内外绿色发展理论研究提供借鉴。

第一节　绿色发展的理念建构

实现绿色发展，必须坚持理念先行，在发展行动中必须坚持以绿色理念为先导。改革开放以来，党和国家始终将发展放在重要地位，在发展中解决发展问题。习近平总书记指出："发展理念是发展行动的先导。""绿色发展"理论是"十三五"发展行动的"先导"，而绿色发展实践是贯穿于“十三五”的重要“发展行动”，一样要坚持理念先行，并谋划“发展思路、发展方向、发展着力点”①。

一、从“黑色”到“绿色”的范式转型

从黑色发展到绿色发展的范式转型是人类发展的必然趋势，世界上越来越多的国家选择了绿色发展道路，中国把绿色发展作为引领社会发展的价值遵循和实践指向。

（一）反思“黑色发展”道路

工业文明阶段是人类社会迄今为止创造财富最为辉煌的时期，同时也是人类征服自然、改造自然的时期。这一时期，人类为了追求更多的物质财富，选择了污染严重的“黑色发展”道路，人与自然环境之间的关系变得日渐紧张，对自然造成许多方面的破坏已难以得到修复，“人类中心主义”观念不断深化②。“黑色发展”道路使得人类追逐利益的步伐加快，人为割裂了人与自然的关系。黑色文明下的生态发展模式危机四伏，工业革命的迅速崛起换来了生态环境破坏的沉重代价，人类社会发展遭遇了前所未有的挑战，人们不得不开始反思工业文明下的“黑色发展”道路，重新审视经济发展与自然环境的关系，反思人类过度的非理性短视行为的危害，建立新的人与自然环境的理性和谐关系，走“绿色发展”道路。工业革命之后，地球环境因为大量掠夺性采用化石能源，逐步从传统的绿色转向黑色，导致了环境污染和生态失

① 习近平：《关于〈中共中央关于制定国民经济和社会发展第十三个五年规划的建议〉的说明》，2015 年 11 月 4 日《人民日报》第 2 版。

② 徐广乐：《从黑色发展到绿色发展的范式演进》，《西部论坛》2014 年第 1 期，第 59 页。

衡,极大地危及人类的生存。因此,在人类面临越来越严重的全球生态问题情况下,绿色发展刻不容缓。目前,人类面临的所有环境问题和生存危机,是在发达的科学技术和先进生产力的基础上产生的。先进生产力不但没有带给我们发展的福音,相反却导致了自然环境、人文环境、生存环境的多重危机。反思人类社会发展的价值目标,承认自然环境的绿色价值,是绿色发展战略的实现形式和必由之路。改革开放以来,我国社会主义现代化事业迈进新时代,广大人民过上了殷实的小康生活,中国快速发展成为世界主要的经济和政治大国。但我们勿忘在享受现代化带来的幸福生活的同时,也在品尝诸如严重雾霾等带来的苦涩后果。大气污染、水污染、土壤污染、生态失衡等直接影响了我们的健康生活。我国所取得的举世瞩目的巨大经济成就很大程度上是以牺牲资源和环境为代价获得的。因此,必须根本转变发展方式,由传统的"黑色发展"模式转向"绿色发展"模式,由"黑色文明"转变为"绿色文明",由"工业文明"转为"生态文明",培育全社会良好的发展环境。

(二)"绿色发展"的必然选择

"绿色发展"强调人与自然的协调发展,实现经济发展与自然环境的和谐共存。2010年《中国可持续发展战略报告》提出了"绿色发展"的概念,并将"绿色发展"定义为相对于传统"黑色发展"模式而言的有利于资源节约和环境保护的新的经济发展模式①。因此,走"绿色发展"道路是建设中国特色社会主义生态文明的内在要求,是对"黑色发

① 范和生、刘凯强:《从黑色文明到绿色发展:生态环境模式的演进与实践生成》,《青海社会科学》2016年第2期,第49页。

展”模式的超越，绿色发展关注经济发展与资源环境的协调，是一种全新的发展模式。绿色发展是应对全球生态危机的需要，是破解中国日益严峻的生态问题的需要，更是实施可持续发展战略的需要。绿色发展是深刻总结改革开放以来，国内外发展的经验教训所产生的理论和实践成果。从改革之初的“粗放型”到十四届五中全会“转变经济增长方式”，其间依靠自然资源支撑发展的“负重之路”举步维艰，也影响了老百姓的幸福感。近年来，我国经济发展进入“新常态”，既要把握新的发展机遇，又要克服潜在的风险与挑战。从《全国生态保护与建设规划（2013—2020）》统计数据来看，目前全国水土流失面积295万平方公里，沙化土地面积173万平方公里，人均森林面积只有世界平均水平的23%，90%以上的天然草场存在不同程度退化，野生动植物种类受威胁比例达15%～20%①。中国生态的日益恶化强烈呼唤绿色发展。在严峻的生态危机面前，中国在确保经济增速的同时，保持良好的生态环境，必须彻底改变发展理念和发展方式，实现绿色发展。我们党不断总结过去的发展经验和教训，研究新情况，找寻新问题，谋划新思路，提升新理念，以绿色发展观为指导，用绿色生产方式和生活方式代替传统的黑色生产、生活方式，朝着高效、清洁、低碳的方向发展，走出一条中国特色的绿色发展道路。为此，习近平总书记指出，“中国改革开放30多年来，充分发挥比较优势，实现了年均9.8%的持续快速增长，与此同时资源和环境对发展的瓶颈制约也日益突出。我们

① 国家发展改革委、科技部、财政部、国土资源部、环保部、住建部、水利部、农业部、国家统计局、国家林业局、中国气象局、国家海洋局：《全国生态保护与建设规划（2013—2020年）》，2013年10月。

以实事求是的科学态度及时总结经验,创新发展理念,推动中国发展道路和发展模式在实践中不断完善。"[①]可以说,"绿色发展"模式是应对我国日益严峻生态危机的必然选择。

二、从唯 GDP 到绿色 GDP 的价值重建

改革开放以来,我国经济高速增长的背后是付出了沉重的资源代价、环境代价。绿色发展使我们反思唯 GDP 发展观:盲目投资产生的 GDP 是一种得不偿失的无效增长,因此,必须树立全新的绿色 GDP 理念,不唯"GDP"又要有"GDP",既要"绿水青山"又要"金山银山"[②]。

(一)唯 GDP 的反思

GDP(Gross Domestic Product)即国内生产总值,是指一定时期内一个国家或地区的经济所生产出的最终产品和劳务的价值总和,是在国民经济核算体系中,用来计算国民经济增长速度,衡量经济社会进步与否的最重要的核心指标。GDP 的主要作用就是体现了一个国家或地区的经济实力、经济总量和总生产能力,是综合国力的标志,也是生产力发展和社会进步的重要指标。在经济自然发展情况下,GDP 尤其是人均 GDP 的增长是同生产力发展、科技进步和社会文明发展一致的。然而,GDP 指标也存在着一定的问题,GDP 的增长不能等同于社会福利的增加,也不等于同经济增长的质量,易于模糊对贫富差异的认知。

---

① 习近平:《携手推进亚洲绿色发展和可持续发展》,2010 年 4 月 11 日《人民日报》第 1 版。

② 郑又贤:《关于绿色发展的内在逻辑透视》,《东南学术》2016 年第 4 期,第 8 页。

同时，GDP 难以全面反映社会的福利状况和非市场经济活动（如家务劳动等）的市场价值。人们崇拜 GDP 是因为，一方面，GDP 是考核官员政绩的主要指标，另一方面，GDP 能够带来财富增加和社会繁荣，缩小与发达国家和地区之间的差距。改革开放以来，我国经济的迅速发展取得了举世瞩目的成就，伴随着 GDP 飞速增长的还有资源的大量消耗和生态环境的恶化。根据《中国环境经济核算研究报告2010（公众版）》：2010 年，生态环境退化成本达 15 389.5 亿元，占当年 GDP 的 3.5%；生态破坏损失（森林、湿地、草地和矿产开发）4 417 亿元，占 GDP 比重 1.01%①。《2019 年人类发展报告》公布的人类发展指数最新排名：在 189 个国家和地区中，中国位于第 85 位，低于人均国民收入排名。联合国开发计划署表示：GDP 增长只是一种手段，许多国家把它作为追逐的单一目标，但一味追求 GDP，必将导致生态危机的出现。

（二）中国绿色 GDP 的重启

20 世纪以来人类创造巨大财富的同时，对生态环境的破坏超出了大自然自我修复的能力。绿色 GDP 是由联合国统计署在《综合环境经济核算体系》中提出的，推行绿色 GDP 核算，就是把资源环境因素体现在国民经济核算体系中，将资源耗减成本、环境退化成本、生态破坏成本以及污染治理成本从 GDP 总值中扣除。因技术水平的限制，绿色 GDP 中的资源耗减成本尚无法纳入进来，仅计算了生态环境退化成本。GDP 呈现的只是单纯的经济增长，而将经济增长与环境保护相统

① 刘松柏：《我国重新启动绿色 GDP 研究　努力冲破制度瓶颈》，2015 年 4 月 22 日《经济日报》第 3 版。

一的绿色 GDP,在反映国民经济成果与代价的同时,还体现了经济增长对环境变化的影响。绿色 GDP 是绿色发展对经济发展模式的革新,改变着人们的发展观和政绩观,也冲击着人们的心理承受力。党的十九大报告指出,“我们要建设的现代化是人与自然和谐共生的现代化,既要创造更多物质财富和精神财富以满足人民日益增长的美好生活需要,也要提供更多优质生态产品以满足人民日益增长的优美生态环境需要”①。因此,中国迫切需要引入绿色 GDP 概念,为实现绿色发展奠定理论基础。从实践上看,早在 2004 年,国家环保总局和国家统计局就联合启动了绿色 GDP 研究项目,但绿色 GDP 核算遭遇了一定的困境。之后,等到严重的污染给靓丽的 GDP 数据蒙上一层阴影,日趋严重的现实最终推动绿色 GDP 的复出,环境保护部于 2015 年 3 月宣布重新启动绿色 GDP 研究,和绿色 GDP 1.0 相比,绿色 GDP 2.0 将寻求创新。在内容上,增加环境承载能力研究,圈定生态破坏重灾区,摸清“环境家底”。在技术上,夯实核算的数据和技术基础,充分利用污染源普查等数据,建构绿色 GDP 核算的大数据平台②。从核算角度看,要核算生态系统生产总值(GEP)以及把当期生态环境质量改善的效益也算出来③。2017 年 10 月,由华中科技大学领衔的“绿色 GDP 绩效评估课题组”发布了《中国绿色 GDP 绩效评估报告(2017 年全国卷)》。该报告基于学界对绿色 GDP 的界定之核心,充分考虑到经济增长中的能

---

① 习近平:《决胜全面建成小康社会　夺取新时代中国特色社会主义伟大胜利——在中国共产党第十九次全国代表大会上的报告》,人民出版社 2017 年版,第 50 页。

② 潘文岚:《中国特色社会主义生态文明研究》,上海师范大学博士论文,2015 年,第 116—118 页。

③ 《从 1.0 到 2.0:绿色 GDP 十年研究》,2015 年 4 月 29 日《第一财经日报》第 16 版。

源消耗、环境损失和生态损耗，以 GDP、人均 GDP、绿色 GDP、人均绿色 GDP、绿色发展指数 5 个指标，综合呈现全国内陆 31 个省自治区市的绿色发展情况。从评估结果看来，浙江、上海、广东的绿色发展绩效指数名列前三①。《中国绿色 GDP 绩效评估报告》填补了我国绿色 GDP 绩效评估的空白，为我国绿色 GDP 制度的确立与实现奠定了重要的理论基础。中国绿色 GDP 的复出，通过核算经济发展的质量与环境承载量，为政策制定提供依据，将成为遏制日益严峻的环境污染形势的利器。

三、从“五位一体”到“新发展理念”的绿色延伸

我们党对中国特色社会主义事业的总体布局，经历了“两个文明”—“三位一体”—“四位一体”—“五位一体”的发展历程，从“五位一体”再到“新发展理念”，使得生态问题在政治层面得到了空前的重视，“新发展理念”的提出顺应了时代要求②。

（一）开启中国生态文明和绿色发展新时代

改革开放以来，中国的迅速崛起造就了人类发展史上的伟大奇迹，经济发展新常态的出现呼唤新的发展理念引领中国的经济社会发展。中国共产党越来越认识到生态环境的重要性，在探索发展中国特色社会主义的历史进程中，我们党带领中国人民经过长期的实践和探索，形成和发展了中国特色社会主义事业的总体布局，从最初强调“两个文

① 《中国绿色 GDP 绩效评估报告发布 浙沪粤京苏渝居前列》，新华网，2017 年 10 月 27 日。

② 陈金龙：《五大发展理念的多维审视》，《思想理论教育》2016 年第 1 期，第 4—6 页。

明”建设到初步形成“三位一体”，再到“四位一体”的总体布局。2012 年 11 月，党的十八大把生态文明建设纳入中国特色社会主义“五位一体”总体布局之中，提出了持续推进生态文明建设，努力建设“美丽中国”。“五位一体”战略布局更加突出了生态文明的战略地位，彰显了我们党加强生态文明建设的坚强决心。我们党将“绿色发展”理念上升到治国理政的高度，形成了推进当代中国社会全面进步的有机整体，发展了马克思的生态观。2013 年 11 月，党的十八届三中全会提出，建设生态文明，必须建立完整的生态文明制度体系，完善生态治理和生态修复制度，用制度保护生态环境。2014 年 10 月，党的十八届四中全会研究部署全面推进依法治国，为生态文明建设找寻到法治基石。提出要用严格的法律制度来保护生态环境，促进绿色发展、循环发展、低碳发展的生态文明法律制度，制定了生态补偿及土壤、水、大气污染防治等法律法规，促进了生态文明建设。2015 年 4 月，国务院《关于加快推进生态文明建设的意见》把绿色化纳入现代化战略之中，并作为现代化建设的重要指向。2015 年 10 月，党的十八届五中全会提出了创新、协调、绿色、开放、共享“五大发展理念”，将绿色发展作为“十三五”期间我国经济社会发展的重要理念，绿色发展成为党的绿色执政理念，体现了我们党对经济社会发展规律认识的深化，将指引我们更好实现人民富裕、国家富强、中国美丽[①]。2016 年通过的《中华人民共和国国民经济和社会发展第十三个五年规划纲要》，通篇贯穿着“绿色发展”主基调，绿色发展理念为建设中国特色社会主义实现注入了新的时代内

---

① 任理轩：《坚持绿色发展——“五大发展理念”解读之三》，2015 年 11 月 22 日《人民日报》第 1 版。

涵，必将有力推动中国迈向生态文明新时代。

（二）实现“新发展理念”的绿色统一

“新发展理念”强调整体性，是五个方面的有机整体。“创新”是整个国家发展的原动力，“协调、绿色、开放”是发展的三个重要支点，“共享”是发展的目的和归宿，是五大发展理念的落脚点。在“五大发展理念”下，生态文明建设应当坚持绿色创新、绿色协调、绿色发展、绿色开放、绿色共享，实现“五大发展理念”的绿色统一。第一，绿色创新是动力。当前，我国科技创新能力显著提升，航天、高铁领域取得突破性进展，但整体而言，我国科技创新能力不强，与发达国家相比，科技对经济增长的贡献率较低。因此，面对经济社会发展动力不足，必须实施创新驱动发展战略，建设生态文明，通过依靠绿色科技、绿色产业、绿色制度创新，走出一条绿色创新发展道路。第二，绿色协调是持续健康发展的内在要求。不平衡问题由来已久，城乡二元分割、区域发展失衡等方面，严重影响了美丽中国的整体性发展。发展必须均衡而不能失衡或失调。因此，建设生态文明必须把握中国特色社会主义事业整体布局，重点推动城乡区域和经济社会的协调发展，促进新型工业化、信息化、城镇化、农业现代化的同步发展，持续增强美丽中国的发展后劲，走出一条绿色协调发展之路。第三，绿色发展是建设生态文明的根本途径。建设生态文明，关键要处理好“绿水青山”与“金山银山”的关系，实现生产生活与资源环境的和谐发展，走出一条绿色生态、绿色生产、绿色生活和谐的绿色共赢道路。第四，绿色开放是生态文明建设的重要条件。开放发展是我国国际形象建构的需要，是中国引领世界经济摆脱危机的需要，开放发展是要解决发展的内外联动问题。当前国际经济合作和竞争发生着深刻变化，国家之间的交流频繁。因此，必须顺应世界经济的发展趋势，奉行互利共赢的开放战略，积极参与全球绿色治理，提高在全球治理中的话语权，推进“一带一路”绿色合作，承担起国际生态责任，构建利益共同体，走绿色开放发展道路。第五，绿色共享是生态文明建设的根本目的。共享发展就是让广大人民共同分享现代化成果，解决社会公平正义问题，人人共享生态文明成果，以生态文明建设为导向，以绿色发展道路为路径，坚持发展为了人民、发展依靠人民、发展成果由人民共享的理念，在制度上缩短收入差距、城乡差距，让全体人民在共享中有更多的获得感，引领中华民族实现伟大复兴。

第二节　绿色发展的模式建构

模式是指用来说明事物结构的主观理性形式，实现一般性和特殊性的衔接。绿色发展的模式建构主要体现在绿色发展的内涵要义、时代特征和内在旨归等方面，通过对绿色发展模式的建构，从而实现与绿色发展理念相协调。

一、绿色发展的内涵要义：代内正义与代际正义的统一

绿色发展是永续发展，是发展道路的延续。生态伦理的基本原则是公平正义，是实现人的可持续发展的客观要求，公平正义作为绿色发展所遵循的原则，在发展中应将公平正义体现出来，实现绿色发展，形成代内正义与代际正义的统一。

（一）代内正义

关于“正义的环境”的理论首先是由休谟提出来的，罗尔斯在《正义论》中明确指出，休谟对正义的环境的“解释是特别明晰的”，在休谟和罗尔斯那里，实际上存在着两种不同的正义概念：互利正义和公平正义①。代内正义指同时代人与人之间在环境利益、环境损失、环境责任的分担上的公平②。代内正义的伦理原则内含了生存优先原则及公平正义原则。生存优先原则指环境利益向发展中国家倾斜，发达国家主动帮助发展中国家消解贫困并提供相应的资金和技术，而不是以保护环境为借口扼杀发展中国家的发展权。公平正义原则要求世界各国平等地承担环境责任，这种公平正义不是要求每个国家和个人都要承当均等的责任，包含差别原则，以便给发展中国家更大的发展空间③。代内正义强调同代人在世界范围内的公平正义和共同利益。代内正义包括国家内部的代内正义、国家间的代内正义即国际上的代内正义和不同种族间的代内正义④。当今世界各国贫富差距拉大，生存和发展环境的不平等，发展机会的不平等，一部分人占有另一部分人应当享受的资源和利益，而另一部分人却承受环境污染带来的后果，一些国家享有资源优势但将污染转嫁到落后国家，这是非正义的表现，激发资源有限性和发展无序性的矛盾。因此，发展中人们应平等享有资源权利，但

---

① 杨通进：《论正义的环境——兼论代际正义的环境》，《哲学研究》2006 年第 6 期，第 100—105 页。

② 王岑、郭育丰：《从生态伦理观看人与自然关系的构建》，《中共福建省委党校学报》2009 年第 11 期，第 77—78 页。

③ 韩立新：《环境问题上的代内正义原则》，《江汉大学学报（人文科学版）》2004 年第 5 期，第 26 页。

④ 宋瑞霞：《论代内正义的环境与代内正义问题》，《当代社科视野》2009 年第 1 期，第 6 页。

在生存平等的前提下,应照顾落后国家和地区的发展,发达国家不能挤压发展中国家的生存空间,要尊重发展中国家的发展权利,在政策上要有所倾斜。当前应对全球性生态危机需要全世界的共同努力,发达国家和地区享受了更多的资源,造成了更多的污染,应当承担的责任大于发展中国家,发达国家拥有先进的技术和雄厚资金,因此,在全球治理中应向发展中国家给予更多的支持,双方在各自能力范围内通力合作。发达国家若是拒绝援助发展中国家,那么,地球上不可能有代内正义,甚至可能会毁掉正义。

(二)代际正义

代际正义指不同时代人与人之间的公平正义,当代人不能损害后代人谋求自身的发展,后代人应当同当代人一样公平地享有自然资源的权利,这是当代人对后代人应有的责任与义务。环境的代际正义则是一种关怀性的理论诉求,要求当代人在寻求自己利益的同时,应该关注后代人的权利,做到资源和财富的可持续发展①。由于后代人不在场,代际正义问题有其特殊性,这与代内正义不同,因此代际正义问题思考的主体依然是当代人②。在《布伦特兰报告》中,可持续发展是"既满足当代人的需要,又不对后代人满足其需要的能力构成危害的发展"。代际正义告诉我们,在满足当代人发展需要时,应充分考虑到子孙后代的发展权利,不能"吃子孙粮,断子孙路",绿色发展要关注后代人的生存与发展,当代人必须维护后代人的发展权利。在当代社会中,

① 杨盛军:《环境代际正义概念辨析》,《中国社会科学院研究生院学报》2008年第6期,第38页。

② 丁成际:《论代际正义与可持续发展》,《毛泽东邓小平理论研究》2011年第8期,第23页。

由于消费主义、人类中心主义的盛行，代与代之间不公正的问题日益凸显。代际正义不仅是社会代际关系中的公平正义，也是人与自然和谐统一的标志，因此，代际正义体现着和谐社会的两个鲜明特征，即“公平正义”和“人与自然的和谐”。当代人在追求自身自由全面发展时应当为后代人着想，提供能够支持他们发展的资源。代际正义在道德上为可持续发展奠定了基础，代际正义为分析社会发展状况提供了一种重要评价标准。在地球上生存的每一代人都有责任也有义务去保持人类文明的成果，实现生态伦理与代际伦理互相支持，真正建立一个充满生机可持续发展的和谐社会。

（三）代内价值与代际价值的有机统一

代内正义与代际正义是环境正义的两个向度。代内正义和代际正义是实现人类永续发展不可分割的两个组成部分，代内正义侧重横向考虑，代际正义倾向纵向考虑，两者统一在发展的全过程中，相互联系，相互补充。在实践中，要把代内正义和代际正义的目标统一起来，把目前利益和长远利益结合起来，相互促进，推动绿色发展在时间与空间上延续，助力人类在文明进程中坚守公平正义。绿色发展理念正是继承并发展了马克思主义关于代内价值与代际价值统一论的思想，马克思主义发展价值论关注价值的历史性与动态发展性，坚持代内价值和代际价值的统一。以土地为例，马克思注重土地的可持续利用，将土地作为直接关系到保障代内正义与代际正义结合的重大问题。马克思指出，“从一个较高级的经济的社会形态的角度来看，个别人对土地的私有权”，“是十分荒谬的。甚至整个社会”，“都不是土地的所有者。他们只是土地的占有者，土地的受益者，并且他们应当作为好家长把经过改良的土地传给后代”①。代内正义与代际正义的统一反映了人类不断反思自己所走过的发展道路,体现了人类对今后发展道路和发展目标的憧憬。人们逐渐意识到过去的发展道路难以在代际关系中维系,能够选择的唯一出路就是绿色发展道路。

二、绿色发展的时代特征:创新性、生态性、共享性、人本性的结合

绿色发展具有鲜明的时代特征,体现了创新性、共享性、人本性、生态性的有机结合。深刻认识绿色发展的时代特征对于新时代我国走中国特色社会主义的绿色发展道路指明了方向。

(一)发展理念的创新性

理念是理论体系的发端和基础,也是核心和精华。先进发展理念是对发展趋势的确切把握,在发展实践中丰富和充实。实践的发展呼唤发展理念的创新。发展理念创新包括两方面内涵:一是对传统发展理念的扬弃和超越,并在发展意念中创造新的发展意境,提出新的发展思路、开辟新的发展空间。二是将本能意识从对教条、僵化理念的盲从中解脱出来,使其在现代性的理念建构中,从“物本”到“人本”,把人性与科学精神、开放和竞争的理念、改革和求新的意识贯穿在发展的各个向度。绿色发展要求发展理念创新。改革开放以来,传统发展理念的弊端明显呈现出来,不管是发达国家追求生态现代化成果,还是发展中国家努力消解发展弊端,要实现生态发展,应对传统发展理念深刻反思,以新的发展理念探索人与自然和谐的绿色发展道路。绿色发展的

① 《马克思恩格斯文集》第7卷,人民出版社2009年版,第878页。

理念创新表现在发展的生态价值和经济价值的融合。随着经济社会的发展，人类生态意识逐步觉醒，保护生态环境成为人类持续发展的前提。绿色发展理念创新，就是结合当代发展实践的生态要求并融合传统发展观、可持续发展观、科学发展观的积极因素产生的。绿色发展理念就是正确处理生态环境与经济发展、社会进步及人的全面发展关系的新理念。

（二）发展方式上的生态性

绿色发展遵循生态系统的规律并推动经济社会的发展，在发展方式上具有生态性。绿色发展将生态性贯穿于发展过程中，实现生态系统的良性循环。长期以来，我国采用的发展方式在一定程度上推动了生产力发展，但也带来了严重的生态问题，绿色发展摒弃了“高消耗、高污染、低效率”的落后发展模式，是不同于传统发展道路的新型路径，可以在推进经济社会发展中实现资源利用高效化以及生态破坏的最小化，因此必须改变发展方式。生态环境的恶化启示人类必须选择绿色发展道路，绿色发展的鲜明生态性符合各方利益。马克思主义认为，社会是人与自然关系的中介，文明是人类生存在社会的方式，人类文明是社会发展到一定历史阶段的产物。生态文明开启了中国的发展方式迈进生态化进程。从发展方式的实质看，发展是硬道理，生产方式决定发展方式，受经济、政治、文化、社会等因素制约。从发展方式的内涵看，发展经济是首要的，经济发展是社会发展和人的发展的基础，决定着发展方式的水平和性质，发展方式决定了生态环境的质量。面对发展就是面对危机，因此克服生态危机必须推进发展方式的整体转换。绿色发展方式坚持生态取向，关怀人的价值。绿色发展呼唤创新型生态化的经济发展方式。转变经济发展方式,实现绿色发展,应持续推进绿色经济、低碳经济、循环经济的协同发展,这是中国走绿色发展道路的必然选择。绿色发展推动了发展方式的变革,对人们观念和实践进行重新审视,是对发展的极大促进。

（三）发展成果上的共享性

社会发展的根本宗旨是人人共享。随着社会发展的进步,每个社会成员的尊严应当得以保证,每个社会成员的价值应当得到实现,每个社会成员的生活水平应当持续提高。“人人共享的社会”是《哥本哈根宣言和行动纲领》的主题,各成员国认识到社会进步的本质是资源科学的共享性,体现在各国相互之间包容和生态文明理念的趋同性上,在经济发展中,实现经济发展与环境保护之间的平衡发展,保证全人类实现资源共享,共享经济社会发展的成果,最终达到社会经济的绿色发展。绿色发展反映了人类社会的进步,实现绿色发展成果共享有赖于全世界的共同参与。马克思主义认为,共建共享是辩证的统一,绿色发展需要全球的共同担当,绿色发展成果将为全球共享。绿色发展成果共享需要从全球视角来解决生态问题,改变当前西方国家主导的生产生活方式和价值观念,调动社会最大多数社会成员的绿色发展自觉。绿色发展必然是社会主义全球化替代资本主义全球化,实现绿色发展成果共享。发展中国家正在自觉融入世界经济体系当中,面对严峻的生态环境问题,实现绿色发展成果共享。一方面努力开展与其他发展中国家在生态问题方面的团结合作,发挥联合国的积极作用,抵制少数资本主义发达国家生态霸权主义,另一方面力求在生态问题上与发达资本主义国家进行平等、互利合作,接受发达国家等组织的环境项目资金以及技术等援助，学习发达国家在生态治理方面的有益经验。加强与国际非政府环境组织的交流与合作，积极参与生态环境保护的行动，争取话语权，形成全球共识，实现绿色发展成果共享。

（四）发展目的上的以人为本

绿色发展不是为了发展而发展，而是为了提升人民生活的质量。“必须坚持发展为了人民、发展依靠人民、发展成果由人民共享，作出更有效的制度安排，使全体人民在共建共享发展中有更多获得感”①。习近平总书记指出，“良好生态环境是最公平的公共产品，是最普惠的民生福祉”②。生态环境保护是一项是功在当代、利在千秋的事业，要以高度负责的态度为人民和子孙后代创造良好的生产、生活环境。马克思主义认为发展的最终目标是“人的全面而自由的发展”。绿色发展摒弃了把人当作工具和手段的物本主义倾向，而是把人当作社会的主体和中心，在社会发展中把满足人的需要，实现人的全面发展作为目标，根本解决了发展的目的问题。从绿色发展视角看，实现人的自身全面发展的重要物质前提是实现自然生态的和谐发展。人类中心主义思想是人定胜天，这是人类发展利益驱动下的外在显现，具有一定的合理性。但是，过于关注人类眼前的现实利益，把开发自然资源作为实现人类利益的工具，也就忽略了人类与自然之间作用与反作用的辩证关系，对于当今严重的生态危机负有不可推卸的责任。以人类为中心对人主体性的张扬，造成了人自身的异化。绿色发展是新型发展理念，超越了

① 《中共中央关于制定国民经济和社会发展第十三个五年规划的建议》，2015 年 11 月 4 日《人民日报》第 1 版。

② 《八、绿水青山就是金山银山》，2014 年 7 月 11 日《人民日报》第 12 版。

之前任何发展观，其核心是把人的全面发展放在重要位置，在发展中给予高度关注。人是实践的主体和发展成果的拥有者，发展应当为了人，只有将人的发展放在社会发展的核心地位，才有可能真正发挥人的主观能动性，推进发展的全面协调可持续。

三、绿色发展的价值旨归：人类主体与自然客体的融合

马克思主义价值论主要是揭示主客体之间的关系，价值是主客体之间一种相互有益性的表现。主客体的价值是隐含在主体与客体之间的，单一的出现不能体现出价值。人与自然的关系是辩证统一的，自然是人存在的基础，人存在于自然之中，双方具有价值的一致性。

（一）人与自然的和谐共生

党的十九大报告提出“坚持人与自然的和谐共生”，绿色发展的主旨是推动人与自然和谐共生。人类社会最基本的关系是人与自然的关系，人与自然是相互联系、相互依存的整体，人对自然界不能只求索取不讲付出、只讲利用不谈建设。坚持人与自然的和谐共生，关系到人民的根本利益和中华民族的长远利益，标志着马克思主义生态观在当代中国的最新发展，彰显了对中华民族永续发展和全球环境治理的中国担当。保护自然就是保护人类自身，建设生态文明就是造福人类。坚持人与自然和谐共生就是从生态文明建设的角度诠释以人民为中心的发展思想[①]。要以对人民群众和子孙后代高度负责的态度，攻坚克难，建设生态文明，实现绿色发展。“各级领导干部对保护生态环境务必

① 熊辉、吴晓：《坚持人与自然的和谐共生》，2018 年 2 月 9 日《人民日报》第 7 版。

坚定信念，坚决摒弃损害甚至破坏生态环境的发展模式和做法，决不能再以牺牲生态环境为代价换取一时一地的经济增长。要坚定推进绿色发展，推动自然资本大量增值，让良好生态环境成为人民生活的增长点、成为展现我国良好形象的发力点，让老百姓呼吸上新鲜的空气、喝上干净的水、吃上放心的食物、生活在宜居的环境中、切实感受到经济发展带来的实实在在的环境效益，让中华大地天更蓝、山更绿、水更清、环境更优美”[①]。绿色发展的目标是取得人口、资源、环境和经济社会的协调可持续发展，实现普惠民生福祉，推进人的全面发展。人的自由而全面发展是马克思主义的终极目标，良好的生态环境是实现人的自由而全面发展的条件和基础。

（二）人的价值与自然价值的统一

马克思主义的价值论揭示了主体与客体关系的范畴，价值表明了主体与客体之间的互益性关系。主体与客体之间互益性关系体现了价值属性，一方有益，另一方无益，价值无从谈起。主客体之间互益性越大，价值就越大，否则就越小。价值存在于主客体双方，不能由主体或者客体单方面决定。自然界是全人类生活和实践的客体系统，如果没有自然的存在和自然的价值，那就不可能有作为主体人自身的价值。人生活在自然环境当中，在与自然环境的关系中才能获得自身价值，否则，主体就没有价值可言。因此，必须承认主体人自身的价值和客体自然价值具有一致性。绿色发展坚持把改善民生和促进人的全面发展摆在重要位置，蕴含着人与自然的双重价值，是坚持马克思主义人的价值

---

① 习近平：《在省部级主要领导干部学习贯彻党的十八届五中全会精神专题研讨班上的讲话》，2016 年 5 月 10 日《人民日报》第 2 版。

与自然价值统一的典范，与割裂这种统一关系的非人类中心主义和人类中心主义划清了界限，真正体现了人的价值与自然价值的统一。与此同时，人和自然都是生态系统中的一部分，从这个意义出发，人类主体与自然客体的统一，实质就是维护人类主体的利益和维护自然客体利益的统一。在强调发展时，最终目的都是“为了人”，人与自然的和谐在发展目的上达成了统一。人类要想实现可持续发展，就必须实现整个生态系统的平衡，人类不能为了满足自身的利益而去肆意对大自然进行掠夺和破坏。保护自然和实现人的全面发展，这两者的目的是一致的。站在人类社会的发展整体过程来看，要想使人类在发展的前提下保护自然，就必须首先实现人类主体与自然客体的融合，两者所形成的这种辩证统一的关系直接表现出了人类对绿色发展的展望。

第三节　绿色发展的目标建构

党的十九大报告指出，新时代我国社会主要矛盾是人民日益增长的美好生活需要和不平衡不充分的发展之间的矛盾，必须坚持以人民为中心的发展思想，不断促进人的全面发展、全体人民共同幸福。而实现全体人民的共同幸福，正是绿色发展的目标所在。

一、民生幸福：绿色发展的至上价值诉求

追求幸福，是人们向往的目标和为之奋斗的动力。十八大报告指出“多谋民生之利，多解民生之忧”，“民生”是和谐社会的基础，民生幸

福是绿色发展的至上价值诉求。

（一）民生幸福：现代社会最大的政治

绿色是每个人、每个国家、每个民族繁衍生息和永续发展的重要保证，是实现人与自然和谐、建构美丽中国的必然要求，是实现人民幸福价值追求的重要指标。民生幸福是绿色发展的核心要义，没有良好的生活环境，经济再发达，人民也不会幸福。民生幸福包涵实现生态价值导向的人与社会的现代化和中华民族的永续发展的目标。亚里士多德说，幸福就是至善，是快乐的生活，是一种符合德性的现实活动。当前，我国的经济发展创造了人间奇迹，但群众的幸福指数并没有相应提高，因为空气变浊了、水变脏了、吃的东西不安全了，这些生活环境、食品安全、空气与水的质量，以及垃圾处理等都是民生的重要组成部分，因此环境的好坏是幸福指数高低的重要体现。发展中国家在经济发展中先发展后治理，引进大量的污染和高耗能项目，导致结构很难调整，环境破坏的速度比经济增长的速度更快，不解决这些与群众民生息息相关的环境问题，幸福就无从谈起，和谐社会就无从谈起。山清水秀同时贫穷落后不行，殷实小康之后环境退化更不行。当前妥善处理经济发展、社会进步与能源资源、生态环境、气候变化的关系，已经成为关系经济社会发展全局和人民福祉的重大问题。绿色发展坚持以人为本，将民生幸福作为其最高的价值诉求。绿色发展认为社会发展是以人为中心的社会经济、政治、文化、生态等诸多领域全面协调互动的过程，是实现人的各种需求，体现人的本质的过程，满足人的基本生存权，同时更强调人的精神和价值，将人的发展作为社会发展的终极目标。建设中国特色社会主义的总体布局由“四位一体”扩展为“五位一体”，是从中国未来发展战略的高度对生态价值的最新肯定。马克思主义生态观主张人与自然辩证统一,既承认自然的先在性,也强调人的主体性,努力构建人与生态的和谐共存。从民生幸福出发,表明了中国在处理人与生态的关系的立场。从这个意义上说,民生幸福便是生态的价值所在。

(二)公平正义:民生幸福的制度保障

公平正义是人的基本权利和制度安排的重要保障,是社会健康有序发展,人民能够安居乐业的基本前提,是实现民生幸福的制度保障①。人们在追求幸福生活,获得幸福感的过程中,公平正义是始终贯穿其中的核心社会价值维度,是实现民生幸福的基本治理理念。正义"是法律规范和制度安排的内容,是对人类影响以及增进人类幸福与文明建设方面的价值。正义的关注点被认为是一个群体的秩序,或社会制度是否符合实现其基本的目标。正义是指满足个人的合理需要,同时促进生产进步和提高社会内聚性的程度——是维系文明的社会生活必需——就是正义的目标"②。实现人的全面发展与社会的和谐完善是公平正义的终极目标追求。"所有文明的标志是对人的尊严和自由赋予的尊重"③。公平正义倡导社会发展的正义性,要求在发展中遵循以人为本的原则,维护人的基本利益,尊重人的人格尊严,使人共享社会发展的成果。人与人之间的和谐社会关系不仅是民生幸福的社会基础,更是公平正义的价值目标。公平正义旨在变革、建构社会合作体

---

① 何建华:《公平正义:民生幸福的伦理基础》,《浙江社会科学》2014 年第 5 期,第 113—114 页。

② E.博登海默:《法理学:法律哲学与法律方法》,邓正来译,中国政法大学出版社 1999 年版,第 252、318 页。

③ 《2000 年人类发展报告》,中国财政经济出版社 2001 年版,第 1 页。

系，为人类的幸福生活提供保障。尊重人的基本权利是实现民生幸福的前提和主旨，民生幸福需要良好的制度环境，良好的制度环境的维系离不开人的努力，更离不开公平正义的信念。因而，公平正义是社会有序发展、人们安居乐业的重要保证。

（三）绿色惠民：人民主体地位的体现

治政之要在于安民，安民必先惠民。贯彻绿色发展，实施环境治理，开展生态修复，建设美丽中国，不仅是基于当前中国严峻的生态环境形势而产生的现实响应，也是促进人的全面发展、惠及每一个人、推动社会向前发展的必要条件。绿色发展之路首先是绿色惠民之路。绿色发展理念以绿色惠民为基本价值取向，彰显了我们党对新时代惠民之道的深刻认识。绿色发展直接关乎人民群众的生命安全和身体健康。随着经济社会发展和人民生活水平提高，人们对生态环境的要求越来越高，生态环境质量在幸福指数中的地位不断凸显。然而，当前环境恶化已经成为突出的民生问题，是影响人们生活质量的短板，搞不好可能演变成社会政治问题。绿色发展关系人民福祉，保护生态环境就是保障民生，改善生态环境就是改善民生，绿色发展的根本目的是改善人民生存环境和生活水平，推动人的全面发展。坚持绿色发展、绿色惠民，关系到最广大人民的根本利益，关系中华民族发展的长远利益，是我们党新时期增进民生福祉的科学抉择。这一判断，展现了党随时随地倾听人民呼声、回应人民期待的民生情怀。

二、两型社会：绿色发展的必由路径选择

"两型社会"是在对传统经济发展模式进行反思的基础上建立起

来的,通过解决资源和环境问题,推动资源节约和环境友好的一种新型的经济社会发展模式。绿色发展与“两型社会”建设环环相扣,这是一个认识和实践不断发展的过程,“两型社会”是绿色发展的必由路径选择。

(一)加快“两型社会”建设

2005年,党的十六届五中全会将建设“资源节约型”和“环境友好型”社会确立为国民经济与社会发展的一项长期战略任务,这是从我国国情出发而做出的一项重大决策。“两型社会”的提出是我国经济、社会、环境协调发展的战略选择,为推动中国经济社会的新一轮发展指明了方向。资源节约型社会是指在社会生产、沟通、消费的各个领域,通过采取综合性措施,提高资源利用率,以减少资源消耗获得最大的经济和社会效益。环境友好型社会主要指以实现人与自然的和谐为重点,以实现人与人之间的和谐为目标,在环境资源承载力范围内遵循自然规律,建立起人与自然环境、社会环境友好发展的一种社会状态。党的十八大明确提出,在2020年全面建成小康社会时“资源节约型、环境友好型”社会建设要取得重大进展。绿色理念的提出,有助于提高全民的绿色发展自觉,对于人们进一步加深对资源节约、环境保护的认识,加快建设“两型社会”具有重要意义。“两型社会”要求经济社会发展的方方面面都要符合生态规律,倡导“低投入、低消耗、低污染、高效益”,讲求的是注重效益、节约资源、注重质量。加快“两型社会”建设是当前破解经济难题,实现可持续发展的重要途径。“两型社会”将经济运行过程与资源运行过程、生态环境运行过程相结合,推进可持续发展,是一种全新的经济社会发展方式。党的十八届五中全会提出,应坚持节约资源和保护环境的基本国策，坚定走生产发展、生活富裕、生态良好的文明发展道路，加快建设“两型社会”，形成人与自然和谐发展的现代化建设新格局，推进美丽中国建设，为全球生态安全做出新贡献[①]。

（二）“两型社会”是绿色发展的重要标志

无论是“资源节约型”还是“环境友好型”，都是建立在人与自然友好相处的基础之上的，都是绿色发展的重要标志，绿色发展蕴涵着节约能源资源和保护环境的内容。“两型社会”与绿色发展有着共同的目标和追求，人与自然和谐共生。绿色发展，是指发展环境友好型产业，保护和修复生态环境，降低能耗和物耗，发展低碳技术和循环经济，使经济社会发展与自然发展协调一致。“两型社会”倡导均衡发展、节约发展、低碳发展、清洁发展、循环发展和安全发展的新型发展理念，建立人与自然的良性互动，建构经济社会和环境协调发展的社会体系。实现人与自然的协调，必须对传统的生产方式进行变革，要求人类树立绿色发展观念，改善人类与自然的关系，促进人、自然、社会的和谐发展。绿色发展以合理消费、低消耗、低排放、生态资本不断增加为主要特征，以绿色创新为途径，促进经济社会和人的全面发展，实现人与人之间、人与自然之间的和谐[②]。这与“两型社会”倡导的节约资源、保护环境高度契合。绿色发展致力于构造一个以环境承载力为基础、以自然发展规律为准则、以社会经济文化政策的可持续为抓手的资源节约和环境友好的社会。因此，“两型社会”的目标和追求都内含在绿色发展之中。

---

① 《中国共产党第十八届中央委员会第五次全体会议公报》，载2015年10月30日《人民日报》第1版。

② 胡鞍钢：《中国创新绿色发展》，中国人民大学出版社2012年版，第30—33页。

三、生态文明：绿色发展的精神内核强化

生态文明概念的提出，意味着党在国家战略层面对建设怎样的生态中国，怎样建设生态中国这一重要问题进行思考和布局。绿色发展和生态文明是相互促进、共荣共生的，生态文明关乎全人类的福祉，人们需要为此不断努力，绿色发展作为实现生态文明的必然选择，我们就必须予以坚持，两者为人类的发展提供了方向和方法。

（一）生态文明的理论内核

生态文明是对工业文明的变革性反思，生态文明就是用较少的自然资源消耗获得较大的社会福利。党的十七大提出了生态文明的概念，延续了人类社会原始文明、农耕文明、工业文明的发展脉络，是人类文明的全新形态。党的十八大系统深刻论述了生态文明建设的理念，将其融入包含经济建设、政治建设、文化建设、社会建设在内的，建设具有中国特色社会主义事业的总体布局中，不仅反映了人类文明的发展方向，更是我们党执政理念的新发展，是建设美丽中国，实现伟大中国梦的必由之路。“建设生态文明，是关系人民福祉、关乎民族未来的长远大计。面对资源约束趋紧、环境污染严重、生态系统退化的严峻形势，必须树立尊重自然、顺应自然、保护自然的生态文明理念，把生态文明建设放在突出地位，融入经济建设、政治建设、文化建设、社会建设各方面和全过程，努力建设美丽中国，实现中华民族永续发展”①。以生态文明建设为导向，以绿色发展道路为路

---

① 胡锦涛：《坚定不移沿着中国特色社会主义道路前进　为全面建成小康社会而奋斗——在中国共产党第十八次全国代表大会上的报告》，2012 年 11 月 18 日《人民日报》第 1 版。

径，摒弃落后观念和实践方式，实现人类社会发展的进步。生态文明建设的前提是发展，只有发展才能满足人民群众日益增长的美好生活的需要，要把握发展规律、创新发展理念、转变发展方式、破解发展难题、提高发展质量。着力树立人和自然的平等理念，将发展和生态保护密切联系起来，在发展的前提下不断改善生态环境，在保护生态环境的基础上发展，做到经济发展和生态保护两手抓、两手都要硬。物质文明和生态文明没有先后区分，建设生态文明既是经济发达地区的事，也是欠发达地区应当树立的发展理念，对于欠发达地区而言，不能只顾及眼前利益和局部利益。生态文明是实现人、经济、社会与自然的全面、协调、可持续发展的现代文明，人和自然的和谐是人与人、人与社会和谐的前提。如果生态环境受到破坏、生产生活环境恶化，经济发展与自然资源矛盾尖锐，人与人的和谐、人与社会的和谐就难以实现。生态文明建设的目的是不断提高人的生活质量。从解决人民群众最关心、最现实的利益问题出发，解决好人民群众关注的环境问题，创造适合人的本性的良好生态环境，使人们在优美环境之中工作和生活。生态文明建设的途径是加强生态文化建设。马克思主义认为，意识对于物质具有反作用。环境危机的实质不仅是单纯的经济和技术问题，而且还是文化观念以及价值取向问题。只有生态意识清楚，才能产生符合生态要求的行为。当前，只有全社会树立与保护生态相一致的政绩观、消费观，并形成尊重自然、热爱自然、善待自然的良好氛围，才有可能搞好生态建设。因此，建设生态文明不但包含污染治理、生态环境保护和维护生态安全，还要把生态建设渗透到社会各个领域、各项活动之中，引导全社会公众自觉融入生态环境保护行列，树立新时代人与自然、人与人、人与社会和谐相处的生态观。

（二）生态文明建设的价值旨归

党的十九大指出，建设生态文明是中华民族永续发展的千年大计。建设生态文明是一个只有起点没有终点的世代工程①。建设生态文明是我们党所取得的最新理论成果，创造性地回答了经济发展与资源环境的关系问题，为统筹人与自然的和谐发展指明了方向。建设生态文明的战略任务，是我们党随着对社会主义现代化建设实践的不断深化，深刻把握经济社会的发展规律，着眼经济快速发展中资源环境残酷代价的严峻现实，力求破解人与自然日趋突出的尖锐矛盾，在继承中创新，在创新中发展，在这一过程中，提炼和概括出来的。建设生态文明为实现人与自然和谐均衡发展提供了路径选择。生态文明是我们党顺应广大人民群众新期待，坚持以人为本，执政为民，保护最广大人民群众的环境利益的生动体现。随着经济社会的快速发展，良好的生态环境，越来越成为人民群众最关心的现实问题。建设生态文明，让人民群众喝上干净的水，呼吸到新鲜的空气，吃上洁净的食品，创造良好的生产生活环境，既能改善民生、巩固党的执政基础，也能丰富中国特色社会主义事业的发展范围。中国特色社会主义是经济发达、政治民主、文化先进、社会和谐的社会，也是生态环境良好的社会。其中，经济发展是基础，政治发展是保障，文化发展是引领，社会发展是目的，生态发展是前提。自然界是人类生存和发展的基本条件，只有在良好的生态环

---

① 《观察·关注十八大生态文明建设系列之五：生态文明建设——只有起点没有终点的世代工程》，2012 年 12 月 24 日《中国纪检监察报》第 1 版。

境中，人类才能发展壮大。正如马克思指出，“人靠自然界生活”，“人是自然界的一部分”①。人类所生存的地球面积、空间、资源是有限的，它的承载能力也有一定的限度，人类的各项活动必须保持在地球承载能力之内。当前，地球生态环境遭受到严重破坏，生态环境持续恶化，大气污染、水污染、水土流失等现象日益严重，可持续发展受到严重损害，真实应验了恩格斯的忠告：“我们不要过分陶醉于我们人类对自然界的胜利。对于每一次这样的胜利，自然界都对我们进行报复。每一次胜利，起初确实取得了我们预期的结果，但是往后和再往后却发生完全不同的、出乎预料的影响，常常把最初的结果又消除了”②。经济发展与资源环境的矛盾越来越突出，如果再不予以高度重视，着力搞好资源节约和环境保护，我们的发展就会面临难以为继的局面。因此，生态文明建设对于维护全球生态安全和人类繁衍生息，拯救人类自身具有重要意义。生态文明建设有助于唤醒全社会公众的生态忧患意识，认清楚生态危机的复杂性、长期性和艰巨性，引导公众积极主动地保护生态环境。

四、美丽中国：绿色发展的崇高目标彰显

党的十九大报告指出了把我国建设成为富强民主文明和谐美丽的社会主义现代化强国的奋斗目标。“美丽中国”是绿色发展的目标指向。“美丽中国”是一个集合和动态的概念，主要指自然生态保育和环境质量改善，人民群众日益增长的美好生活需要，其中的重要组成部分

① 《马克思恩格斯文集》第1卷，人民出版社2009年版，第161页。
② 《马克思恩格斯全集》第4卷，人民出版社1995年版，第383页。

正是对于"美丽中国"、"美丽家园"的深度渴望。

(一)"美丽中国"的时代视域

党的十八大提出了"美丽中国"的概念,"美丽中国"是对新时代中国特色社会主义思想的正确反映,具有鲜明的时代特性。"美丽中国"指的是生态文明的自然之美、科学发展的和谐之美、温暖感人的人文之美,其旨意是科学发展、和谐发展、小康社会。其中包含了促进现代化建设各方面相统一,推动生产力与生产关系、经济基础与上层建筑相协调的"生产发展、生活富裕、生态良好"的文明发展成果。中华民族自古以来就对美好生活抱有无限向往并为之不懈追求,精卫填海、女娲补天、大禹治水、愚公移山等传说生动反映了中国古代劳动人民征服自然、改造自然、追求幸福生活的向往。清风明月本无价,近水远山皆有情。环境就是民生,青山就是美丽,蓝天就是幸福。"美丽中国"与中华民族对美好生活向往相适应,"美丽中国"具备了实现的基础和条件。改革开放以来,中国由一个物质匮乏、贫穷落后的欠发达国家成为经济总量位居世界第二的国家,经济实力和科技实力显著增强,人民的生活水平和居民的收入水平大幅提升,综合国力和国际影响力明显提高,为建设"美丽中国"提供了良好的基础。作为体现"美丽中国"最显著特征的生态文明被列到中国特色社会主义总体布局当中。经济总量的持续增长、发展方式的转型为建设"美丽中国"奠定了牢固的物质基础。绿色发展是美丽中国的底色。绿色是生命色、自然色,绿色发展是未来经济的方向、人民群众的期盼。改革开放以来,尽管中国在经济建设方面获得了举世瞩目的成就,但高投入、高污染、低效益的增长方式难以持续。中国作为世界上人口最多的发展中国家,人均资源占有量远低于世界平均水平，但中国的单位产值能耗量却位居世界前列。因此，中国共产党提出了必须走中国特色新型工业化、信息化、城镇化、农业现代化的发展道路。社会主义的民主法治建设已经迈开新步伐，为建设“美丽中国”提供了制度保障。社会主义的文化建设取得了新成就，人民的精神文化生活日趋丰富多彩，为建设“美丽中国”提供了强大的精神动力和智力支持。社会主义和谐社会建设获得了新进步，为建设“美丽中国”提供了良好的社会环境和社会条件。2019 年中国北京世界园艺博览会，提出“让园艺融入自然，让自然感动心灵”的美好理念，传递绿色发展价值理念的精彩演出，在世界人民面前绽放了一个动人的美丽中国。

（二）“美丽中国”的科学内涵

“美丽中国”是科学发展观的新论断，是建设和谐社会新举措，是全面建成小康社会的新战略，是马克思主义中国化最新理论成果的新愿景。党的十八大报告指出，必须树立尊重自然、顺应自然、保护自然的生态文明理念，努力建设“美丽中国”。建设“美丽中国”要求对现有的文明进行整合，物质文明、精神文明、政治文明、社会建设都实现与生态文明建设内在要求相一致的生态化转向，为中国人民创造美好生活环境的同时，引领中国迈向更高层次的文明。“美丽中国”包含五个方面的内涵：一是生态文明的自然之美。自然的生态之美是“美丽中国”的根本特征，体现在“资源节约型、环境友好型”社会的基本形成，污染物排放总量明显减少，人居环境明显改善，城镇田园化、城乡一体化初步实现。二是物质文明的科学之美。包括新型工业化、信息化、城镇化、农业现代化的全面推进，经济发展中科技的贡献显著提升，城乡差别、区域差别明显缩小,新农村建设成效显著,经济实现了全面协调可持续的发展。三是精神文明的人文之美。内含了社会主义核心价值深入人心,社会文明程度明显提高,公共文化服务体系基本建成,文化产品更加丰富,人民群众享有充分的文化熏陶,中华文化对世界的影响显著增强。四是政治文明的民主法制之美。体现在生态文明的理念成为执政的基本理念,廉洁奉公日益成为常态化的政治氛围,人民的政治民主权利得到切实保障,依法治国基本方略全面实施。五是社会文明的幸福之美。社会文明主要体现在人与社会和谐关系,幸福和谐的社会生活是建设“美丽中国”的最终归宿。习近平总书记对社会文明的幸福之美作了概括:人民热爱生活,有更好的教育、更满意的收入、更高水平的医疗卫生服务、更美的环境等。他把人民向往的美好生活具体化为人民满意的工作,美好的生活条件,并将社会文明的幸福之美升华到执政兴国的奋斗目标的高度,牢记“人民对美好生活的向往,就是我们的奋斗目标”①。

(三)“美丽中国”的理论价值

1.“美丽中国”发展了中国特色社会主义理论体系

中国特色社会主义理论体系是建设“美丽中国”的精神旗帜和强大思想武器。马克思、恩格斯对于“美”指出“按照美的规律来建造”②,是人类区别于动物的生命活动方式。这种“建造”从人的生存需要出发,但是对于对象客体尺度的把握,不能是主观随意的建造。党的十八大深刻阐述了生态文明建设的战略任务,提出努力建设“美丽中国”的

① 《人民对美好生活的向往　就是我们的奋斗目标》,2012年11月16日《人民日报》第4版。

② 《马克思恩格斯全集》第42卷,人民出版社1979年版,第96—97页。

思想，实现中华民族的永续发展。"美丽中国"体现了生态文明的鲜明特征，将生态文明对物质文明、精神文明、政治文明进行整合与重塑，最终体现在和谐幸福的社会生活，将中国特色社会主义事业提高到一个全新的水平。这一思想的丰富和完善，开拓了马克思主义中国化的新境界①。建设美丽中国关系到中华民族的永续发展和亿万百姓的民生福祉。党的十九大对建设美丽中国规划了清晰的路线图，为建设蓝天常驻、青山常在、碧水长流的美好家园指明了方向。"美丽中国"概念的提出标志着中国共产党开始从国家发展战略层面布局"建设什么样的生态中国，怎样建设生态中国"这个重要问题。作为"中国梦"的重要组成部分，"美丽中国"是在对新世情、新国情和新党情的新变化和新形势进行深刻分析和科学判断的基础上提出来的，体现了中国共产党建设生态文明，全面建成小康社会，实现和谐社会的价值目标向度，是马克思主义中国化的最新成果的价值目标追求。

2. "美丽中国"提供了世界各国可供借鉴的范式

建设生态文明家园，承担起自身的国际责任。当代严峻的全球性生态问题主要集中在人口、资源、环境问题上。党的十八大立足当代中国面临的全球性问题，提出建设"美丽中国"的目标，深化了我们党对中国特色社会主义总体布局的认识，彰显了中华民族对子孙、对世界负责任的精神②。实现绿色发展客观上要求人的行动实践具有世界性，绿色发展的本质是人与自然的和谐共生，依赖于全球生产力的高度发

① 李建华、蔡尚伟：《"美丽中国"的科学内涵及其战略意义》，《四川大学学报(哲学社会科学版)》2013 年第 5 期，第 135—140 页。

② 海上昆嵛：《十八大首提"美丽中国"寓意几多》[EB/OL]，中国共产党新闻网，2012 年 11 月 14 日，http://cpc.people.com.cn/pinglun/n/2012/1114/。

展以及交往的全球性视野,也依赖于各民族的文明融合和世界文明的共享。中国正在广泛吸纳世界各国文明发展的生态智慧,凝聚全民共识,积极应对现代化进程中出现的生态危机,努力开辟一条新型的发展道路,实现生态现代化。中国在发展过程中,在理念、制度、战略、法律、发展方式等方面,为国际社会提供了完善的、成熟的范式,积极参与国际环境标准设定,承担大国应有的国际责任①。中国在进行绿色发展和建设生态文明家园的同时,也正在为建设世界生态文明做出积极的贡献。

本章小结

本章从绿色发展的理念建构、模式建构和目标建构三个方面构建绿色发展的理论体系,三个方面有着内在逻辑,理念是引领,模式是核心,目标是结果,凸显了“绿色”和“发展”的双重价值。

绿色发展理念的建构经历了从“黑色”到“绿色”的生态转向、从唯GDP到绿色GDP的价值重建和从“五位一体”到“新发展理念”的绿色延伸的过程。当前,人类正面临从工业文明到生态文明的绿色转向,经济发展由黑色发展向绿色发展的模式转型。绿色发展道路是人们摆脱了对黑色发展道路的依赖,从被迫到自觉选择的结果。工业文明下造成人们追求单纯的GDP,只顾经济产出总量或经济总收入的情况,却不顾这背后的环境污染和生态破坏的情况,甚至不顾环境污染和生态破坏的行为,绿色GDP科学而又全面地评价了我国的综合发展水平,

① 何爱国:《当代中国生态文明之路》,科学出版社2012年版。

为干部的政绩考核提供了全新的评价标准,促进公众参与环境保护,追求生态文明建设。“五位一体”总布局提出于党的十八大,是中国共产党在领导人民建设中国特色社会主义的实践中认识不断深化的结果。生态文明建设,让“五位一体”的内涵更加丰富、全面。“新发展理念”体现了“十三五”乃至更长一段时间我国的发展着力点,是针对我国经济发展进入新常态和世界经济低迷开出的药方。绿色发展推动建设一个更健康、更有活力的绿色中国。

绿色发展的模式建构表现在内涵要义、时代特征和价值旨归上。绿色发展是时代之需,绿色发展是永续发展,是发展道路的延续。代内正义和代际正义的统一是绿色发展的内涵要义,是当代人必须遵循的规则,体现了公平正义的精神实质;发展方式的生态性、发展理念的创新性、发展成果的共享性、发展目的的人本性,体现了绿色发展鲜明的时代特征;绿色发展作为对生态危机的反思,已经成为全社会的共识,人类主体和自然客体的融合,彰显了绿色发展的内在旨归。

绿色发展目标的建构。民生幸福是现代社会最大的政治,公平正义是民生幸福的制度保障。建立资源节约型、环境友好型社会是绿色发展的必由路径选择,“两型社会”的目标和追求都内含在绿色发展之中,生态文明强化了绿色发展的精神内核,是我们党所取得的最新理论成果,创造性回答了经济发展与资源环境的关系问题。“美丽中国”是绿色发展的目标指向,是马克思主义中国化最新理论成果的新愿景,为世界生态文明做出了积极的贡献,推动了人类文明的发展。民生幸福、“两型社会”、生态文明、“美丽中国”都内含在绿色发展的全过程,是绿色发展目标的统一。

第四章
创新与超越：绿色发展的实践指向

十八届五中全会将绿色发展理念作为“十三五”规划中的一个重要指导，深刻体现传统发展理念的重大转变。绿色发展在思想上是一种战略理念，在实践中是一个系统工程。绿色发展的具体进路为：加强绿色顶层设计，实现生态治理现代化；倡导绿色生产方式，发展新型绿色经济；崇尚绿色生活方式，培育绿色生态文化；加强绿色国际合作，打造绿色命运共同体，在实践中进一步凝练和提升发展理念，引导人们推进新一轮的绿色发展实践①。

① 郑又贤：《关于绿色发展的内在逻辑透视》，《东南学术》2016 年第 4 期，第 7 页。

第一节　加强绿色顶层设计，实现生态治理现代化

当前，我国生态保护凸显的问题大都与制度不完善、法治不健全有关。只有把生态文明制度的“四梁八柱”建立起来，将绿色发展理念体现在社会治理的思维框架中，贯彻到治国理政的顶层设计中，才能实现生态治理能力现代化。

一、坚守制度护航与法制支持

没有规矩不成方圆。绿色发展的根本保障是实行最严格的制度、最严密的法治。“建设生态文明，是一场涉及生产方式、生活方式、思维方式和价值观念的革命性变革。实现这样的变革，必须依靠制度和法治”①。“只有实行最严格的制度、最严密的法治，才能为生态文明建设提供可靠保障”②。“要深化生态文明体制改革，尽快把生态文明制度的‘四梁八柱’建立起来，把生态文明建设纳入制度化、法治化轨道”③。

（一）完善促进绿色发展的政治制度体系

将绿色发展理念融入政治制度之中，为推动绿色发展实践提供制

---

① 中共中央宣传部：《习近平总书记系列重要讲话读本》，学习出版社、人民出版社 2016 年版，第 239—240 页。

② 《八、绿水青山就是金山银山》，2014 年 7 月 11 日《人民日报》第 12 版。

③ 习近平：《树立“绿水青山就是金山银山”的强烈意识　努力走向社会主义生态文明新时代》，2016 年 12 月 3 日《人民日报》第 1 版。

度保障。党的十八大以来,中央先后确立了“生态红线制度”、“领导干部资源资产离任审计制度”、“绿色 GDP 核算制度”、“生态环境补偿制度”等,以明确的政策导向和制度设计引领绿色发展,推进社会正义①。绿色发展依靠制度创新建构了一套行之有效的体制机制,实现发展与保护之间的平衡,形成绿色发展的内生机制。2015 年,国家颁布实施了被称为“史上最严”的新修订的《中华人民共和国环境保护法》,2015 年,《党政领导干部生态环境损害责任追究办法(试行)》的出台,强调了显性责任即时惩戒,而隐形责任终身追究。我国进一步完善了《中华人民共和国水污染防治法》、《大气污染防治行动计划》和《水污染防治行动计划》等法律,改进和实施最严格的耕地保护制度等,推进重要生态资源保护制度法律化,为绿色发展保驾护航。生态环境部通过对有严重污染城市的市长进行约谈等推动生态环境不断改善,力求通过强化政治制度建设,不断增强民众的节约意识、生态意识,营造保护生态的良好风气②。

加强政治生态建设力度,营造政治上的绿水青山。从政治高度强调绿水青山,是对政治生态的生动表达,表明了政治生态的严峻和中央强化政治生态治理的决心。优良的政治生态,有效激发了党员干部的工作热情和落实绿色发展的责任。政府在绿色发展中可通过如下四个方面的制度发挥作用:第一,激励制度。健全资源有偿使用和生态补偿制度,进一步完善经济社会发展的考核评价体系,建立资源生产环境

① 刘德海:《绿色发展》,江苏人民出版社 2016 年版,第 103 页。

② 荣开明:《论绿色发展的几个基本问题》,《观察与思考》2016 年第 12 期,第 39 页。

管理制度、财税金融激励制度、绿色认证和政府绿色采购制度等。第二，约束制度。建立国土空间开发保护制度，健全环境治理体系，着重完善污染物排放许可制度、农村环境治理体制机制、生态修复制度、生态红线制度、污染排放总量控制制度等，解决监管职能交叉、违法成本过低等问题。第三，政府监管制度。具体包括自然资源管理体制、资源环境承载能力监测预警机制、国土空间开发许可制度、污染物排放许可制度、企业环境信用记录和违法排污黑名单制度、突发生态环境事件信息报告和公开机制等。第四，问责制度。包括党政同责制度、生态环境损害赔偿制度、环境公益诉讼制度、环境污染监管执法制度等，进一步完善责任追究制度，解决发展绩效评价不全面和责任落实不到位等问题。完善环境信息和社会参与民主决策制度，加强生态环境信息的公开立法工作，消除政府、市场与社会间关于环保问题的信息不对称，维护公民参与民主决策的正当合法权益，为绿色发展提供有力保证。因此，法律不仅需要完善，而且需要良好的执行，要加强对有关绿色发展的重大决策、法律法规实施情况的监督，依照法律法规严格惩治破坏绿色发展的违法犯罪行为。

（二）健全推动绿色发展的经济制度体系

健全绿色发展的经济制度指，建立起有利于实现绿色发展的经济社会关系的规范，并把绿色发展的理念融进各种经济制度的设计当中，主要涉及有利于实现绿色发展的产业制度、市场制度等。第一，产业制度。实现绿色发展首先要实现清洁生产，实现清洁生产必须进行技术创新，将绿色发展理念融入技术创新的制度中去。当前，我国技术创新多集中在低附加值技术上，由于技术创新能力不足，资源的利用效率明显较低,导致了资源的巨大浪费,造成了严重的生态问题,是清洁生产的巨大障碍。因此,必须加大科技成果转化力度,有效提高资源利用效率,鼓励创新的制度设计,优化产业结构,通过产业政策的调整,使传统产业结构往易于实现绿色发展的产业结构转变。因此,在制定产业政策时应当融入绿色发展理念,推动产业结构朝着有利于生态良好的方向转变。在大力发展生态农业,并对传统工业升级和改造的同时,应当通过产业政策的调整,积极推动整个产业结构朝着以高技术产业为主的方向转变①。第二,市场制度。建立绿色金融体系,健全生态保护和环境治理的市场体系,解决市场体系发育滞后等问题。重视对资本的合理利用,强化对缺乏环境责任的大企业的监管。西方国家的工业化是通过利用别国资源并将环境污染转嫁给别国的方式完成的,而这种转嫁在当今世界仍在持续,资本的逐利性使得环境问题转嫁给发展中国家成为必然。因此,必须把绿色发展理念融进制度设计之中,不断完善环境损害赔偿制度等,使企业承担起应负的环境责任。充分利用市场机制,通过市场交易制度的完善,发挥以市场为基础的资源环境配置的作用,实现绿色发展要建立形式多样的产权体系和自然资源资产的经营体系,健全自然资源产权制度,通过示范逐步推广全国。这些制度的建立和完善有效激发了市场主体自觉投身于绿色发展。随着一系列法律法规和政策措施的发布及实施,绿色发展理念日趋深入人心。“史上最严”《中华人民共和国环境保护法》的实施,成为沉重打击环境违法者的有力武器,彰显了向污染宣战的决心。

---

① 李红松:《绿色发展制度体系建构新论——基于社会哲学层面的一种考察》,《中共山西省委党校学报》2016 年第 5 期,第 61—62 页。

（三）严格执行绿色发展的普法、执法制度体系

公民是建设生态文明的主体，是实现绿色发展的重要力量。在生态法治建设中，做好普法工作是实现绿色发展的重要基础。一是利用社会力量，推动环境保护相关法律的渗透，扭转公民的思想认识，提高公民对依法建设生态文明的理解，引导公民树立依法保护生态环境的思想观念。二是建立专门的普法机构。生态法治建设的法律体系繁琐、庞杂，需要系统、常态、长效的普法宣传，政府必须要发挥主导作用，建立专职部门负责普法工作，确保普法工作的有序进行，强化公民保护生态环境的法律意识和自觉性①。同时，根据绿色发展的要求，在执法环节应做到：一是严格落实企业法律主体责任。企业是市场经济的主体，企业以追求自身利润的最大化为目的。严格实施生态环境法律法规，加大环保督查力度，依法惩处污染环境、破坏生态的行为，让企业担负起环境保护的主体责任，让法制“倒逼”绿色经济发展。二是根据法律建立严格的追责机制，应采用绿色指标衡量领导干部的业绩，将生态环境保护与社会经济发展放在同等重要位置，提高领导干部践行绿色发展方式的责任感。三是调动公民参与执法的积极性。执法部门应鼓励公民参与执法监督，提供线索，共同保护赖以生存的自然环境，促进绿色发展。

二、构筑立体多维“绿色治理体”

绿色治理的提出经历了“绿色政治”思潮的产生、“绿色行政”的实

---

① 向荣淑：《完善生态法治　推动绿色发展》，《人民论坛》2019 年 3 月上，第 96—97 页。

施和“绿色治理”新范式的出现三个阶段。绿色治理是环境保护的重要举措，有益于人的健康生活与发展。因此，必须坚持中国国家治理现代化的绿色向度[①]。但由于现实生态环境问题的复杂性，客观要求社会多元主体共同参与，构筑立体多维的“绿色治理体”[②]。

（一）构建绿色协同治理体系

绿色发展是管理理念绿色化。管理理念的绿色化就是一方面要基于技术手段更好地贯彻绿色发展，另一方面就是具体管理服务过程中应采用绿色政务的方式来进行。推动当代中国国家治理现代化，必须构建绿色协同治理体系，提升绿色治理能力，扩大和畅通社会公众参与的协商监督渠道，努力构建最有效、最广泛的公众社会治理机制[③]。实施绿色发展是一项系统的社会治理工程。“山水林田湖是一个生命共同体，人的命脉在田，田的命脉在水，水的命脉在山，山的命脉在土，土的命脉在树。用途管制和生态修复必须遵循自然规律，如果种树的只管种树、治水的只管治水、护田的单纯护田，很容易顾此失彼，最终造成生态的系统性破坏”[④]。绿色发展是一项系统的社会治理工程，着重抓好任务的落实，保护好能源资源，治理好环境污染，建设好生态环境，为人民群众创造美好的生产生活环境。切实树立生态红线观念，各类活动的开发必须限制在资源环境承载力范围之内，决不能逾越生态保护

① 陈石明：《论当代中国国家治理现代化的绿色向度》，《中南林业科技大学学报（社会科学版）》2016 年第 1 期，第 1 页。

② 邓小云：《贯彻落实绿色发展理念的思路与对策》，《东岳论丛 》2016 年第 9 期，第 181 页。

③ 沈佳文：《推进国家生态治理体系和治理能力现代化的现实路径》，《领导视点》2016 年第 2 期，第 7—8 页。

④ 《习近平谈治国理政》，外文出版社 2014 年版，第 85 页。

防线，确保生态功能不降低、性能不改变。实施主体功能区战略，优化国土空间开发格局，完善主体功能区政策体系，推进各地区根据主体功能区定位发展，构建科学合理的城乡化格局、生态安全格局、农业发展格局，保障国家生态安全，提高生态功能。加大生态保护力度，以提高环境质量为核心，坚持预防为主的综合治理，加强大气、水、土壤等污染防治。重点推进颗粒物污染防治，优先解决好细颗粒物（PM 2.5）和雾霾、饮用水、重金属等损害人民群众健康的突出问题，彻底改善环境质量。实施重大生态修复工程，强化生态产品的生产能力，维护生物多样性，夯实荒漠化综合治理，扩大湖泊与湿地面积，努力筑牢生态安全屏障。形成合作共赢的全球生态治理体系，坚持适应气候变化，承诺到 2030 年左右二氧化碳排放达到峰值并争取提早实现。深度参与全球气候治理，应对气候变化谈判。承担与我国国情和实际能力相符的国际义务，加快推进生态文明建设，将绿色发展转化成新的国际竞争优势，为维护全球生态安全、推动世界绿色发展做出积极贡献①。当前，我国生态文明建设进入快车道，在经济持续增长的同时，环境质量稳中向好。生态环境部《中国空气质量改善报告（2013—2018 年）》显示，2018 年，全国 GDP 较 2013 年大幅增长，大气污染物浓度大幅下降，大气污染防治重点区域京津冀、长三角、珠三角 PM 2.5 年均浓度分别下降 48%、39%、32%。中国单位 GDP 的二氧化碳排放比 2005 年下降约 46%，提前完成对外承诺的到 2020 年碳强度下降 40%~45%的目标②。

---

① 荣开明：《论绿色发展的几个基本问题》，《观察与思考》2016 年第 12 期，第 38—39 页。

② 朱唐：《中国绿色发展正迈上新台阶》，2019 年 8 月 29 日《社会科学报》第 1 版。

（二）形成多元绿色新政协同治理模式

实现绿色新政的协同治理，有赖于各主体对绿色发展利益的追求，对环境发展公平正义的理念与价值选择[①]。绿色新政的协同治理模式，指政府在实施绿色新政进程中，依据协同治理理论，将公众、企业、非政府组织等社会治理力量组成治理联盟，并发挥其治理功能的合作机制。环境治理是一个系统工程，按照系统工程的思维逻辑，要强化党的领导、国家的意志和全民行动自觉。绿色发展贵在全民参与，坚持走群防群控的群众路线，建构政府、企业、公众协同参与的绿色发展大格局，形成多元绿色新政协同治理模式，联合国环境署提出的绿色新政治理理念，为各国的绿色发展指明了方向。我国正在寻找构建以政府为主导，以企业为主体，各种社会治理力量联合实施的绿色协同治理模式。在这种治理模式下，绿色新政由政府主导实施，引导公众、企业、非政府组织等治理主体协同发挥治理功能[②]，实现绿色新政的治理效应，满足公众对绿色发展的需要。协同治理体系不是表面上由各个主体参与，而是各个治理主体之间必须明确各自担负的职责并协同合作。环境就是民生，青山就是美丽，在生态文明建设的伟大事业中，每个人都是生态环境的保护者、建设者、受益者，没有旁观者、局外人、批评家，谁也不能置身事外。党的十九大报告指出："构建政府为主导、企业为主体、社会组织和公众共同参与的环境治理体系。积极参与全球环境治理，落实减排承诺"[③]。

---

① 李玉明、陈建平：《关于绿色新政中多元主体协同治理模式建构》，《长春理工大学学报（社会科学版）》2013 年 12 期，第 5—7 页。

② 李辉：《论协同型政府》，吉林大学出版社 2010 年版，第 81—83 页。

③ 习近平：《决胜全面建成小康社会　夺取新时代中国特色社会主义伟大胜利——在中国共产党第十九次全国代表大会上的报告》，人民出版社 2017 年版，第 51 页。

一是政府实施绿色行政。健全对生态环境管理的评估制度，设置各级政府行政权力以外的专业评估机构，独立开展生态环境管理质量的评估，建立健全责任追究制度。建设一支绿色执法队伍，有效建立绿色监督机制，实施绿色 GDP 制度①。二是企业实施绿色生产。对企业产品进行绿色设计，企业的工艺设计避免产生危害作用的方法，采用绿色包装减少过度包装造成的浪费，采用可再生材料等。三是媒体开展绿色宣传。倡导绿色发展理念，宣传绿色发展思想，号召开展绿色行动，在公众中传播环境保护的正能量，倡导多元主体间的积极有效合作，赋予绿色宣传更多鲜明的生活气息与实践色彩。四是社会组织的绿色参与。作为公益部门，社会组织自身应更好地代表社会各阶层的利益，帮助全体公众自觉提高环保意识，减少生态环境破坏，降低环境污染，实现绿色生活。五是社会公众的绿色消费。绿色消费提倡消费者购买和使用健康、无污染的环保产品，减少资源浪费和对生态环境的破坏，消费者应做到适度消费，坚决反对和制止奢侈浪费。六是专家学者为政府进行绿色治理建言献策，为企业提供绿色治理的战略咨询②。协同治理绿色新政是政府管理的一种创新，协同治理主体之间应相互协调、通力合作，为政府绿色新政治理各尽其能，为构建绿色政府，实现绿色现代化奠定坚实的基础③。同时，开通网络问政渠道，强化政府与公众间的平等互动，构建网络监测应急响应体系，定期对资源环境的承载力

---

① 宋刚：《基于生态文明建设的绿色发展研究》，《中南林业科技大学学报（社会科学版）》2015 年第 9 期，第 7—10 页。

② 陈石明：《论当代中国国家治理现代化的绿色向度》，《中南林业科技大学学报（社会科学版）》2016 年第 1 期，第 1—5 页。

③ 李玉明、陈建平：《关于绿色新政中多元主体协同治理模式建构》，《长春理工大学学报（社会科学版）》2013 年 12 期，第 5—7 页。

度进行信息发布，起到预警作用①。

三、考核绿色发展政绩主体责任

（一）扛牢生态环境保护政治责任

考核内容和评价标准是领导干部考核评价体系的核心，具有鲜明的导向作用。改进考核方式，一个很重要的突破口在于引入百姓的评价机制。原有的政绩考核体系，官方定标准、官方作评价，忽视百姓的感受和评价。这种对上不对下的考核机制，使一些干部热衷于做表面文章，大搞劳民伤财的“形象工程”、“政绩工程”，漠视群众需求。过去以 GDP 为中心、片面追求经济发展速度的考核评价体系，导致了地方政府债台高筑，造成资源的大量浪费和环境的严重恶化。2017 年 5 月 26 日，习近平总书记在主持中共中央政治局就推动形成绿色发展方式和生活方式举行的第四十一次集体学习时强调，“生态环境保护能否落到实处，关键在领导干部”。针对那些对造成生态环境损害负有责任的领导干部，应当按照客观公正、科学认定、权责一致、终身追究的原则，必须依法、依规严肃追责。必须下大力气改变过去以 GDP 增长为主的政绩考核方式。将生态文明这一指标纳入干部的政绩考核体系之中，推行绿色 GDP 的评价体系，实现经济发展的质与量的并驾齐驱，主要考核是否深入学习贯彻落实新时代生态文明思想，党中央、国务院生态文明建设和生态环境保护决策部署，以及国家生态环境保护法律法

---

① 林建成、安娜：《国家治理体系现代化视域下构建生态治理长效机制探析》，《理论学刊》2015 年第 3 期，第 85—92 页。

规。选人用人不唯 GDP，选人用人看生态环境、看特色发展、看富民增收，在干部任前、任中和任后，都要进行严格的生态审计与评估，把政绩与绿色 GDP 绩效评估联系起来，看党政“一把手”是否做到“重要工作亲自部署、重大问题亲自过问、重要环节亲自协调、重要案件亲自督办，压实各级责任，层层抓落实”，各相关部门是否认真履行好生态环境保护职责，按“一岗双责”要求抓好工作，切实防止出现“说起来重要、做起来次要、忙起来不要”，对生态环境保护责任不落实、生态环境质量变差的，阻挠生态环境执法工作或者出台干扰阻碍生态环境执法“土政策”的，干预环境监测数据质量的，以及中央生态环境保护督察反馈问题整改未达到序时进度或问题整改出现反弹的，要实施最严格的考核问责①。

（二）调整优化绿色政绩考核办法

调整优化政绩考核办法，有利于领导干部告别“GDP 崇拜”，更好地尊重自然规律。与旧的发展方式诀别，要求调整优化政绩考核方法，充分发挥考核“指挥棒”的作用，防止不计成本和后果地单纯追求 GDP 的增长，从而有力地促进经济转型。淡化 GDP 考核，卸掉不合理的“政绩枷锁”。长期以来，GDP 一直是干部政绩考核评价的“第一指标”和“主要指标”，大多数干部的升迁被牢牢地绑定在僵硬的 GDP 数字上。一些地方和部门背着沉重的“政绩枷锁”而剑走偏锋，甚至采取造假、虚增、空报等手段。要优化 GDP 考核，推行绿色 GDP。必须建立衡量 GDP 真实含金量的绿色评估体系，加大资源消耗、环境成本、污染治理

① 张厚美：《绿色发展政绩怎么考?》，2020 年 1 月 22 日《中国环境报》第 3 版。

等考核力度。推行绿色 GDP 考核,首先,要改变地方统计部门的统计口径,既要统计 GDP 的增长,也要统计为了实现这些增长消耗了多少资源、排放了多少“三废”,对环境的污染有多大,还应将治理污染的成本从 GDP 中扣除。其次,实行绿色 GDP 排名,用数据说话,形成保护生态、控制污染的倒逼机制。增加 GED 等指标,实行差异化考核。避免政绩考核的失真失实,关键要把评价干部的权力交给百姓,做到对上负责与对下负责相结合,保证百姓评价政绩的主体地位。调整优化绿色政绩考核办法,将以 GDP 优先的政绩考核方式转变成以生态优先的政绩考核方式,需要相应的配套措施予以保障。强化绿色发展理念。在考核中,要充分保障人民群众对政绩考核的监督权,将老百姓从“求温饱”到“盼环保”、从“重生活”到“重生态”的重大关切,转化为对领导干部政绩监督的强大动力,从而确保调整优化政绩考核办法落地生根。

(三) 将生态建设纳入精准扶贫考核

绿色发展是新时代的新发展理念,是精准扶贫工作的内在要求。精准扶贫、精准脱贫与坚决打赢脱贫攻坚战是习近平治国理政的重要组成部分,生态扶贫作为精准扶贫的重要形式,对于实现贫困地区生态保护与全面脱贫的双赢目标具有重要意义。为了实现全面脱贫,各级政府不仅需要积极完善基础设施,还需要保护贫困人口赖以生存的生态环境。基于此,各级政府在制定相关政策时,一定要将绿色发展理念引入其中,积极引导精准扶贫工作关注生态保护,将绿色发展理念作为重点内容,进一步满足贫困人口的实际需求,这样才能在精准扶贫脱困中实现精准脱贫与生态保护的有效统一。首先,要重点提高扶贫参与主体的生态扶贫意识,从思想上深化对于生态扶贫的认识,将绿水青山就是金山银山的理念内化于心,真正认识到生态扶贫的重要性,这是实现贫困地区全面脱贫的前提和保证。其次,要加快发展生态产业,提高生态产业发展的现代化水平,同时要进一步加强贫困地区基础设施建设。再次,要制定和完善生态扶贫监督考核管理机制,强化扶贫干部的责任意识和担当精神。只有这样才能进一步打通生态脱贫"最后一公里",确保贫困地区人口如期全面脱贫。从实践来看,实施生态文明建设与扶贫相结合的策略,关键是要找到市场对经济欠发达地区生态文明建设的有效需求,找到经济欠发达地区、贫困群众和产业发展之间的着力点。从发展的趋势看,市场需求的价值取向越来越趋于生态和环保。因此,经济欠发达地区立足生态文明建设,开展精准扶贫,就是要立足生态资源优势,找准扶贫攻坚突破口,以市场为导向,以产业为根本,以制度为保障,实现生态效益、经济效益与社会效益共赢局面。

四、实现生态治理体系和治理能力现代化

国家治理现代化的绿色发展道路是实现生态良性发展的最有效途径,始终把维护和提高生态环境质量放在优先位置,完善生态治理体系和提高生态治理能力的现代化,是国家治理体系现代化的基本途径。

(一) 生态治理体系和治理能力现代化的必然逻辑

实施绿色治理是推动中国国家治理现代化的必然逻辑。生态治理概念的提出,是符合生态文明社会形态下的国家治理新架构和新逻辑。衡量一个国家的生态治理是否现代化,主要有三个评价标准。一是国家生态治理的观念系统是否现代化。包括理念的战略性和前瞻性,理

念的包容性和共享性，理念的根植性和开放性。二是国家生态治理的结构系统是否现代化。其基本要素是治理主体框架合理，权力界限清楚明晰，制衡机制科学有效。三是国家生态治理的制度系统是否现代化。包括制度体系规范化，制度体系高效化，制度体系法治化。四是国家生态治理的能力系统是否现代化。国家生态治理能力现代化是实现生态治理现代化的根本出发点和落脚点，集中体现于运用相关制度治理生态环境、建设生态文明的能力水平，其本质要义在于如何更好实现治理主体多元化、治理成本最小化、治理效果最大化、治理手段信息化、治理水平科学化。因此，加快生态文明建设必须推动绿色治理，实现生态治理现代化。走生产发展、生活富裕、生态良好的发展道路就是坚持中国国家治理现代化的绿色向度，构成了当代中国国家治理现代化的基本内容。改革开放已经迈入新的历史时期，是一个“增长速度换挡期”和“结构调整阵痛期”的叠加阶段，中国经济正面临着国内资源环境约束加强和国际经济复苏不稳定的双重压力，要达到2020年中国应对气候变化的碳强度目标，必须坚持绿色治理和绿色发展。实现国家生态治理体系和生态治理能力现代化，是在更广范围、更大领域内推进生态治理方式转型，提升生态治理科学化水平的必由之路。因此，在实现国家治理体系和国家治理能力现代化的进程中，应当将绿色治理作为基本途径，始终坚持走绿色治理道路。绿色治理必须关注经济发展与生态平衡的统一，在环境可承受的范围内实现经济发展。

（二）国家绿色治理体系和治理能力现代化的实践

求木之长者，必固其根本。环境治理是一个系统工程，必须作为重大民生紧紧抓在手上。习近平总书记强调，“扭转环境恶化、提高环境质量是广大人民群众的热切期盼”①。针对中国在国家绿色治理制度建设方面的主要不足，要特别注意体现国家绿色治理全面性的原则，确保社会发展的各个层面形成充满生机的绿色生态环境。在经济建设领域，健全绿色发展规范，提高人民生活质量，促进社会公平的绿色生态，树立“绿水青山就是金山银山”的理念②。在政治建设领域，健全绿色发展规范，形成风清气正的生态环境。特别要在反腐倡廉上下功夫，因为如果党内有腐败分子藏身，政治生态一定会受到污染。在文化建设领域，坚持柔性教育与刚性约束相结合的原则，通过健全绿色发展规范，推动生态文明理念建设，从文化发展的自身规律出发，形成百花齐放和百家争鸣的文化生态环境。在社会建设领域，通过健全绿色发展规范，更注重宏观的、全局的、长远的发展要求，使绿色发展从空泛的原则规定细化到人们的具体行动，扎实做到“从细处入手，向实处着力”③。完善国家绿色治理的体制机制，最重要的是完善经济社会发展考核评价体制，把体现生态文明建设状况的相关指标纳入考核评价体系之中，建立生态文明目标体系和生态环境损害责任终身追究制④。“十三五”期间，我们要进一步推进形成人与自然的和谐发展，推动环境资源成为经济社会发展的内在要素，从而实现经济活动过程与结果

① 习近平：《关于〈中共中央关于制定国民经济和社会发展第十三个五年规划的建议〉的说明》，2015 年 11 月 4 日《人民日报》第 2 版。

② 《八、绿水青山就是金山银山》，2014 年 7 月 11 日《人民日报》第 12 版。

③ 习近平：《在党的群众路线教育实践活动总结大会上的讲话》，2014 年 10 月 9 日《人民日报》第 2 版。

④ 荣开明：《论绿色发展的几个基本问题》，《观察与思考》2016 年第 12 期，第 39 页。

的“绿色化”。坚持国家生态治理体系和治理能力现代化,实质上就是实现真正的、良性的绿色发展,建设美丽中国。

第二节　倡导绿色生产方式,发展新型绿色经济

按照马克思主义的观点,物质生产是人类生存和发展的基础。实施绿色生产,从源头上奠定了实现绿色发展的基础。十九大报告指出:“加快建立绿色生产和消费的法律制度和政策导向,建立健全绿色低碳循环发展的经济体系”①。以绿色低碳循环发展为特征的经济体系,是全人类的共同选择,坚持绿色低碳循环发展,坚持节约资源和保护环境的基本国策,实现经济体系转型升级和绿色循环低碳发展。

一、推动绿色生产方式和乡村振兴的协同

乡村振兴战略实施的重点之一就是推行绿色生产方式,绿色生产方式也是推动乡村生态振兴的关键因素。绿色生产方式是发展观上的一场深刻革命,中国要打造绿色经济升级版,必须推进绿色生产方式,依靠经济升级与绿色转型实现绿色发展。

(一)加快推进绿色生产方式

绿色生产创造物质生活资料,是为了满足人们日益增长的对美好生活的需要。近年来,全球气候变暖、环境恶化,各国都在积极探索新

① 习近平:《决胜全面建成小康社会　夺取新时代中国特色社会主义伟大胜利——在中国共产党第十九次全国代表大会上的报告》,人民出版社 2017 年版,第 50—51 页。

的绿色发展方式。“绿色化”于2015年3月中央政治局会议提出，这是十八大提出的新“四化”概念的提升，是在“新型工业化、城镇化、信息化、农业现代化”之外，加入了“绿色化”。生态环境问题归根到底是经济发展方式和经济结构调整的问题。我国经济发展已进入新常态，面对资源短缺的短板，应转变高投入、高污染、低产出的传统生产方式，树立节约集约循环利用的资源观，发展绿色经济、循环经济、低碳经济。我国经济增速显著下降的原因是传统产能严重过剩，资源配置效率低，居民的有效需求得不到满足，导致消费与生产间脱节①。因此，推动生产方式“绿色化”，形成科技含量高、资源消耗低和环境污染少的生产方式和产业结构，实现绿色循环低碳发展尤为迫切。发展绿色产业，将生态环境优势转变为生态农业、生态工业和生态旅游等生态经济优势，不断提高经济“绿色化”程度，从而形成经济社会发展的新的增长点，为经济社会各领域发展提供动力支撑②。领导者要从绿色发展理念出发，逐渐形成绿色领导思维，将绿色发展理念落实到各项事业之中。企业应形成绿色发展方式。在生态保护中担当主体责任，努力建设成资源节约型、环境友好型的企业，迈向经济效益、生态效益和社会效益统一的绿色发展道路。坚持绿色生产，防止过度开发生态资源，形成合理的生产方式，实现产品绿色化，在生产过程中节约能源和减少污染。当前，应做到四个方面：一是按照绿色发展的要求优化生产方式和产业结构。推动绿色发展、循环发展、低碳发展，形成节约资源和保护环境

---

① 胡鞍钢、周绍杰：《供给侧结构性改革——适应和引领中国经济新常态》，《清华大学学报(哲学社会科学版)》2016年第2期，第21—22页。

② 张廷银：《加快构建四大体系推动形成绿色生产和生活方式》，2017年9月15日《河南日报》第9版。

的生产方式和产业结构。二是正确地选择生产的原料、能源和科学地处理生产的废料，对生产原料和能源的选择坚持清洁、低碳、安全、高效的原则，积极开拓新资源，尤其要开发风能、太阳能、水能、地热能等无公害的可再生新能源。节省生产原料和能源，避免出现生产浪费现象，通过发展循环经济，加强对废物的回收利用。三是严格管理生产过程的各个环节，防止生产可能造成的空气和水源等污染。四是严格把好产品的绿色检验关，通过严格的自律和有效的监督实现检验的合格。

（二）实现生态宜居助力乡村振兴

乡村振兴战略是新时代解决“三农”问题的总抓手，是推进农业农村现代化的重要举措。乡村绿色发展是生态文明时代乡村振兴的必然选择，是解决城乡发展不平衡现实矛盾的内在要求，是乡村资源环境双重约束困境的解决之途[1]。2018 年公布的《中共中央国务院关于实施乡村振兴战略的意见》提出“推进乡村绿色发展，打造人与自然和谐共生发展新格局”[2]，明确了乡村振兴战略必须坚持走人与自然和谐共生的绿色发展之路。绿色发展有利于践行乡村振兴战略，实现农业农村现代化发展。乡村振兴落脚到绿色发展的语境下，可以归纳为四点核心内容：干净、方便、可持续、看得见乡愁。它们共同构成了乡村振兴战略的主要内容。从生态环境来看，乡村作为生态功能集聚的地区，其生态环境关系到城乡的生态安全和食品安全，是我国生态环境的重要支撑，也是城市“菜篮子”、“米袋子”和“水缸子”安全的第一道防线，只

---

① 段艳丰：《乡村振兴视角下绿色发展的价值意蕴及实践指向》，《重庆社会科学》2019 年第 12 期，第 6 页。

② 《中共中央国务院关于实施乡村振兴战略的意见》，人民出版社 2018 年版，第 13 页。

有具备良好的生态环境，才能带动和吸引农村第二产业和第三产业的发展，推动农业可持续发展，实现乡村振兴①。乡村振兴，生态宜居是关键。改善农村人居环境，这是实施乡村振兴战略的重点任务，也是农民群众的深切期盼②。因此，必须牢固树立和践行绿水青山就是金山银山的理念，尊重自然、顺应自然、保护自然，推动乡村自然资本加快增值，实现百姓富、生态美的统一。实施乡村振兴战略要注重培育绿色生产方式，让有限的资源支撑当代人过上幸福生活的同时，为子孙后代留下更好发展的根基。加快乡村绿色发展必须围绕解决制约乡村振兴的重大技术瓶颈问题，必须坚持人与自然和谐共生，以绿色发展引领乡村振兴，培育绿色生产方式，将乡村生态优势转化为经济优势。培育绿色生产方式，必须把绿色发展理念贯穿农业生产全过程，创新绿色发展机制。在产业选择上，要坚持发展绿色、有机、高效农业，不断提高农产品竞争力。在生产经营上，要着力培育规模经营的专业农户、农业龙头企业等新型农业经营主体，强化农产品产地环境保护治理，提升绿色农业质量安全水平。在发展模式上，要调整种养模式、发展节水高效生态种植。在污染治理上，要加快化肥农药减量增效技术推广和服务机制创新，构建生态农业循环经济产业链③。

二、促进环境治理和生态修复的统一

十八届三中全会提出，“建设生态文明，必须要建立系统完整的

① 程莉、文传浩：《乡村绿色发展与乡村振兴：内在机理与实证分析》，《技术经济》2018 年第 10 期，第 98—99 页。

② 《中共中央国务院关于实施乡村振兴战略的意见》，2018 年 2 月 4 日。

③ 唐丙元：《以绿色发展引领乡村振兴》，2019 年 11 月 29 日《河北日报》第 7 版。

生态文明制度体系”,“完善环境治理和生态修复制度,用制度保护生态环境”①。因此,促进环境治理和生态修复的统一是建设生态文明的重要举措。

(一)环境治理和生态修复的发生逻辑

环境治理和生态修复都是保护生态平衡、推动生态文明建设的重要举措,共同目标都是要建立一个生态环境优美、人与自然和谐相处的社会。因此,党和国家提出“十三五”期间必须找准发展问题的突出短板,全力解决制约全面建成小康社会的关键问题。改革开放以来,我国经济建设取得了突出成绩,但对于环境治理力度不够,旧问题尚未解决新的问题又出现,是全面建成小康社会道路上的短板。当前,在补短板和加快推进生态文明建设进程中,我国正面临着国内、国际的双重压力。在国内,随着经济社会的快速发展和人民群众日益增长的对美好生活的向往,有关空气清新、环境优美、食品安全、水源清洁等愿望不断被提出。“老百姓过去‘盼温饱’现在‘盼环保’,过去‘求生存’现在‘求生态’”②。生产方式粗放,造成了资源的严重浪费,经济安全遭到严重威胁,由于监督监管不到位,使大量废气废水未经处理就排放到大自然中去,造成了大气、水、土壤的污染日趋严重。近几年,我国多地发布雾霾预警,人民群众的正常学习生活遭到威胁,对环境治理的期盼更加殷切。在国际上,随着全球气候的持续变暖,世界各国认识到保护环境不再是一个国家的事情,而是世界各国应该共同关注的大事。西方

① 《中共中央关于全面深化改革若干重大问题的决定》,《求是》2013 年第 3 期,第 16—17 页。

② 中共中央宣传部:《习近平总书记系列重要讲话读本》,学习出版社、人民出版社 2016 年版。

发达国家妄加指责我国的发展对世界环境造成了严重影响，面对当今严重的生态问题，我国政府主动担当，肩负起维护全球生态安全的重担。面对国内、国际的双重压力，必须深刻认识到完善环境治理和生态修复制度，是保持生态系统平衡的重大举措。相关法律法规的出台，使生态修复实现了从实体到程序的制度完善，但人们也存在一些认识上的错误，需要予以矫正①。当前随着我国经济发展的不断加快，生态环境所面临的挑战日益突出，必须创新应对方式，强调生态环境治理和生态修复制度的相结合②，不断加强治理制度创新，实施生态修复制度，使国家、企业、个人共同努力，推进经济和生态的协调发展。

（二）环境治理和生态修复的实施路径

改革开放以来，随着国家环境压力的日趋增大和生态文明建设理念的不断深化，我国生态修复制度倍受重视。生态修复"是在生态学原理的指导下，主要以生物修复为基础，并结合物理修复、化学修复和工程技术措施，通过各种措施的优化组合，达到最低耗费和最佳效果的一种综合修复环境污染的方法"③。"生态修复不仅仅是对生态环境的治理还有对社会的补偿"的思想④，"生态修复的内涵包括了环境和社会两个维度，而且生态修复是为了适应生态文明建设的需要，以维护生态系统整体平衡为出发点和落脚点，由国家层面统一部署和实施的环

---

① 吴鹏：《最高法院司法解释对生态修复制度的误解与矫正》，《中国地质大学学报（社会科学版）》2015 年第 4 期，第 47 页。

② 樊根耀：《生态环境治理制度研究述评》，《西北农林科技大学学报（社会科学版）》2003 年第 4 期，第 101 页。

③ 周启星、魏树和、张倩茹：《生态修复》，中国环境科学出版社 2006 年版。

④ 方印：《论实践理性的环境法哲学观——基于当代环境法哲学中三个重要命题的思考》，《温州大学学报（社会科学版）》2015 年第 1 期，第 48 页。

境治理的系统工程,从而实现国家社会经济均衡发展而采取的一系列政治、经济等社会综合治理措施”①。2017年11月7日,全国环境治理与生态修复峰会在河北辛集市开幕。以“创新、绿色、发展、对接、合作、共享”为主题,旨在通过探讨绿色经济发展的新路径、新模式,促进“产、学、研、用”的多元化、多层次交流,着力解决环境治理领域的突出问题,加快我国生态文明体制改革②。环境治理与生态修复主要包括:矿山地质环境治理、土地生态恢复与治理、水土流失治理与保护水土流失、生物多样性保护、森林和湿地生态修复③。完善环境治理和生态修复制度对于维护生态系统平衡、推进生态文明建设、实现国家的可持续发展战略具有重要意义。

三、实现生态保护与经济发展的双赢

良好的生态,是最宝贵的发展资源,既关系着发展后劲、发展空间,也关系着人民群众的生活质量、幸福指数。保护生态与发展经济并不矛盾,推进绿色发展,可以实现经济效益、生态效益的双赢。

(一)坚持生态优先的原则

生态优先原则是指,在社会生态利益和其他利益,特别是经济利益发生冲突时,应当优先考虑社会的生态利益,首先满足生态安全的需要。坚持生态优先是指:一方面,经济要环保。强调任何经济行为必

---

① 吴鹏:《论生态修复的基本内涵及其制度完善》,《东北大学学报(社会科学版)》2016年第6期,第629页。

② 李洋:《2017全国环境治理与生态修复峰会在河北辛集举办》,中国新闻网,2017年11月7日。

③ 吴玉宝:《生态修复治理环境问题的措施和方法研究》,《资源节约与环保》2016年第7期,第103页。

须以保护环境和生态健康为前提，任何经济活动不能以牺牲环境为代价，必须有利于环境保护和生态健康。绿色经济强调通过政策调节和定向开发使环境保护也有利可图。另一方面，环保要经济。从环境保护活动中获得经济效益，把维系生态健康当作新的经济增长点。在经济发展过程中，两者之间的相互依存直接产生了生态健康和经济发展的效益。在生态危机日益严重的今天，应当坚持生态优先，关注对传统发展模式实行"绿色化"改造，直面当前的问题，体现出鲜明的问题导向，用发展理念的转变指引发展方式的转变，以发展方式的转变提升发展质量，为"十三五"时期我国经济社会发展指好道、领好航。"宁要绿水青山，不要金山银山"，这是习近平总书记对生态环境保护的精彩表达，蕴含着绿色发展的前提应当坚持生态优先原则。如果只关注经济利益而无视资源环境的可承载性，总有一天会陷于绝境。因此，必须坚持生态优先的原则。经济的规模和增长应保持在生态系统可以持续提供服务的能力范围，人类才能够实现永续发展。中国有 14 亿人口，是 50 年前的 2 倍，到了 2020 年人口将会达到 15 亿。如果没有了生态，留下的只有虚无，容不得我们彷徨。

（二）全面促进资源节约集约利用

党的十九大报告指出，"必须坚持节约优先、保护优先、自然恢复为主的方针，形成节约资源和保护环境的空间格局、产业结构、生产方式、生活方式，还自然以宁静、和谐、美丽。"①报告从长远的角度对资源开放利用及节约资源作了精辟的概述。中国虽然地大物博，但人口众

① 习近平：《决胜全面建成小康社会　夺取新时代中国特色社会主义伟大胜利——在中国共产党第十九次全国代表大会上的报告》，人民出版社 2017 年版，第 50 页。

多,资源的消耗速度和强度高于其他国家,节约资源对中国来说尤为重要。"要树立节约集约循环利用的资源观,用最少的资源环境代价取得最大的经济社会效益。"[①]树立节约集约循环利用的资源观是实现资源节约的关键,转变高消耗、高污染的粗放型经济发展方式,建立节约型国民经济体系,倡导发展循环经济,实现生产循环利用的节约模式,并引导公众开展资源回收和再利用,有步骤引导循环型社会的建立,倡导资源节约型的消费方式,应以资源节约型的产品满足人民群众的需要。

(三)实现生态保护与经济发展的统一

生态保护与经济发展不是非此即彼的关系。习近平总书记指出,"既要金山银山,也要绿水青山","绿水青山就是金山银山"。两者彼此共促,这就是"深绿色"发展理念。"深绿色"发展观念更加关注将生态保护和经济发展进行整合性思考,重点探究环境问题产生的经济社会原因及其解决路径,倡导生态保护与经济发展双赢,追求人类绿色发展。"浅绿色"观念表现出的是人类对未来的消极情绪,是建立在生态保护与经济发展相分裂的基础上的,更多地渲染了环境问题的负面影响,强调以经济的零增长来遏止生态恶化,这种主张显然是被动的。实质上,生态保护与经济发展的双赢完全可以实现。从资源角度分析,一个国家的经济生产尽可能避免对于能源、原材料等资源的浪费,关键是提高资源的生产率,生产过程中资源的低效率主要表现在,原材料没有得到充分利用导致了不必要的浪费。从经济利益分析,污染的实质是低效率的表现,如果企业能通过产品创新来提高资源利用率,那么就会

① 习近平:《推动形成绿色发展方式和生活方式 为人民群众创造良好生产生活环境》,2017 年 5 月 28 日《人民日报》第 1 版。

极大提高竞争力。实现生态保护与经济发展双赢的路径，关键在人、在思路。党的十八届五中全会确立和强化了绿色发展战略，促使了我国生态保护与经济发展的双赢由可能性转变为现实性①。

四、完善绿色低碳循环发展的经济体系

绿色经济、低碳经济、循环经济是改革开放40年我国对在社会经济高速发展中陷入的生态危机进行深刻反省的产物，目的是恢复良好的生态环境，是可持续发展的经济发展模式。

（一）发展绿色经济的必要性

发展绿色经济是针对解决环境问题提出来的。实现绿色发展必须以绿色经济的发展作为基础，提供发展所需的物质支撑和技术支持。“绿色经济”概念由英国环境经济学家大卫·皮尔斯在其1989年出版的《绿色经济蓝皮书》中提出。大卫·皮尔斯指出绿色经济是与为实现工业化和城镇化所采用的黑色经济模式相对应的一种经济发展模式②。联合国倡导绿色经济始于2008年的金融危机，当时提出了用绿色新政拯救金融危机的策略，对于绿色经济的内涵，联合国环境署将绿色经济的概念定义为：“可促成提高人类的福祉和社会公平，显著降低环境风险以及生态稀缺的经济”③，体现了绿色经济不只是涉及经济增长和环境保护，更是综合考虑社会公平及人类发展，强调生态、经济、社会

---

① 任雪萍：《“绿色发展”的理论阐释与现实观照》，2015年12月14日《安徽日报》第7版。

② ［英］大卫·皮尔斯等：《绿色经济的蓝图》（第四卷），初兆丰、张绪军译，北京师范大学出版社1997年版。

③ UNEP（2011）：*Towards a Green Economy: Pathways Sustainable Development and Poverty Eradication:* 504－506，Nairobi：UNEP.

协同可持续发展。绿色产业、绿色投资、绿色增长是世界经济的发展趋势,绿色经济将在未来重塑世界经济竞争格局。绿色经济对于中国未来的转型发展具有重要意义,中国在发展绿色经济方面取得了一系列重要进展。目前,我国进入中高速增长的新常态,以“高能耗,高污染”为特征的粗放型经济增长模式的潜力挖掘殆尽,经济转型迫在眉睫,发展绿色经济已成为未来我国经济结构调整的目标。影响绿色经济系统的重要因素是人均 GDP 和居民人均收入,所以中国仍始终坚持发展为第一要务,大力发展绿色经济,提高经济增长的质量。在绿色经济系统中,重点调整产业结构,增加第三产业比重是中国发展绿色经济的一个主要途径,加快以资源密集型、资金密集型的产业向技术密集型产业转型,继续大力发展绿色农业和低碳工业①。推动绿色发展,特别要加快绿色经济技术创新和制度创新,将绿色经济的技术创新纳入国家相关计划,鼓励多元化主体参与,推动绿色经济的健康发展。树立“保护生态环境就是保护生产力、改善生态环境就是发展生产力”的理念,完善促进绿色经济的理论体系和政策体系,实施推动绿色生产、倡导绿色生活和促进绿色消费的行动计划②。遵循绿色经济的原则,构建三位一体的政策体系,推动绿色转型。一是构建绿色经济的生态规模政策体系。对耕地和能源等重要的自然资本实施总量控制,限制 GDP 的速度和规模过快增长。二是构建绿色经济的分配公平政策体系。人人都有发展和出彩的机会,把资源环境总量按照人均进行分配。三是构建绿色经

① 李霞:《中国绿色经济发展路径研究》,《中国物价》2016 年第 4 期,第 15 页。
② 胡恒松、周宏春:《发展绿色经济重在协同》,2017 年 12 月 1 日《经济日报》第 14 版。

济的效率提高政策体系。进一步提高管理水平和技术水平，显著提升环境资源的生产率，将自然资源通过市场机制配置到最有效的地方去。

（二）发展低碳经济

低碳经济是针对气候变化问题提出来的。在工业社会，倡导的发展模式是价值上的物质主义、享乐主义，利益上的极端人类中心主义。限制温室气体排放在20世纪末已受到关注。低碳经济是在1990年代《联合国气候变化框架公约》中最早提出来的，2003年英国在能源白皮书《我们的能源未来：创建低碳经济》中率先提出了“低碳经济”概念。作为发展中国家，中国从2012年开始承担减排义务，承诺到2020年单位二氧化碳排放将比2005年下降40%～45%，并将此承诺以约束性指标的方式纳入国民经济和社会发展中长期规划。2010年天津气候峰会、2011年德班世界气候大会、2015年巴黎气候大会都明确标示了全球的升温控制目标。发展低碳经济已成为当前国际社会的主流战略选择。中国以煤为主的能源结构加重了经济的“高碳”特征。在能源储量中，中国的煤炭占94% ，石油占5.4%，天然气占0.6%，中国的能源结构具有典型的“富煤、贫油、少气”特征。到2020年，中国的能源结构尚未有根本性的改变，煤炭比重依然维持在60%以上①，低碳经济时代正向我们走来。低碳经济的关键在于创新可再生能源技术、节能减排技术，建立起低碳的能源系统与产业结构。低碳经济的实质是在绿色发展理念引领下，实现传统能源的高效利用和新能源的开发，人类发展观念的根本转变在于科技进步和制度创新。低碳经济是目前最可行的、

① 庄贵阳、储诚山：《低碳经济选择与践行科学发展》，《中外能源》2009年第1期，第18—20页。

最有效的绿色发展模式之一,发展低碳经济的重点在于推广节能降耗的新技术和新工艺。经济发展的低排放是相对于依靠煤、石油等传统经济发展模式而言的,未来能源的发展是朝着清洁、高效、节约、环保、可持续的方向进行的。经济发展的低污染需要创新生产方式、应用新科技、发展生物材料等措施以减少企业在地面及空中二氧化碳的排放。低碳经济模式是当前经济发展新的增长点,对经济发展的绿色性、节能减排有十分重要的现实意义①。

(三)发展循环经济

循环经济是针对资源问题提出来的。2004年中央经济工作会议上提出了发展循环经济,是构建绿色经济体系的重要一环,是为调整经济结构和实现经济增长方式的重大举措。狭义的循环经济是指环境环节的废弃物循环再利用,而广义循环经济是指以资源的高效利用和循环利用为核心,以低消耗、低排放、高效率为特征,以减量化、再利用、资源化为原则,符合可持续发展理念的经济方式。中国的循环经济虽然受到发达国家的启发,但是其理论、政策、实践具有浓重的中国特色。中国的循环经济要以生态保护为前提,按照生态系统中的物质循环而发展的生态型经济,以预防为主,减少废弃物的产生与污染,对不可避免的废弃物尽量循环利用,最终实现生态效益、经济效益与社会效益协同一致。发展循环经济,需要将"减量化(Reduce)、再利用(Reuse)、资源化(Recycle)"的3R原则用于物质流的各个端口,协调资源管理、资产管理和污染管理的方法,把结构性的污染治理和产业结构调整结合

① 王永芹:《当代中国绿色发展观研究》,武汉大学博士论文,2014年,第106页。

起来，加快绿色发展步伐，以保证“最小化输入、最大化利用和最小化排放”目标的实现。我们应居安思危，清醒地看到虽然我国经济实现了快速增长，但也付出了比较惨重的资源环境代价，高消耗、低效率的生产方式尚未得到根本性改变。因此，实现经济增长方式的转变，必须发展循环经济来降低能源消耗，把循环经济的理念融入工业、农业和服务业发展以及城市基础设施建设的全方位，实现经济的绿色增长①。

第三节　崇尚绿色生活方式，培育绿色生态文化

绿色生活方式是人民群众生活观上的一次深刻革命。坚持绿色发展，重点是形成健康、绿色的生活方式，并使之常态化保持。因此，崇尚绿色生活方式，关键在于树立生活理念“绿色化”，坚持消费行为“绿色化”，增强生态意识“绿色化”，养成文明行为“绿色化”。

一、树立生活理念“绿色化”

生活方式“绿色化”是生产方式绿色化的动力和归宿，必须加快推动生活方式绿色化，从根本上引导生产方式绿色化。

（一）倡导绿色生活方式

党的十九大报告指出，应“形成绿色发展方式和生活方式”②。倡

---

① 王永芹：《当代中国绿色发展观研究》，武汉大学博士论文，2014年，第107页。

② 习近平：《决胜全面建成小康社会　夺取新时代中国特色社会主义伟大胜利——在中国共产党第十九次全国代表大会上的报告》，2017年10月28日《人民日报》第1版。

导绿色生活方式、重塑绿色生活方式，成为当下绿色发展的必然而又紧迫的选择。传统的生产发展方式，决定了人类重物质、重消费、轻生态的不合理的生活理念与方式。因此，必须改变传统的生活方式，推行绿色环保的生活方式，把绿色发展理念贯穿于日常生活之中，确保人民群众“舌尖上的安全”，喝上干净的水，呼吸到新鲜空气。绿色生活是生态公民的新追求，反映了个体生活的文明度和幸福度，生活方式的绿化程度，标志着一个民族和国家绿色发展的参与度以及未来社会的光明度。只有保持常态化的健康、绿色的生活方式，才能不断提升绿色发展理念，引导人们自觉有效地坚持绿色生产，推进绿色发展战略的全面实施。《推进生态文明建设》提出了“实现生活方式绿色化”的主要内涵，倡导勤俭节约的消费观，在衣食住行游等方面实现勤俭节约、绿色低碳和文明健康的生活方式，反对各种形式的奢侈浪费和不合理消费①。《关于加快推动生活方式绿色化的实施意见》明确了到 2020 年的总体目标，明显加强全民生活方式绿色化理念，增强公众践行绿色生活的内在动力，形成人人、事事崇尚生态文明的新风尚②。中国全面深化改革的进程也是建设生态文明的重要时期，实现绿色发展关乎子孙后代的生存。因此，引导人们崇尚绿色生活方式，对于解决当前面临的生态问题具有积极的意义，只有以科学的思想指导人们行动，才能摒弃传统陋习，更好地承担环境责任与义务。2013 年实施了一批“村庄美、产业兴、农民富、可持续”的美丽乡村建设试点项目，累计投入资金 152.35

① 《中共中央国务院关于加快推进生态文明建设的意见》，2015 年 5 月 6 日《人民日报》第 1 版。

② 环境保护部：《关于加快推动生活方式绿色化的实施意见》（环发〔2015〕135 号），http://www.caepi.org.cn/p/1210/362215.html。

亿元。2015—2017 年，通过 16.4 亿元的财政资金，支持深入开展“厕所革命”，新建和改扩建旅游厕所 7.28 万个[①]。2017 年 6 月 5 日，广东环境日主题为“绿水青山就是金山银山——绿色发展·简约生活”，旨在向全社会宣传绿色发展理念，呼吁全民提升生态环境保护意识，积极践行绿色简约的生活方式，共同建设美丽广东。

（二）确立绿色幸福生活观

追求幸福生活是每个人的梦想，不同的幸福感有着不同的生活方式。在工业文明的影响下，人们习惯于把占有丰裕的物质生活理解为幸福生活，今天，中国以追求生态文明和绿色发展为发展目标之一，大胆破除把物质消费与人的幸福画等号的错误幸福观，确立绿色幸福生活观，坚持以人为本的价值导向，自觉摒弃西方工业文明倡导的物质主义和感官享乐主义的价值观与幸福观，在全社会形成“以人为本”和“幸福生活”的价值理念，使人们明白真正的幸福应该是以满足人民日益增长的合理、健康、绿色的物质文化需要为出发点，以人的全面发展和幸福生活指数提升为落脚点，修炼幸福生活价值观，追求益于自我、利于人类、惠及自然的绿色生活方式。地球资源是有限的，而人的物质欲望是无限的，贪婪永远难以趋近幸福生活的真谛。富兰克林指出：“金钱从没有使一个人幸福，也永远不会使人幸福。在金钱的本质中，没有产生幸福的东西。”[②]真正决定幸福与否的东西应与和谐的家庭关系、和谐的社会关系以及和谐的自然关系紧密配合。

---

① 《践行绿色发展理念支持形成绿色发展方式和生活方式》，《中国财政》2017 年第 20 期，第 12 页。

② 马克·佩恩、E.金尼·扎莱纳：《小趋势：决定未来变革的潜藏力量》，刘庸安、贺和风、周艳辉译，中央编译出版社 2008 年版，第 3 页。

二、坚持消费行为“绿色化”

现代消费方式的绿色转型是绿色发展的必然选择，绿色消费模式是绿色社会的基本特征，是生态文明的基本要求和具体体现。坚持消费行为“绿色化”，是我国顺应时代的生态理性选择，为绿色发展增添了正能量。

（一）消费理念绿色化

随着社会物质生活水平的提高，人们生活中因过度消费所带来的环境难题不断增多，大自然以生态危机的方式向人类敲响了警钟。朝着绿色航标迅速拨正消费生活之舟的航向，成为绿色发展的急切呼唤。大力推进绿色消费方式要求人们自觉对工业文明的生活方式进行修正，走向生态文明的简约生活方式，崇尚简约，反对奢侈消费，实现绿色转向。1994 年，联合国环境规划署将绿色消费定义为：“提供服务及相关产品满足人类的基本需求，减少自然资源和有毒材料的使用量，使产品在生命周期中产生的污染物最少，不危及后代的需求”①。2016 年出台的《关于促进绿色消费的指导意见》指出，从绿色宣传教育普遍化、消费行为规范化、市场准入严格化、政策体系完善化四个方面推动消费向绿色转型。习近平总书记在中央政治局第四十一次集体学习时强调要“倡导推广绿色消费”，推动形成绿色发展方式和生活方式。在全社会范围内培育绿色消费的自觉性，大力倡导我国勤俭节约的优良传统美德。当代中国受西方消费观的影响深远，所以必须摒弃错误的消费观念，养成绿色消费方式，这对于实现绿色发展至关重要。

① 栾彩霞：《关于绿色消费》，《世界环境》2017 年第 4 期，第 14 页。

十九大报告指出，“倡导简约适度、绿色低碳的生活方式，反对奢侈浪费和不合理消费”①。以节约资源保护环境为荣、以浪费资源破坏环境为耻，养成自然、环保、节俭、健康的生活方式。引导人们合理消费，适度消费，克服拜金主义、享乐主义错误思想的侵蚀，回归人与自然的平衡、人与人的和谐。在餐饮企业、单位食堂、家庭全方位开展反对食品浪费行动。党政机关、国有企业要带头厉行勤俭节约。绿色消费并不是消费绿色，而是保护绿色。绿色消费以保护环境为基本内涵，在追求自身健康的同时，我们还要满足子孙后代的生存需要，每个人都有平等享受地球资源的权利。国际上的绿色消费包括鼓励消费者消费无污染的环保产品，对废弃物的处置要合理恰当，尽量避免资源的过度消耗与浪费等方面②。德国、意大利、荷兰分别有 82%、94%、67% 的消费者在选购商品时会考虑生态环境因素，在荷兰，大约有 70%的人在购物时会选择有绿色标志的产品③。在中国，随着经济上的巨大成就助推了人的购买欲望，倡导绿色消费有利于社会发展和人与自然的和谐共处。我国绿色消费虽起步较晚，但也有一定的成效。“限塑令”、“绿色交通”等绿色消费理念得到广泛认同。但绿色消费理念的践行仍任重道远，消费理念“绿色化”彰显出人民群众的美好追求，顺应了经济全球化的大趋势，符合国际社会的根本利益，为世界和平发展增添了新的正能量。绿色消费是我国顺应时代做出的生态理性选择，也是中国通向

---

① 习近平：《决胜全面建成小康社会　夺取新时代中国特色社会主义伟大胜利——在中国共产党第十九次全国代表大会上的报告》，人民出版社 2017 年版，第 51 页。

② 宫蕾：《我国绿色消费问题研究》，《时代金融》2017 年第 2 期，第 194 页。

③ 杜创国、张小丫：《欧洲生态文明发展及其启示》，《新视野》2013 年第 4 期，第 30—31 页。

生态文明时空必经的绿色通道。倡导拥抱绿色生活，自觉追求绿色消费，是绿色发展的深切呼唤。

（二）女性绿色消费的引领

女性是人类生命的孕育者，对人类社会赖以生存的环境有着强烈的责任意识，在社会和家庭消费的领域中，女性占主导地位，是连接社会生产和家庭消费领域的重要群体，女性对消费产品和消费方式的选择，很大程度上决定了整个社会的消费行为。女性在家庭消费上，已经从传统的日常生活消费发展到电子产品、购车、购房、理财等家庭主流消费上，从女性自身的形象消费拓展为家庭成员的整体教育消费、健康消费、低碳消费等方面。女性在个体消费上，已经不再满足于逛街购物，开始走向大自然，放松身心，陶冶情操。如何赢得女性消费者“货币选票”，保护女性消费者权益，引领女性消费潮流，应当引起社会各界的高度关注。在教育消费中，女性扮演着重要的教育者角色。女性的家庭消费影响着子女的未来生活消费以及环境保护意识。儿童所受的家庭教育80%来自母亲，女性自身消费行为和消费意识的强弱，直接影响到下一代的绿色消费意识和对下一代环境道德的培养。在处理消费和节约的关系中，女性扮演着协调者角色。女性是消费的主体，更是消费与节约的协调者。因此，要建立节约型社会，必须发挥女性在绿色消费方面的作用，倡导绿色生活方式。在全球性生态危机日益严重的今天，必须重视女性的社会作用，倡导绿色消费，关注人与自然的和谐发展，帮助女性树立和加强绿色消费意识，女性的消费意识直接影响到家庭的开支。加强对女性的绿色消费和可持续发展的教育，使女性自觉地选择绿色消费，崇尚简朴自然，抵制易污染环境用品和奢侈消费。

倡导女性选择绿色消费方式。女性是家庭生活的主要消费者，在选购商品时不仅要考虑商品的美观和舒适程度，也要考虑商品是否影响到环境和人体健康。改变部分收入高的女性以占有高档商品和奢侈品为荣耀的消费观念，抵制恶性消费，摈弃过度消费，追求简朴的生活。培育绿色消费市场，引导女性选择绿色产品。绿色消费是目前遏制生态环境恶化的有效途径，女性作为家庭生活的管理者和主要消费者，是践行绿色消费的主力军。但是，女性在进行绿色消费道路中还有许多尚待解决的问题未列入政府议程，大多数问题仍停留在妇联讨论的层面。因此，倡导绿色消费，政府应该对环境问题采取高级化行动，积极有效地开发女性这一潜在的人力资源，建立和完善全面的促进女性参与社会公共事务的政策和法律，让女性的生态价值观以及聪明才智能够在绿色消费的行动中充分发挥出来①。

三、增强生态意识“绿色化”

在生态环境问题日益加剧的今天，迫切需要加强国民的生态意识。生态意识是指人们在处理人与自然的关系中，自觉地以一种尊重、敬畏的情感去看待自然，维护社会发展的生态基础。2016 年 4 月，生态环境部、中宣部、中央文明办、教育部、共青团中央、全国妇联等六部委联合下发《全国环境宣传教育工作纲要（2016—2020）》，以增强全社会生态环境意识，牢固树立绿色发展理念，全面推进生态文明建设。

---

① 陈慧：《绿色消费的妇女道路构建研究》，《生态经济》2008 年第 4 期，第 85—87 页。

（一）强化公民的绿色环境意识

培养民众的绿色环境意识，核心就是培养公民的生态忧患、生态道德和生态责任，通过培育绿色生态文化确立对于绿色发展的正确认识，对生态环境要建立起浓厚的感情，将绿色发展的文化模式深入人类的心理结构体系中。绿色环境意识教育要从小抓起、从学校抓起，并延展至国民教育全过程。应通过多种形式接受绿色发展理念教育，使社会成员逐步掌握绿色生活常识，养成绿色生活习惯，了解绿色生产技术和法规，真正把绿色发展理念贯穿于全体社会成员的生产和生活方式之中。绿色学校主张将环境意识和实践行动贯穿于学校的整体活动中，引导师生共同关注环境问题，使学生树立热爱大自然和保护地球家园的高尚情操，学会从自己开始，从身边的小事做起，积极地参与到保护环境的行动中去。绿色学校日益成为由政府倡导、由学校自愿参加的一项全国性的环境教育活动。加强绿色发展理念教育，使受教育群体覆盖到所有社会成员，增进全体社会成员的资源节约意识、环境忧患意识、生态保护意识。同时，还要加强公民的生态道德教育。生态道德作为社会生活的共识性准则始终与文明的发展同步，正在成为人们自觉遵守的道德规范，约束着人们的生态行为。有必要通过各种途径、举措加强生态道德教育，提高公众的环境道德品德，形成较强的绿色环境意识。

（二）培养公民自觉践行绿色行为

绿色发展是一项复杂的社会性的系统工程，因此要提高全民的环境保护和资源节约意识，倡导低碳的生活方式，树立绿色发展理念，提升绿色意识，倡导文明行为的现代观念。“通过确立绿色发展理念，可以使人们了解其理论意义和实践意义，从而激励每个人扩大其道德关怀的范围，使人们形成自觉关怀万物的生态意识，并自觉践行有效的生态行为。”[①]注重对于绿色文化的培养，对于民众的绿色文化意识的培养，关键在于对人们的绿色行为的培养，绿色文化的培养载体在于绿色文明行为的培养。这种绿色文明行为的培养需要用绿色发展的原则和规范来教育、引导、规范社会成员，使每一个普通的民众都能够树立正确的生态文明的观念，运用生态道德和绿色规范来评价、约束自己和他人的行为。克勤利于邦，克俭利于家。养成绿色生活的日常行为和习惯要从小事做起，从现在做起，从自己做起，少开一天车，多种一棵树，从节约一度电、节约一滴水、节约一张纸、节约一粒米的点滴小事做起，做自觉践行节能减排的楷模，从使用再生材料产品，支持垃圾分类和可再利用资源回收做起。绿色出行，餐后打包剩余食物，尽量少用一次性物品，拒绝过分包装，争做勤俭节约风尚的传播者、实践者、示范者，营造人人讲节能、处处讲减排的浓厚氛围，只有力戒奢侈消费和不合理消费，才能树立人人、事事、时时崇尚生态文明的社会新风尚。

（三）引导公民积极推行垃圾分类

垃圾分类是绿色发展和生态文明建设中的一个重要抓手，也是发展观的一场深刻革命。2019 年 6 月 25 日，《固体废物污染环境防治法（修订草案）》提请全国人大常委会审议，从多个方面健全了生活垃圾污染环境防治制度。习近平总书记强调，实行垃圾分类，关系广大人民群众生活环境，关系节约使用资源，也是社会文明水平的一个重要体现。推行垃圾分类，关键是要加强科学管理、形成长效机制、推动习惯

① 左守秋、张红丽：《以科学生态价值观引领生态文明建设》，《人民论坛》2014 年第 7 期，第 1—3 页。

养成。要加强引导、因地制宜、持续推进,把工作做细做实,持之以恒抓下去。要开展广泛的教育引导工作,让广大人民群众认识到实行垃圾分类的重要性和必要性,通过有效的督促引导,让更多人行动起来,培养垃圾分类的好习惯,全社会人人动手,一起来为改善生产环境作努力,一起来为绿色发展、可持续发展做贡献。习近平总书记对垃圾分类工作的重要指示为进一步做好垃圾分类工作指明了方向,对于动员全社会共同为推动绿色发展、建设美丽中国贡献智慧和力量,具有十分重要的意义。垃圾分类不仅是基本的民生问题,也是生态文明建设的题中之义。近年来,随着经济社会发展和物质消费水平大幅提高,我国垃圾产生量迅速增长,不仅造成资源浪费,也使环境隐患日益突出,成为经济社会持续健康发展的制约因素、人民群众反映强烈的突出问题。遵循减量化、资源化、无害化原则,实施垃圾分类处理,引导人们形成绿色发展方式和生活方式,可以有效改善城乡环境,促进资源回收利用,也有利于国民素质提升、社会文明进步。近年来,垃圾分类的顶层设计不断完善、推进力度持续加强,由点到面、逐步推开,成效初显,全国地级及以上城市全面启动生活垃圾分类工作,垃圾分类取得积极进展。但也要看到,总体上,我国垃圾分类覆盖范围还很有限,垃圾分类收运和处置设施依然存在短板,群众对垃圾分类的思想认识仍有不足。进一步做好垃圾分类工作,就要因地制宜、持续推进,把工作做细做实,持之以恒抓下去,需要全社会人人动手,一起来为改善生活环境作努力,一起来为绿色发展、可持续发展作贡献。垃圾分类是一个系统工程,涉及政府、企业、社区、居民等多方主体,包括投放、收集、运输、处理等多个环节,需要协力推进。推进垃圾分类工作,重点要开展广泛的教育引导工作，让广大人民群众认识到实行垃圾分类的重要性和必要性，通过有效的督促引导，让更多人行动起来，培养垃圾分类的好习惯。可以通过在学校、幼儿园开展喜闻乐见的垃圾分类宣传活动，普及垃圾分类的意义和做法，达到教育一个孩子、带动一个家庭、文明整个社会的目的。做好“垃圾分类”能让良好生态环境成为人民幸福生活的增长点、成为经济社会持续健康发展的支撑点、成为展现我国良好形象的发力点。“不积跬步，无以至千里”。实施垃圾分类是发展观的一场深刻革命，让良好生态环境成为人民幸福生活的增长点、成为经济社会持续健康发展的支撑点、成为展现我国良好形象的发力点，让中华大地天更蓝、山更绿、水更清、环境更优美①。

四、培育生态文化“绿色化”

文化建设是一个国家的软实力和竞争力的集中表现，是全面建成小康社会的重要组成部分。绿色既是古老文化的起源，又是现代文化的归宿，生态文化是绿色发展的灵魂，培育生态文化“绿色化”是实现绿色发展的重要环节。

（一）大力倡导生态文化

生态文化是文化建设和生态建设的重要组成部分，是生态环境同人类活动相互作用的结果。文化具有潜移默化的影响作用。生态文化是一种文化现象，与生命意识、环保意识、生态意识等绿色理念密切相关，是以绿色行为作为表象特征，体现了人类与自然的和谐相处，彰显

---

① 人民日报评论员：《做好垃圾分类　推动绿色发展》，2019 年 6 月 4 日《人民日报》第 1 版。

了人类与自然共同发展的生活方式、思维方式、价值观念、行为规范等文化现象的总和。生态文化也被称为绿色文化，是绿色发展的助推器，生态文化的建构就是要解决如何让人们秉持绿色理念、精神和价值追求的问题。生态文化是人类在与自然环境协同发展、和谐共进中逐步形成的，并能促进人类社会实现可持续发展。生态文化是以人类的环境理念和环境意识为核心，以崇尚自然、保护环境和促进资源的永续利用为基本特征，大力倡导"环境就是资源、环境就是生产力"。生态文化是对我们过去的社会文化行为模式以及造成的环境恶果进行深刻反思，应当建立起来能够解决能源安全问题，应对气候变化和人与自然环境共存、共融、和谐的新文化。这种新文化的理念强调代内和代际公平、人与自然统一、地球上生命之间和谐相处的"互利"观念。倡导生态文化还应强化文化建设中的"扫黄扶绿"工作。利用健康向上、充满活力的绿色文化驱除黄色、黑色的文化"毒素"。将绿色发展的理念始终贯穿于文化发展的全过程。充分考虑不同的客观条件和情况，因地制宜地推进生态文化发展①。生态文化不是原始的绿色文化的简单回归，而是人类文化生态觉醒后的辩证的绿色复归，是人类汲取了深刻教训后做出的理性选择。在走向生态文明的新时代，生态文化以能量加油站的方式与人类同行，成为人类永不枯竭的绿色发展之源。

（二）充分发挥生态文化的价值功能

生态文化的构建，不论是从观念到行为、从制度到行动还是从社会心理到价值取向，都是一次深刻的绿色革命。伴随着绿色发展的全面

---

① 刘德海：《绿色发展》，江苏人民出版社 2016 年版，第 104 页。

实施，生态文化从各个方面渗透到社会生产的全过程，对社会生产力发挥了巨大的作用。首先是价值导向功能。在人与社会的发展过程中，文化对人们发挥着积极的引导作用。其次是教育规范功能。生态文化对绿色发展的教育规范功能主要体现在绿色文化的形成是对原有文化的进一步完善，有利于形成比较完备的绿色发展理论。再次是监督保障功能。生态文化是社会主义先进文化的组成部分。我们应弘扬生态文化，将绿色发展理念渗透到制度、政策、法律等层面，保持和提升国家在国际社会中的竞争力。培育生态文化是对传统文化的扬弃，也是对国外绿色发展的成功经验的借鉴，需要全体民众的共同参与①。生态平等是生态文明的客观要求，当代人的发展不允许牺牲后代人发展的机会，民族、地区间平等发展、行业间的发展没有环境消耗优先权②。应当建立和完善环境与经济发展综合决策机制。政府决策时应从环境效益而不仅是经济效益出发，从生态价值而不仅是经济价值出发，健全生态建设和可持续发展的规则政策体系，营造人人关心、人人参与生态建设和环境保护的社会风尚。这种观念是构成生态文化的一部分，需要教育者对受教育者潜移默化的灌输和引导③。近年来，围绕“生态文明理念”，理论界形成了诸多观点，比如资源有限论、生态基础论、环境价值论、同步双赢论、生态道德论、休养生息论等④。培育生态文化实

---

① 卢艳玲：《绿色发展视域下的绿色文化构建》，《洛阳师范学院学报》2013 年第 1 期，第 14—17 页。

② 赵建军：《低碳经济视域下的生态文化建设》，《林业经济》2009 年 11 期，第 75—77 页。

③ 杨新莹，李军松：《绿色文化：基于我国的构建与繁荣》，《河南社会科学》2014 年 8 期，第 12—18 页。

④ 陶良虎、刘光远、肖卫康：《美丽中国：生态文明建设的理论与实践》，人民出版社 2014 年版，第 133 页。

质上是传播体现马克思主义自然观的绿色发展理念，使之内化于心、外化于行。应当加快创新传播方式，充分采用文字、图片、视频等多种方式以及互联网、微信等新兴媒体进行绿色发展理念宣传，让绿色发展理念像空气一样无处不在。生态文化正在引发人类世界观的生态转向，正在促进人类生态价值观的形成，正在引导人类把自然纳入道德的怀抱，正在驱动人类重新评估人在自然界中的地位，走绿色发展之路。

第四节　加快绿色国际合作，打造绿色命运共同体

当今世界全球化发展势不可挡，生态危机也出现了全球化的趋势，加快绿色国际合作是趋势也是必然。中国积极参与和引导应对气候变化国际合作，成为全球生态文明建设的重要参与者、贡献者和引领者，体现了深度参与全球治理、打造人类命运共同体的责任担当。中国在绿色发展问题上需要和各国加强交流与合作，摈弃成见，求同存异，积极开展绿色发展国际间的互动。当今世界，开放融通的潮流滚滚向前。人类社会发展的历史告诉我们，开放带来进步，封闭必然落后。世界已经成为你中有我、我中有你的地球村，各国经济社会发展日益相互联系、相互影响，推进互联互通、加快融合发展成为促进共同繁荣发展的必然选择。

一、完善绿色发展全球化机制

绿色发展关乎全球利益。生态环境危机是全球性的，完善绿色发

展的全球化机制，需要全球合作的集体行动。中国在世界的绿色发展浪潮中砥砺前行，有能力肩负起为世界增添更多绿色的光荣使命。

（一）形成公平合理、合作共赢的全球治理体系

绿色治理将治理的特点移植到环境问题中，遵循生态治理规律、增强多元治理共同体、借助法治力量、制定科学的生态治理方略，构架应对全球环境问题的理论与实践范式。在生态问题上的全球治理中应当树立一种以生态为基础的价值观。这种价值观应当超越国家、宗教、意识形态和经济发展水平，成为全人类应遵循的价值观。在《我们的全球之家》中，全球治理委员会阐述了“要提高全球治理的质量，可以在全球之家中指导人类行动的全球公民道德，我们呼吁全体人类都接受的核心价值，主要包括对生命、自由和公平正义的尊重”。全球绿色治理是一种多元主体共同参与的治理，目的是实现共同的目标和解决共同的问题。治理的主体可以是公共机构，也可以是私人机构，包括政府、非政府组织、社会中介组织、民间组织和企业等。全球绿色治理的难点主要是怎样实现各种环境资源的分配和共享，如何合理解决争端和集体行动的难题，核心在于构建能够受到全球共同认可的绿色治理体系。因此，践行绿色治理不能仅局限于某一个国家，必须形成绿色治理的全球观。推进绿色治理不是用生态环境承载力限制高质量和高效益的经济发展，而是应当通过技术创新等方式推动经济可持续发展，从而实现政治、经济、文化、社会和生态发展的有机统一的崭新理念。

形成公平合理、合作共赢的全球治理体系，需要在绿色治理理念指导下协调应对，开创协同治理新格局。首先，升级治理理念。从系统观出发，使单一主体思维转化为多元主体治理思维，综合考虑各方的利益

和诉求,建构绿色治理体系。其次,转变治理机制。全球绿色治理呼唤着社会生态自治的诞生和发展,社会生态自治是依靠社会成员的道德自觉,其基本价值在于推动并实现全体社会成员生态生活的普及和生态自觉的养成,实现由传统的政府主导型治理模式转变成经济型、社会型治理模式,建构政府、市场、社会“三位一体”的协同治理机制。再次,搭建治理平台。借助网络化改变“治理落后于管理、管理落后于技术”的现实困境。借鉴其他国家生态治理的先进经验发展生态外交,提升绿色发展的话语权。例如,德国“自上而下、多级管理”的治理形式,加拿大“社会主导、政府扶持”的治理模式等都值得我国学习和借鉴①。在全球气候治理体系上,近年来无论在《联合国2030年可持续发展议程》、巴黎气候大会还是G20杭州峰会等文件和场合中,中国都就全球气候治理发出了强音,打破了以往少数几个西方大国的“气候霸权”格局,得到了世界各国尤其是发展中国家的高度赞赏,中国积极参与全球生态治理的成功实践,为全球治理增加了正能量。中国还在国际舞台上积极呼吁,大家同住一个“地球村”,共享一片蓝天,希望发达国家兑现《巴黎协定》承诺,在资金、技术、人才等方面,积极帮扶发展中国家尤其是正在崛起的工业化国家,推动这些国家发展低碳经济、循环经济等现代绿色产业,提高全球实现深度减排、治理大气污染、降低温室效应的能力。

(二)“绿色正义”:全球绿色治理的出路

全球绿色治理不仅需要理念先行,而且必须要落实到具体可行的

---

① 刘建伟:《国家生态环境治理现代化的概念、必要性及对策研究》,《中共福建省委党校学报》2014年第9期,第60—65页。

制度原则中，形成绿色正义。绿色正义是实现全球绿色治理的依据，也是生态文明建设应当遵循的价值基础。把“绿色正义”作为解决生态问题的基点，是人类追求可持续发展的升华。“绿色正义”的价值取向使人类从“以自我中心”转为“与非人类物种共存”。当代人对资源的滥用所造成的生态灾难，侵犯和剥夺了后代人的绿色权利，导致了代与代之间的不公平。“在生态危机面前没有国家利益，只有全人类共同的利益”①。生态安全是关乎人类生存和发展最基本的“安全场域”，是超越“人类中心主义”的“绿色正义”观，应当逐步实现全球的绿色治理。全球绿色治理跨越了理念与行动之间的鸿沟，消解了国际社会关于安全与发展的两难困境，把“绿色正义”视为最重要的“全球正义”②。公平正义是生态伦理强调的重要原则之一，不管是国家、组织还是个人，在享受环境权利与履行环境义务方面都是平等的，绿色发展理念同样强调代内与代际的公平。在全球生态危机日趋加深的今天，“拯救地球”是共同的必然选择，也是共同面临的义务，针对全世界共同的环境问题必须加强国际交流与合作，共同实现绿色发展。要实现公平正义，更需要世界各国的努力。当前大部分国家都只是关注于本国的发展情况和实践，笔者认为，如果要真正实现世界范围内的绿色发展，必须推动更大范围的国际交流与合作，建立起公平正义原则，跨越合作交流的鸿沟。

全球绿色治理最终指向的是一个在时间、空间等方面都协调平衡

---

① 刘东国：《绿党政治》，上海社会科学院出版社 2002 年版，第 387 页。

② Dale Jamiesonl, *A Companion to Environmental Philosophy*, Oxford: Blackwell Publishing Ltd., 2003. pp.426 - 437.

的全球生态共同体。绿色发展是符合全人类未来的发展道路,在全球化进程中,发达国家享受了更多的资源,发达国家为了维持自身发展对资源环境的高需求,通过采取污染产业转移等手段,满足了自身需求却破坏了别国生态。因此,发达国家应当更多地承担国际责任,大力支持发展中国家摆脱发展和生态困境。发展中国家也要切实提高自身实力,处理好发展与生态的平衡[①]。发展中国家落后的发展状况与长期弱势的国际地位,使得它们无法获得应有的利益,而要改变这一被动局面,发展中国家必须选择适合自身的发展道路。尽管许多发展中国家在绿色发展实践上采取了措施,但仍旧无法摆脱"先污染,后治理"的老路。对发展中国家而言,发展是唯一选择,绿色发展不仅仅是对环境有益,更是对发展有益。以"绿色正义"为价值原则的全球绿色治理,通过平等原则和差别原则建构起公平合理的绿色治理体系,主张发达国家和发展中国家负有不同的维护责任,培养全球生态价值观,世界各国按照生态承受力调整各自的发展目标。各国政府主动践行"绿色正义",制定维护生态安全的法律法规,倡导全社会发展绿色经济,形成绿色生活方式。当前,生态危机促使全球绿色治理成为人类维护生态安全的唯一理性选择。因此,"绿色正义"不但是一种生态正义、生存哲学,也是一种社会正义,更是一种伦理价值规范。

二、掌握绿色国际标准话语权

构筑全球绿色发展体系要以各国主动承担义务为关键点。积极应

① 胡鞍钢、周绍杰:《绿色发展:功能界定、机制分析与发展战略》,《中国人口·资源与环境》2014 年第 1 期,第 14—20 页。

对环境危机，掌握绿色国际标准话语权，是中国实现绿色发展的内在要求，也是中国推动人类共同发展的责任担当。

（一）共享中国绿色发展实践成果

积极应对环境危机，是中国实现绿色发展的内在要求。中国作为负责任的发展中大国，从来没有忘记自己的世界责任，在积极探索自身发展道路的同时，为全球绿色发展做出了贡献、提供了示范。中国在全球生态治理中的分量越来越重。虽然 2017 年美国宣布退出《巴黎协定》动摇了全球气候合作的基础，对人类共同应对气候变化所做出的种种努力造成了负面影响，但在一定程度上也促使国际社会进一步凝聚了共识，使国际社会共同应对气候变化的信念更加坚定。中国在解决国内环境问题的同时，积极参与全球环境治理，迄今为止，中国已批准加入 30 多项与生态环境有关的多边公约或议定书，引导并应对气候变化国际合作，成为全球生态文明建设的重要参与者、贡献者、引领者。

绿色发展，中国在行动。改革开放以来，中国创造了举世瞩目的奇迹，但粗放的发展方式使中国付出了沉重的环境代价。直面问题、解决问题，中国共产党人从来没有停歇。“十二五”规划中提出了绿色发展战略，十八届五中全会系统阐述了新发展理念，确立了绿色发展是“十三五”期间中国发展战略的重要理念之一。十九大报告提出的“构建人类命运共同体”，建设“清洁美丽的世界”，不仅为中国绿色发展指出了新的发展方向，也为世界生态文明建设指出了新方向。近年来，中国大力推进生态文明建设，全面贯彻绿色发展理念，推动了生态文明制度体系加快形成。同时，中国也以负责任大国的形象维护全球生态安全，用先进的理念和积极的行动诠释全球可持续发展观，得到了世界各国的赞许和认可，逐渐成为全球生态文明建设的重要参与者、贡献者和引领者①。习近平总书记强调，“中国将继续承担应尽的国际义务，同世界各国深入开展生态文明领域的交流合作，推动成果分享，携手共建生态良好的地球美好家园”②。“像保护眼睛一样保护生态环境，像对待生命一样对待生态环境”，中国在推进绿色发展方面继续做出自己应有的贡献。世界发展离不开中国，中国发展也离不开世界。中国作为负责任的发展中大国，从来没有忘记自己的世界责任，在积极探索自身发展道路的同时，为全球绿色发展做出了贡献、提供了经验和示范。由此可见，在当今全球绿色发展中，中国方案、中国主张、中国行动和中国成果正在为世界凝聚新的力量，为人类的生存和可持续发展做出历史性重要贡献。

（二）兑现中国的“绿色承诺”

绿色发展，中国重践诺。世界发展离不开中国，中国发展也离不开世界。当前，我国的“一带一路”倡议正是践行全球绿色治理观的典范，应当在推动各国经济发展和基础建设的同时，不断开拓“一带一路”生态环境的发展空间，共享全球绿色价值观，将其打造成“绿色之路”。2015 年，中国发表《强化应对气候变化行动——中国国家自主贡献》，提出将于 2030 年左右使二氧化碳排放达到峰值并争取尽早实现，2030 年单位国内生产总值二氧化碳排放比 2005 年下降 60%~65%，森林蓄积量比 2005 年增加 45 亿立方米左右。中国的“绿色承诺”支持发展中国家向绿色低碳发展转型，并进行气候适应力建设，宣布拿出 200 亿元人

---

① 人民论坛问卷调查中心：《当前国内社会思潮趋势走向》，《人民论坛》2018 年 2 月 23 日，第 13 页。

② 习近平：《携手共建生态良好的地球美好家园》，2013 年 7 月 21 日《人民日报》第 1 版。

民币设立中国气候变化南南合作基金,鼓励其他发展中国家应对气候变化。习近平总书记巴黎气候变化大会上的讲话彰显了绿色发展的世界意义,展现了中国携手各国共同打造“人类命运共同体”的崇高境界,也显示出中国正在积极参与全球绿色治理,争取全球绿色政治“话语权”。

中国已经实现从过去单纯强调发展中国家的身份向全球公共物品提供者的角色转变,向世人展现了大国气度,体现了全球担当。对于中国来说,绿色发展是大国之间竞争的新焦点,更是寻求大国地位的新起点,在人类遭遇的全球环境问题面前,中国是负责任的参与者,也是全球各种环境问题国际准则的主要制定者。中国倡导以平等和相互尊重为基础,以开放包容、合作共赢的心态谋求共同发展。要与时俱进,倡导“共商、共建、共享”的全球治理理念,其核心理念融合在“中国梦”、“亚洲梦”、“世界梦”当中,“三梦”彼此密切相连,在实现梦想的过程中,中国在绿色发展方面愿做先行者、领路人,推动中国、亚洲和世界的共同繁荣,为构建“人类命运共同体”注入“中国动力”,为实现人类共享和发展奏响“人类命运共同体”的大合唱。

三、助力绿色“一带一路”倡议

绿色“一带一路”,强调产业转型,是绿色发展之路;绿色“一带一路”,倡导生态文明,是资源节约之路。“一带一路”倡议提出七年以来,正实现从“大写意”向“工笔画”的转变,在“工笔画”时代的“一带一路”建设中,绿色是最好的颜料,是走向高质量发展阶段的必然选择,也是中国自身发展理念的成功实践贡献给世界的中国方案。全球合作共建绿色“一带一路”已成为国际社会的共识,共建绿色“一带一路”可以推动沿线国家生态环境保护进程,克服“一带一路”建设中的环境风险。因此,应积极构建和完善全球合作、绿色“一带一路”的发展框架,推动全球生态环境治理和恢复迈入新阶段。

(一) 关注“一带一路”国家绿色发展诉求

“一带一路”国家的绿色发展能力差异明显,既要关注经济增长对实现绿色发展的基础性作用,也要重视经济发展合作的转型升级。当前,中国已与“一带一路”沿线多国合作建立工业园区,探索绿色产业园区基地的转型升级,将国内先进的绿色生产技术与当地产能融合,避免简单化地向外输出过剩产能,促进绿色技术的科技攻关,助力“一带一路”国家绿色经济发展方式转型。同时,完善现有合作机制,以绿色发展合作平台打破“俱乐部”空间壁垒,建立一个跨区域的绿色发展组织,将“一带一路”国家绿色发展的规划目标纳入合作组织,协调不同国家的利益冲突,推动各国政府、企业、社会组织和公众加快形成合力,消除绿色发展合作壁垒。中国四十年的改革开放历程探索了一条“借鉴—吸收—推广”的合作建设之路。目前,中国已与新加坡开展了天津生态城的建设与合作,一座绿色、低碳、循环的生态新城诞生在原来的滩涂盐碱之地,天津生态城的成功模式为“一带一路”沿线生态环境基础脆弱的中亚、西亚城市提供了可以借鉴的城市建设解决方案。此外,中国应主动倡导“一带一路”的绿色发展属性,强化政府对企业“走出去”的生态效益管理,完善对外投资环境的考核体系,推动中国企业在“走出去”进程中实现绿色转型、履行绿色发展的责任①。

---

① 李师源:《“一带一路”沿线国家绿色发展能力研究》,《福建师范大学学报(哲学社会科学版)》,2019 年第 2 期,第 32—33 页。

（二）加强绿色“一带一路”投融资体系建设

当前，全球经济的发展更加注重绿色、低碳以及生态资源的可持续性，在绿色“一带一路”中构建完备的绿色金融体系，可以为推动全球经济的绿色发展提供充分的资金支持。首先，促进绿色金融政策的制定，设立绿色发展基金，发挥“亚投行”、“丝路基金”等“一带一路”金融机构的资金优势，设立专门的绿色“一带一路”环保基金，重点支持沿线国家和地区绿色能源、环境治理、生态修复、绿色基础设施等绿色产业发展项目，吸引更多金融资源流向绿色“一带一路”，鼓励企业在“一带一路”地区更多承建绿色基础设施项目。其次，引导投资决策绿色化，加强对绿色“一带一路”投资项目的信息披露和监管，对从事绿色产业的企业资质要严格审核，严禁企业从事污染、破坏当地生态环境的投资活动。再次，构建国际倡议联盟支持“一带一路”国家金融体系的绿色化，满足这些国家快速增长的绿色发展需求，联合各种国际、区域和双边合作计划、倡议与平台，建立国际联盟，支持“一带一路”绿色金融建设，充分利用诸多机构已经开展的工作和已启动的行动计划，更加高效地推进“一带一路”国家发展低碳和气候适应型投资，同时重点关注与绿色和低碳基础设施投资相关的融资问题。

（三）促进绿色“一带一路”全球减贫合作机制的建立

由于“一带一路”沿线国家大多处于生态环境脆弱和经济转型的关键时期，扶贫、脱贫成为沿线国家面临的共同问题。我国绿色减贫的成功实践，为“一带一路”沿线国家减贫提供了经验借鉴。一是创建生态扶贫制度。我国为处理好生态保护与扶贫开发的关系，提出的生态保护脱贫规划，其经验可在国际社会进行推广。在“一带一路”沿线国家，可以通过实施生态扶贫工程，优先考虑贫困国家，加大生态保护修复力度。二是建立沿线国家生态补偿机制。在"一带一路"沿线国家项目建设中，项目施工方应对生态敏感和脆弱地区的国家和人民给予生态补偿，使当地有劳动能力的部分贫困人口转为生态保护人员。三是搭建绿色减贫国际合作平台，积极开展绿色减贫理念、理论和政策实践等方面的交流与研究合作，建立绿色"一带一路"框架下的减贫合作新尝试，推动绿色发展①。

四、打造人类绿色命运共同体

"人类命运共同体"，作为人类不可分割的共同利益的追求主体和无可替代的自然生态系统的维护主体，与"绿色发展"有机联系在一起体现了其本质。从十八大提出"提高人类命运共同体意识"以来，中国在参与全球治理的过程中，将中国的繁荣与人类的共同福祉联系在一起，展现了中国同各国休戚与共的世界情怀和大国担当。2017 年 10 月，习近平总书记在十九大报告中全面阐述了坚持推动构建"人类命运共同体"，其中"构筑尊崇自然、绿色发展的生态体系"体现了中国构建"人类命运共同体"的绿色发展之路。

（一）绿色发展视阈下"人类命运共同体"的发生逻辑

1. 构建"人类命运共同体"，承载了人类对生态灾难的历史思考

"人类命运共同体"的观念承载了对人类命运的历史思考，人类的生存与发展始终面临着两对关系的变迁和挑战。一是人与自然的

---

① 李海棠：《绿色"一带一路"推动沿线国家绿色发展》，《生态经济》2019 年 16 期，第 56—57 页。

关系。人类不仅可以利用自然,甚至还可以改造自然。二是人与人、人群与人群的关系。出于生存的本能需求,人类通过观察思考与发明创造,逐步成为地球最强大的物种,创造了一个个利用和改造自然的雄伟壮举。历史上的四大文明古国都发源于水量丰沛、森林茂密、生态良好的地区,但都因为生态遭到破坏而导致了文明的衰落或中心的转移。尤其是位于两河流域的巴比伦文明,本来坐拥沃野千里的自然优势,然而随着两河上游森林的破坏,美索不达米亚平原淤高,洪水泛滥,河渠淤塞,气候失调,土地沙化,破坏了生产和生活条件,这个曾以"空中花园"为荣的文明古国终成"空中楼阁"。这样的悲剧在中国历史上也同样发生过,昔日"丝绸之路"上有"塞上江南"之称的楼兰古国,如今也已灰飞烟灭,消失在浩瀚无际的茫茫大漠之中,自然界郑重警告人类不能恣意妄为①。随着近代工业化的发展,两组关系愈发遭遇双刃剑的挑战,在"人定胜天"意念的裹挟之下,人类开始无尽地索取资源和改天换地,而"天"也开始对抗和警醒人类:大气污染、河流干枯、雾霾肆虐、沙漠化加剧……20 世纪发生的十大生态灾难事件警示人类对抗自然要付出惨痛的代价。只有秉持"人类命运共同体"意识,人类才有可能改变生态的重重危机。"生态兴则文明兴,生态衰则文明衰"②。人类必须摒弃人是万物主宰的妄念,把呵护环境、绿色发展的种子广泛播撒世界,携起手来共同营造姹紫嫣红的春天。

---

① 陈慧:《习近平绿色发展观的发生逻辑及内在旨趣》,《广西社会科学》2016 年第 11 期,第 48 页。

② 中共中央宣传部:《习近平总书记系列重要讲话读本》,学习出版社、人民出版社 2016 年版,第 23 页。

2. 构建“人类命运共同体”，彰显了全球绿色发展意识的觉醒

“人类命运共同体”的观念彰显了全球绿色发展意识的觉醒。人类社会比以往任何时候都更加需要命运与共、唇齿相依，也比以往任何时候都更加呼唤世界观念的转变。“人类命运共同体”强调多样化的社会制度总体上要和平共存，结伴而不结盟。面对人类生活环境的逐渐恶化，各国学者大声疾呼。20世纪六七十年代的《寂静的春天》、《增长的极限》对当时日趋严峻的生态问题和资源问题等进行了深刻剖析。雷切尔·卡逊在《寂静的春天》中从人与自然关系的视角，揭露了科学技术的发展给人类带来进步的同时，也带来了严重的负面影响，引发了全世界对于环境问题的高度重视和深刻思考。《增长的极限》呼吁地球资源是有限的，第一次提出“全球生态危机”的问题。学者们对环境保护的呐喊和对环境问题的进一步反思，启迪了全球对绿色发展的思考，呼唤全球绿色发展意识的觉醒。随着生态环境问题对人们生活影响的加大，人们开始越来越强烈地渴望健康的生活环境和生活方式，“绿色发展”进入人们的视野，世界各国纷纷出台了绿色行动计划。在此背景下，习近平总书记指出：“建设生态文明关乎人类未来。国际社会应该携手同行，共谋全球生态文明建设之路”①。

3. 构建“人类命运共同体”，昭示了全球生态治理的现实关照

“人类命运共同体”的观念也是对当前全球生态治理深入发展的现实回应。“人类命运共同体”思想基于对当今世界难题的深刻反思，在过去短短的几个世纪里，全球经济呈现出加速增长的趋势，人类文明

① 习近平：《携手构建合作共赢新伙伴　同心打造人类命运共同体——在第七十届联合国大会一般性辩论时的讲话》，2015年9月29日《人民日报》第2版。

得到迅速发展。然而，不断恶化的生态环境也给了沉浸于工业奇迹的人类当头一棒，在生态危机日益严重的情况下，生态治理的重要性毋庸置疑，但是由于目前全球各国政治经济关系错综复杂，各国政府在生态治理的治理责任、治理内容、治理政策和治理手段等方面仍未达成共识。其中突出的问题是各国都比较重视本国的生态治理，而在全球各国协同进行生态治理的问题上，因理念、认识、行动不一致、不协调产生许多分歧和矛盾。面对当今层出不穷的世界难题，2015 年 10 月，习近平总书记首次阐释了“共商共建共享”的全球治理理念。然而，“这是一个最好的时代，也是一个最坏的时代”，生态危机使得各国面临着前所未有的世界性挑战，全球性生态问题呼唤全球性的治理方案。2017 年 1 月，习近平总书记发表题为《共同构建人类命运共同体》的主旨演讲时指出：“中国方案是：构建人类命运共同体，实现共赢共享”①，昭示了全球治理的“中国智慧”。

（二）绿色发展视阈下“人类命运共同体”的理路构建

1. 发挥全球绿色治理主导力量的作用

联合国绿色发展的引领起决定性的作用。21 世纪的第一个十年，环境危机和能源资源危机呈爆发式加剧，深刻影响了整个世界。2008 年 10 月，联合国环境规划署呼吁全球从“黑色经济”向“绿色经济”转变，其“绿色经济倡议”得到了国际社会的广泛支持，2008 年国际金融危机以来，绿色经济迅速成为全球潮流。2011 年 2 月 21 日，联合国环境规划署发布了《绿色经济报告》，为全球经济描绘了绿色发展的新蓝

① 习近平：《共同构建人类命运共同体》，2017 年 1 月 20 日《人民日报》第 2 版。

图。2012 年 6 月,联合国可持续发展大会在《我们希望的未来》中充分肯定了绿色经济的积极作用。在联合国环境规划署推动下,绿色经济得到国际社会的广泛认可。可见,联合国从不同层面提出了内涵不同的绿色发展战略,推进了各个国家或地区的绿色发展实践,旨在构建“人类命运共同体”。当前,联合国应更加有所作为,倡导新任国家首脑应在联合国对世界做出绿色治理的承诺,打造“人类命运共同体”①。作为最具代表性国际非政府环保组织,绿党在宣传绿色发展理念、开展环保运动等方面做出了重要贡献。在生态保护上,绿党主张“生态经济”、“生态财政”;在经济上,绿党明确反对消费性经济,提倡生活简朴和回归自然,改变传统的经济增长模式和消费观念;在社会发展上,绿党提出社会公正、社会保障、基层民主等目标。绿党从生态主义出发指导人们的生活,在政党的理念、纲领、政策和活动中都贯彻着“人类命运共同体”的观念,是联系深层生态学与绿色发展的纽带。

2. 形成全球协同治理的新格局

实现绿色发展是国际社会的共同责任和使命,“协同治理”是实现全球绿色发展的必由之路。在世界经济格局进入大转型的时代,发达国家要在生态治理方面向发展中国家提供必要的帮助和支持,实现双赢、共赢,这是国际合作以及全球绿色治理新模式的积极探索,彰显人类的共同理想和美好追求。全球“协同治理”,发达国家不能逃避绿色发展的国际责任,主动为发展中国家绿色发展所需的技术与资金援助,发展中国家应注重贯彻落实基于本国国情的绿色

① 余潇枫、王江丽:《“全球绿色治理”是否可能?——绿色正义与生态安全困境的超越》,《浙江大学学报(人文社会科学版)》2008 年第 1 期,第 22—28 页。

发展战略[①]。一是必须升级治理理念。由单一主体思维转变为多元主体治理思维，综合考虑各方利益和诉求，建设全球绿色治理体系。美国学者福山称这类问题为“国家构建”（state-building）[②]。因此，应构建各国彼此尊重、平等互动的多元主体关系，形成国际绿色协同治理的协商氛围。二是形成完备的治理体系。政府必须实施绿色行政，企业必须实施绿色生产，媒体开展绿色宣传，社会组织注重绿色参与，社会公众实现绿色消费，专家学者具备绿色智慧。在全球框架下，制定国际绿色协同治理的基本法律，制定协同治理实施的技术标准、安全保障等法律法规，从而保障各国的合法权益，构建“人类命运共同体”。

本章小结

绿色发展既是一种战略理念，也是一种发展实践，也包含着自身的内在逻辑，实现绿色发展，必须坚持绿色顶层设计先导先行，绿色生产方式奠定基础，绿色生活方式常态保持，绿色国际合作紧随推进。绿色发展的内生动力，就是源于这些领域之间的相互作用。

绿色发展的实践路径中应加强绿色顶层设计，实现生态治理现代化。绿色治理正是实现生态治理能力现代化的重要保障。其中制度护航和法治支持至关重要，构筑立体多维“绿色治理体”，从而实现生态

---

① 胡鞍钢、周绍杰：《绿色发展：功能界定、机制分析与发展战略》，《中国人口·资源与环境》2014 年第 1 期，第 14—20 页。

② 弗朗西斯·福山：《国家构建：21 世纪的国家治理与世界秩序》，黄胜强、许铭原译，中国社会科学出版社 2007 年版，第 1 页。

治理体系和治理能力现代化。因此,要健全促进绿色发展的政治制度体系,完善推动绿色发展的经济制度体系,建构“绿色新政”的协同治理体系,形成多元绿色新政治理模式,构建由政府为主导、企业为主体、社会组织和公众共同参与的多元主体绿色协同治理体系,这是绿色发展的必然选择,是最终实现人口、资源、环境协调发展的中国绿色发展战略目标。

倡导绿色生产方式,发展新型绿色经济是绿色发展实践路径的核心。应当推进生活方式“绿色化”,建立绿色低碳循环发展的经济体系,促进环境治理和生态修复的统一,实现生态保护和经济发展的双赢。因此,应发展绿色经济、低碳经济、循环经济,转变发展方式,实现绿色发展,推进三大经济协同发展,坚持生态优先原则,实现生态保护和经济发展的统一,这是绿色发展道路的必然选择。

崇尚绿色生活方式,培育绿色生态文化是一次深刻的绿色革命。要树立绿色生活理念“绿色化”,坚持消费行为“绿色化”,增强生态意识“绿色化”、培育生态文化“绿色化”,共享绿色发展的成果。妇女是消费的主力,也是消费与节约的协调者,应特别关注女性在绿色消费中的引领作用。要构建生态道德,倡导绿色文化,充分发挥绿色文化价值导向功能、教育规范功能和监督保障功能,使社会各成员自觉养成绿色生活习惯,内化于心,外化于行,真正把绿色发展理念融入社会成员的生活方式中去。

绿色发展的实现离不开国际间的合作交流。加强绿色国际合作,打造绿色命运共同体是实践中国绿色发展的深远策略。中国要加强国际交流和合作,致力于完善绿色发展全球化机制,掌握绿色国际标准话语权；坚持自主创新为主，发展绿色环保节能新技术，走创新强国之路，引进、吸收国外有益的先进成果为我所用，补齐国内短板，积极参与国际事务，承担大国责任，在国际社会积极履行应当的义务，在维护世界稳定、促进共同发展上都要有所作为，打造绿色命运共同体。

第五章
示范与启示：绿色发展的广东实践

广东位于我国大陆南部，共有21个地级市，总人口1.15亿，广东人“敢为人先”，敢于打破框框和思想束缚，敢于抢抓机遇，迎接挑战，努力探索绿色发展的新思路、新举措、新办法，踏实践行“厚于德、诚于信、敏于行”的新时期广东精神，大力建设生态文明，率先走上了绿色发展道路，绿色发展的广东实践为全国提供了可以借鉴的经验。

第一节　“绿色广东”的整体性分析

“绿色广东”是指以生态学理论与方法为基础，以科学发展观为指导，建立起来的一个人与自然、人与人之间关系健康、和谐、持续发展的自然—经济—社会复合生态系统[①]。建设“绿色广东”是新时代广东全面建成小康社会，率先实现社会主义现代化的内在要求。建设“绿色广东”要看到广东的优势和劣势，面临的机遇和挑战，突出重点、抓住关键。

一、“绿色广东”的生态转向

（一）“绿色广东”的提出

广东是改革开放的前沿，最突出的发展经验就是“敢为人先”，这种“敢为人先”的探索精神在绿色发展中同样发挥了重要作用。早在1985年，时任广东省委书记林若提出了“五年消灭荒山，十年绿化大地”的口号。当时的广东，不管是从汕头到湛江，还是从韶关到深圳，南粤大地处处可见荒山秃岭。经过坚持不懈地努力，1991年，广东省被国务院授予“全国荒山造林绿化第一省”的荣誉称号，从此，南粤人民开始享受生态建设的胜利果实。随着改革开放的深入推进，经济发展和绿色发展的矛盾越发突出。广东在积极推进改革开放、促进经济增长的过程中，污染加剧，生态破坏严重。面对这一困境，广东省委、省政府历届领导班子，从广东经济社会的长远发展和人民群众的切身利益出发，以“敢为人先”的气魄大胆探索绿色发展道路。2002年，时任广东省委书记的李长春提出，要把珠江三角洲各地区建设成可持续发展的典型示范区，把山区的生态建设提升到全省的生态屏障的战略地位。2002年进行“珠江综合整治”，2003年开展“治污保洁工程”等，这

---

① 骆世明：《关于构建“绿色广东”的生态学思考》，《广东经济》2005年第10期，第22—25页。

一系列举措使得广东环境得到明显改善。2004 年 12 月 30 日,时任广东省委书记张德江提出,要加强环境保护,改善生态环境,建设“绿色广东”。在此期间,在推进改革开放的同时,广东深入贯彻落实科学发展观,加速绿色发展,摘除了“污染大省”的帽子。作为一个全新的概念,“绿色广东”由省委书记提出来是第一次,此后建设“绿色广东”的热潮涌动南粤。2006 年,时任广东省委书记的张德江强调,必须从落实科学发展观的高度,充分地认识到林业发展在广东经济社会发展中的战略地位,将广东打造成为林业生态省,建设“绿色广东”。“绿色广东”已经成为广东省全面、可持续发展的重要战略目标之一。

(二)“绿色广东”的生态转向

“十一五”期间,时任广东省委书记汪洋强调,广东要实施绿色发展战略,坚定不移地走生态立省道路,要进一步推进新一轮绿化广东战略,构建区域的生态安全体系,建设“幸福广东”。2012 年 5 月 13 日,广东省第十一次党代会明确了未来五年全省科学发展的总体要求和战略部署。汪洋在大会上强调:绿色发展是当今世界的发展潮流,谁抢占了先机,谁就赢得了战略主动。因此,必须走生态立省道路,加快建设资源节约型、环境友好型的生产方式、消费模式,建立健全生态发展激励机制,进一步提升生态文明建设水平。生态立省战略要求的提出,标志着广东就此拉开新阶段生态建设的序幕。2013 年,广东省委十一届二次全会提出,要把广东的生态文明建设放在突出的位置,推动绿色发展、循环发展、低碳发展,建设“美丽广东”。2013 年 8 月,《关于全面推进新一轮绿化广东大行动的决定》出台,开启了广东第二次“绿色革命”，这意味着广东在率先探索中国特色绿色发展的实践道路上已迈出关键一步[①]。时任广东省委书记的胡春华提出，广东应加快生态文明建设，将生态优势转变成发展优势，粤北山区作为广东的重要生态屏障，主动承担起生态保护的重任，坚决守住广东的生态底线。广东通过建立严格的环保制度和责任追究制度，不断探索和创新环境考核体制机制，加快绿色发展现代化。2016 年广东省委、省政府印发了《广东省党政领导干部的生态环境损害责任追究实施细则》，以强化党政领导干部的生态环境和资源保护责任。从“十年绿化广东”到生态立省，再到建设“绿色广东”，彰显了广东生态文明建设清晰的发展脉络，每一任广东决策者的高瞻远瞩和运筹帷幄，每一届党委、政府的果断决策和超前部署，奠定了广东必然会走一条生态先行、绿色发展道路的基础[②]。面对绿色变革，过去四十多年一直充当中国改革开放排头兵的广东，更要贯彻落实新时代中国特色社会主义生态思想，切实转变经济发展方式，建设“美丽广东”。

二、“绿色广东”的优势、劣势分析

（一）优势分析（strength）

1. 经济实力雄厚的发达省份

广东位于我国改革开放的前沿，是全国经济发展最快的省份之一，连续多年 GDP 年增长速度超过 10%。改革开放以来到 2012 年，广东

---

① 黄应来：《让美丽广东成为共建共享的美好现实》，2013 年 8 月 30 日《南方日报》第 3 版。

② 柏章良、田新程、陈尖：《绿色广东，勇当生态文明的探路先锋》，2013 年 4 月 2 日《中国绿色时报》第 1 版。

森林的碳汇工程总共达66.5亿元，生态景观林带直接投资达56亿元，森林进城围城工程总投资达179亿元。根据《关于全面推进新一轮绿化广东大行动的决定》，2014年至2017年，广东省财政新增安排专项资金19亿元，将广东建设成为全国绿色生态第一省，这是广东经济社会发展的战略选择。广东从政策、资金以及官员政绩考核等方面建立长效保障机制。2016年，广东省的生产总值达到7.95万亿元，比上一年增长了7.5%；广东的财政收入达到2.28万亿元、增长了9%；居民的人均可支配收入超过3万元、增长了8.7%；居民的消费价格上涨了2.3%①。

2. 发展理念先进、理论相对成熟

广东是改革开放的前沿，领先时代潮流，理念先进、闯劲十足，在绿色发展方面也扮演着排头兵的角色。广东制造业享誉全国，工业发展基础殷实，信息产业实力雄厚，在建设生态文明和应用环境保护技术方面水平较高。广东生态文明建设起步较早，有较扎实的基础，坚持绿色发展战略，强化主体功能区规划，凸显生态红线的刚性约束，实施最严格的环境保护制度，落实环保督察，强劲推动污染防治，进一步提升了绿色发展水平。广东实施能源和水资源消耗、建设用地总量和强度的"双控"行动，空气质量优良率位居全国前列。广东省"十二五"期间制定和实施的一系列生态文明制度建设超过200项，包括了法律、规章制度、规划计划、实施方案或工作方案、意见、通知、标准规范等，既有约束或规范全面、长期工作的制度机制，也有指导局部、短期工作的具体安排，在空间管理上涉及海陆空，在环境介质上涉及水、土壤和大气，有效

① 《广东省人民政府2017年政府工作报告》，2017年5月18日《南方日报》第2版。

保障了广东的绿色发展进程。

3. 便利的区位优势

广东毗邻香港澳门，且粤港澳之间因历史形成的血缘关系是广东省得天独厚的地理优势。广东珠三角地区凭借着改革开放“先行一步”的制度和创新优势，以及毗邻香港、澳门的地缘优势，承接了港澳地区，特别是香港地区的产业转移，开启了港澳和珠三角区域经济一体化过程，推进了粤港澳经济的共同发展。并且香港和澳门更具国际视野，制度方面也有其优势，为广东深化体制改革和完善制度管理提供可借鉴的经验和模板。广东与港澳同饮一江水、共享一片天，绿色合作一直是粤港澳合作的重点内容之一。为了能提供给香港、澳门优质水资源和改善粤港澳大珠三角空气质量，广东政府付出了很多努力，推动了广东环境质量的改善和生态文明建设。“粤港澳共建优质生活圈成为新一轮粤港澳合作的重点之一”。

（二）劣势分析（weakness）

广东作为率先发展的地区，经济社会转型较早，广东改革开放四十多年的快速发展取得显著成就的同时，也累积了许多体制性和结构性问题，前期高投入、高消耗、高排放的粗放式发展模式导致了资源枯竭和环境破坏，为广东绿色发展敲响了警钟。

1. 资源匮乏加重

广东资源匮乏，是资源消耗大省，广东人均拥有能源的储量不足全国平均水平的1/20，90%以上的能源依靠省外或国外调入。目前，虽然广东单位GDP的能耗在国内处于较低水平，但依然在世界平均水平的2倍以上，和日本相比高6倍多。广东人均耕地面积快速减少，改革开放以来年均减少1.14%[①]。广东占全国土地面积的1.87%，承担了全国5%的工业废气以及11%的工业废水排放。广东人均水资源也低于全国的平均水平，仅为世界人均水资源量的1/4。水资源利用率较低、耗水量较大等因素，造成了水源性缺水和水质性缺水并存的严重局面。同时，广东土地资源过度开发，例如：深圳的土地开发强度已经超过香港，达到了47%，目前能够开发的土地严重不足，如果广东还不建立起节约型发展模式，资源必将无法支撑经济的快速发展。

2. 生态系统脆弱

当前，广东珠三角地区存在着江河水质变差、灰霾天气增多、城市的酸雨污染和重金属污染比较严重等问题，环境污染情况有从城市扩散至农村地区的趋势，如果再不抓紧进行环境治理将会威胁到人民群众的生活和生命健康。环境问题主要表现在：自然生态系统日益被破坏，生产、服务和文化功能下降，工业化、城市化的迅猛发展造成了生态系统碎片化，城市化的扩张导致生态系统的自我调节功能下降，不合理的开发利用导致了森林减少和土地退化，不合理的治理方式加剧了生态系统功能的下降。工农业的污染加剧了生态系统的恶化，生物多样性的减少损害了生态系统的平衡，气候变暖加速了生态系统功能的衰退，全球经济一体化助推了有害生物的入侵，广东生态系统的脆弱对生态安全造成比较严重的影响。

---

① 刘小琳、罗秀豪：《广东实施绿色发展战略的对策建议》，《科技管理研究》2012年第7期，第37页。

三、"绿色广东"的机遇、挑战分析

（一）机遇分析（opportunity）

1. 绿色发展是全社会的诉求

绿色发展已成为广东全社会的共识。广东"十三五"规划纲要和林业发展规划都明确提出了建设森林城市的目标和措施，尤其是对珠江三角洲地区提出了更为严格的要求。珠三角地区改革和发展规划纲要出台。当前，广东已进入经济社会转型升级的关键阶段，正着力贯彻新发展理念，深入推动结构性改革，大力实施创新驱动发展战略、绿色低碳循环永续发展战略和信息化先导战略。广东各级领导清楚地认识到，要真正成为发展中国特色社会主义的排头兵，必须把加强环境保护、推动绿色发展摆在更加重要的位置，力争在绿色发展指标体系上达到全国一流、世界领先水平。将广东建设成为全国绿色生态第一省，是广东经济社会发展的战略选择。这个选择，从文明发展的宏观层面说，是对于人类文明发展潮流的积极顺应，从中国社会的发展变迁说，是广东对于广大人民群众日益增长的生态产品需求的及时回应。

2. 相对完备的政策体系支持绿色发展

改革开放四十多年，广东在绿色发展方面积极探索，出台了一系列宏观政策，主要包括：1987 年出台的《广东省节约能源管理办法》，2004 年出台的《广东省资源综合利用管理办法》，2005 年出台的《广东省环境保护规划》和《广东省人民政府关于建设节约型社会发展循环经济的若干意见》，2006 年出台的《广东省国民经济和社会发展"十一五"规划纲要》，2009 出台的《广东省循环经济发展规划》、《广东省严控废物处理行政许可实施办法》和《珠江三角洲地区改革发展规划纲要》,2010年出台的《广东省珠江三角洲大气污染防治办法》,2013年出台的《关于全面推进新一轮绿化广东大行动的决定》,2015年《广东省环境保护条例》以及2017年出台的《广东省西江水系水质保护条例》等。针对可能出现的环境问题,都制定了相应的制度去管理,为广东绿色发展提供了制度支持。

3. "敢为人先"的开拓精神

"敢为人先"使广东成为一片神奇热土,改革开放四十多年,广东以"杀出一条血路"的气魄冲在前沿,一路领先,创造了数不清的第一。广东人敢于走别人没有走过的路,敢于自我超越,敢想敢干,敢冒风险,看准了就大胆地试,"摸着石头过河",不断披荆斩棘,先行一步,走在时代的前列。依靠改革开放打下的基础,以及提升珠三角地区带动东西北地区、节能减排、节约集约用地、环保倒逼等战略措施,从注重发展到注重民生,建设全面深化改革开放的先行地,探索中国特色社会主义道路的实验区,成为实践科学发展观的排头兵,努力实现以环境保护优化经济结构、环境与经济双赢的全国楷模。广东将再一次站在新的历史起点上,继续引领中国生态文明、建设美丽中国的风气之先、路径之先。

(二) 挑战分析(threat)

1. 资源和环境压力

在《珠江三角洲地区改革发展规划纲要(2008—2020)》中明确指出了:珠三角地区的土地开发强度过高、能源资源缺乏、保障能力不足、供需矛盾突出。广东的环境容量已经被大量占用,甚至超量占用,传统的先污染、后治理模式已经造成环境状况的持续恶化。在经济发达的珠三角地区，深圳市污水管网缺口达 4 600 多公里，全市污水收集率不足 50%；广州每天仍有 47 万吨生活污水直接排入流溪河，其 89 条一级支流中的 46 条水质为劣五类；东莞石马河虽经治理却污染反弹。在粤东地区，汕头、揭阳两市长期存在“等靠要”思想，5 座污水处理厂及配套管网、3 个污泥处置中心、3 座垃圾焚烧发电厂、两座垃圾填埋场无害化改造工程无一建成，每天约 62 万吨生活污水直接排入自然环境①。近年来，虽然广东单位 GDP 的能耗持续下降，处于全国较低水平，然而由于 GDP 的总量较大，因此总的资源消耗量还是处在一个较高水平。城市化和工业化污染了广东生态环境，成为广东绿色发展的绊脚石。因此，节能降耗、提高能源利用率、建设节约型社会仍然是贯穿广东绿色发展的长期任务②。

2. 国土开放空间利用的压力

城市及城镇空间快速扩张，建设用地面积迅速增长。2006 年至 2016 年，全省建设用地增加了 3 960 平方公里，年均增长 1.76%。截至 2016 年，全省建设用地面积为 19 485 平方公里，开放强度为 11.29%，其中深圳、东莞均超过 40%③。部分中小城市、建制镇、开发区占地空间较大，而所积聚的人口和经济规模相对较少。因为人口多而土地少，广东未来可供开发利用的建设用地非常有限。2016 年全省人口密度

---

① 姚群：《补齐绿色发展“短板”——广东出台决议推进环保突出问题整改》，《人民之声》2017 年第 6 期，第 16 页。

② 张开城：《基于 SWOT 分析的广东绿色可持续发展研究》，《战略决策研究》2011 年第 5 期，第 78—82 页。

③ 中共广东省委党校　广东行政学院编：《生态文明建设新理念与广东实践》，广东人民出版社 2018 年版，第 52 页。

581 人/平方公里,是全国人口密度的 4 倍多。全省人均占地面积 0.17 公顷,不到全国人均水平的 1/3,人均耕地面积 0.03 公顷,相当于全国人均水平的 1/3,远低于联合国规定的 0.053 公顷的警戒线[①]。由于广东长期只重视国土空间的经济增长作用,忽视其生活服务与生态支撑功能,导致生活空间和生态空间质量未能得到根本改善。

第二节 “美丽广东”的实施路径

党的十九大报告中提出了加快生态文明体制改革、建设美丽中国的战略任务,在原来的“富强民主文明和谐”之后增加了“美丽”二字,突出彰显了共产党人对社会主义本质不懈追求的现实表达。作为改革开放以来经济发展长期位居榜首的广东,提出建设“美丽广东”,既是对广东四十年改革开放实践的深刻总结,也是对人民群众日益增长的生态产品需求的及时回应。时任广东省长朱小丹就广东推进“美丽广东”建设提出:坚定不移地调整优化产业结构,矢志不渝地加大节能减排的力度,脚踏实地加强污染治理,千方百计抓好节约集约用地,立足实际加快建立生态文明评价指标体系,努力推进新一轮绿化广东大行动,广东继续当好排头兵需要拿出当年改革开放“杀出一条血路”的信心和决心,闯出一条绿色发展的新路子[②]。2016 年召开的广东环保局长会议指出,“十三五”期间,广东以改善环

① 中共广东省委党校 广东行政学院编:《生态文明建设新理念与广东实践》,广东人民出版社 2018 年版,第 53 页。

② 康念福、郁宏辉:《建设生态文明和“美丽广东”的思路与建议——2013 年“省长与专家座谈会”主要观点综述》,《广东经济》2013 年 6 期,第 13—21 页。

境质量为核心，全面践行“两山论断”，打好“三大战役”，当好绿色发展的排头兵①。努力实现习近平总书记对广东提出的“四个坚持、三个支撑、两个走在前列”②的奋斗目标。

一、践行“两山论断”

建设“美丽广东”，是广东贯彻中央绿色发展战略，争当绿色发展排头兵的内在要求，更是促进广东经济社会持续、健康发展的客观需要。新一轮的绿化广东大行动，是广东省委、省政府落实习近平总书记的重要指示精神采取的重大举措，是建设“美丽广东”、推进广东绿色发展的战略决策③。建设“美丽广东”是人民群众的殷切期盼，是践行以人为本理念，追求民生福祉的宗旨所在。良好的生态环境是最公平的公共产品，既要绿水青山，也要金山银山，明确强调了兼顾经济发展与环境保护的统一。一直以来，广东矢志不渝坚持“绿水青山就是金山银山”的绿色发展理念，正确认识“绿色就是生产力”、“环境就是发展”的基本要求，既要“金山银山”，更要“绿水青山”，努力弥补自然生产力的“短板”，走生态立省发展道路，促进社会生产力的协调发展，努力建设生态文明。生态文明建设已经成为广东跨越式发展的重要抓手，不但筑牢了南粤生态安全屏障，而且开拓了建设

① 钟奇振、陈惠陆：《广东：当好绿色发展排头兵》，2016 年 3 月 3 日《中国环境报》第 5 版。

② “四个坚持、三个支撑、两个走在前列”：2017 年 4 月，习近平总书记视察广东时提出，希望广东坚持党的领导、坚持中国特色社会主义、坚持新发展理念、坚持改革开放，为全国推进供给侧结构性改革、实施创新驱动发展战略、构建开放型经济新体制提供支撑，努力在全面建成小康社会、加快建设社会主义现代化新征程上走在前列。

③ 唐彬：《绿色生态：广东发展必然战略选择》，2013 年 9 月 9 日《东莞日报》第 B4 版。

“美丽广东”的新篇章。“绿水青山”指的是生态价值,“金山银山”指的是经济价值。习近平总书记“绿水青山就是金山银山”的科学论断,为正确处理我国生态价值和经济价值的关系明确了方向。笔者认为,“两山论断”以通俗而又形象的语言,揭示了“绿水青山就是金山银山”的驱动转化,生动诠释了马克思主义关于人与自然关系的发展变迁。“绿水青山就是金山银山”,既是一种发展理念,也是绿色发展的方式和路径,更是一种发展的必然结果。

习近平总书记关于“绿水青山就是金山银山”的论断科学阐释了绿色发展的三个原则:一是共生原则,强调人与自然的和谐共生,拒绝单方面的发展和单纯的保护,要努力形成人与自然和谐发展新格局;二是底线原则,在经济发展与生态环境相矛盾时,绝不以牺牲环境为代价去换取一时的经济增长;三是普惠原则。习近平总书记提出的牢固树立起改善生态环境就是发展生产力,保护生态环境也是保护生产力的科学理念,发展了马克思主义关于自然生产力思想,为“绿水青山就是金山银山”理念的确立提供了理论支撑①。“十三五”期间,广东省牢固树立创新、协调、绿色、开放、共享的发展理念,紧紧把握“三个定位、两个率先”目标,全面践行“两山论断”,当好绿色发展排头兵。广东省东源县被生态环境部命名为第一批“绿水青山就是金山银山”实践创新基地,“两山”理论实践创新基地,是探索“绿水青山就是金山银山”发展路径的典型做法以及实践经验的重要载体,极大地丰富了“绿水青山就是金山银山”重要思想内涵,为全国和广东其他地区推动绿色发

① 张云飞、李娜:《习近平生态治理新理念的科学意蕴》,《湖湘论坛》2016 年第 4 期,第 7 页。

展树立了标杆和样板，具有重要的示范和引领作用①。

二、打好“三大战役”

党的十九大指出，在全面建成小康社会的决胜时期，突出抓重点、补短板、强弱项，特别要坚决打好污染防治的攻坚战。消除污染，主要包括消除水、大气、土壤等的污染。正如习近平总书记所说，水、大气、土壤污染严重已成为全面建成小康社会的突出短板。“美丽广东”的构建以新时代中国特色社会主义为指导思想，从绿色发展的大局出发，倡导绿色思维、践行绿色理念、实施绿色战略、秉承绿色发展。广东以改善环境质量为核心，全力打好污染防治“三大战役”。“十三五”期间是广东率先全面建成小康社会的决胜阶段，保护环境处于重要的战略机遇期和负重前行的关键期。2016 年，广东全力打好水、大气、土壤污染防治“三大战役”，努力补齐生态环境短板，开展生态保护红线划定工作，支持低碳环保产业园的建设，推动发展方式的绿色化②。2018 年第一季度，主要污染物排放稳定下降，大气和水体质量不断改善，土壤环境质量持续稳定，环境风险系数得到有效控制，生态系统功能显著增强，环境监管能力整体提升，全省小康社会环境质量的指数全面达标。

全力开展清水保卫战。为全面实施《广东省水污染防治行动计划实施方案》，珠三角各市全部建立了生活污水处理设施，理顺跨行政区

---

① 《环保部命名首批“两山”理论实践创新基地》，2017 年 9 月 22 日《中国环境报》第 2 版。

② 钟奇振、陈惠陆：《广东：当好绿色发展排头兵》，2016 年 3 月 3 日《中国环境报》第 5 版。

域的政府责任、经济责任、社会责任三者间关系，健全水流域生态治理，完善工作机制，健全追责制度，确保广东水污染防治行动计划目标如期实现。广东严格执行水污染防治行动计划，深入推进淡水河、石马河、茅洲河、小东江等重点河流污染整治。推行清洁生产、循环生产等，节约工业用水量，实现工业有毒、有害废水的零排放，着力推进水质提升、河道生态修复等重点整治工作。全面推进城中村水污染治理、城市建成区黑臭水体治理，以广州白云区为例，其在治水方面创新思路，迎难而上，走出了治水困境。白云区内河涌众多，治理难度大，工作中积极探索治水新招，在石井河涌的底部铺设浅层的渠箱收集污水，在城中村建设微型“净水厂”就地处理生活污水，并取得显著成效，确保到 2020 年，实现国家和广东省有关消除城市建成区黑臭水体的目标，将水环境的整治成果转为广东的资源优势。

坚决打好蓝天保卫战。我国现在城市空气污染进入新型复合型大气污染阶段，灰霾等污染问题日益突出，治理大气污染的任务艰巨。广东在大气环境治理上，全面开展城市的空气质量达标管理，专项整治重点工业污染源，实行 24 小时在线监控，以达标时限、依法关停、依法判刑等严厉手段，倒逼废气排放不达标企业及时改进。在东莞、顺德、深圳等城市选择一批重点企业开展了挥发性有机物的治理示范，减少和控制挥发性有机物排放。加强火电、陶瓷和水泥等行业的污染治理，控制 PM2.5 和臭氧浓度，消除重污染天气，基本保持大气质量全国领先。鼓励使用清洁能源车，持续淘汰“黄标车”，严控汽车的尾气排放，做好珠三角水域的船舶排放控制。在全国三个大气污染重点防控区中，广东的珠三角地区率先整体达标，开创了国家重点城市群的空气质量达标的成功模式，在全国大气污染治理领域树立了标杆。

积极实施土壤保卫战。民以食为天，土壤乃万物之本。土壤不仅是国家的主要自然资源，而且是地球表层的重要环境因素。广东高度重视土地污染的治理，在2016年《广东省人民政府关于印发广东省土壤污染防治行动计划实施方案的通知》中，工作目标要求到2018年底，全省土壤监管体系基本建立，土壤环境质量监测网络投入运行，农用地土壤环境质量状况进一步查清。为了加快土壤整治，广东采取了强有力的措施。严禁工业废水、废渣等污染物任意排向农田，推广使用高效、无毒化处理乡村生活污水和垃圾，加强废弃物管理。采用生物防治、物理防治、化学防治等先进技术，提高微生物活性，分解有害物质，降低土壤重金属含量，切实推进重金属的污染防治。实施土壤环境的分类管控，保护耕地土壤环境，强化对工业污染地的治理修复，加大农村土壤保护力度，加快推进广东美丽乡村建设，推动建成一批生态环境明显改善的美丽乡村。实施重大生态修复工程，推进荒漠化、水土流失的综合治理，增强土地环境被污染后自愈再生能力。分类治理土壤污染，巩固韶关大宝山和汕头贵屿镇等重点区域的防控和治理，解决了一批土壤污染的历史遗留问题。例如：素有“电子垃圾之都”的汕头贵屿镇投入12亿元建设循环经济产业园，2016年开始贵屿镇从粗放发展驶入循环发展的“快车道”，一场“绿色蜕变”正在这里发生。

三、建设“四大工程”

2012年，广东再次举旗争当排头兵，实施新一轮的绿化广东大行动，开创了绿色发展的新征程。围绕建成“全国绿色生态第一省”的目标，广东不断深化新一轮绿化广东大行动的发展理念、制度、路径和保障，牢固树立生态底线思维，落实保护森林资源和发展目标责任制，为广东的绿色行动注入了发展动力。新一轮绿化广东大行动主要任务是：以“森林碳汇、生态景观林带、森林进城围城、乡村绿化美化”四大生态工程为抓手，坚持“依法治林、生态立林、改革强林、创新兴林”的发展战略，统筹建设山水林田湖，维护区域生态安全，增加生态产品供给，全面推进生态文明建设，努力建设全国绿色生态第一省①。全面加强森林经营，实施森林质量精准提升工程，着力增加森林碳汇。“十三五”广东省林业发展主要目标是：到2020年，全省森林覆盖率达到60%以上，森林蓄积量达到6.43亿立方米，珠三角九市全部达到国家森林城市标准。森林保有量不低于1.631亿亩，林地保有量不低于1.632亿亩，湿地面积不低于2 630万亩，林业自然保护区占全省面积的比例不低于6.9%；完成生态景观林带建设的各项指标任务，森林公园达到1 550个，湿地公园达到280个以上，绿化美化村庄达到16 000个以上；林业产业总值超过9 500亿元，基本建成林业生态文化繁荣、森林生态体系完善、人与自然和谐的全国绿色生态第一省②。

“森林碳汇工程”：广东致力于创建全国生态建设强省，新一轮绿化广东大行动实施以来，已经消灭了500万亩宜林荒山，改造1 000万亩疏残林和布局不合理的桉树林，实现了以阔叶树为主体的混交林全覆盖，增加了森林碳汇，提升了森林生态功能。“生态景观林带工程”：

---

① 李涛、黎明：《构建南粤大地新的生态格局》，2017年5月22日《南方日报》第1版。

② 黎明：《广东努力建设全国绿色生态第一省》，2016年4月11日《中国绿色时报》第2版。

指在沿海、沿江、沿路建立稳固的生态安全屏障。“森林进城围城工程”：指以城市为中心，建设近郊的森林生态游憩带和远郊的城市森林生态屏障带以及沿海生态景观带。森林进城是指根据中心城区的公共绿地建设，实现森林生态廊道的网络建设，发挥城市森林在保护城市生态系统中的重要作用。在全省建设23条共1万公里、805万亩的生态景观林带，建成连接城乡森林系统的绿色廊道，建构高标准的森林生态景观体系①。致力于打造粤港澳优质生活圈，全面提升城市生态建设水平。“乡村绿化美化工程”：指整村推进村庄绿化美化，建成环村绿化带，塑造风景林和水源涵养林，在乡村公共场所和农户庭院等地方积极绿化造林，提高村庄的绿化率，打造森林景观点，建设优美宜居的生态家园。从新一轮绿化广东大行动实施以来，广东已完成造林1 981.7万亩。实施四大林业生态工程，建设生态景观林带共9 809公里，完成了碳汇造林1 503万亩，开展森林进城、围城工程建设，增加森林公园588个和湿地公园132个，开展乡村绿化、美化工程建设，绿化、美化村庄11 778个，省级以上的生态公益林达7 212.42万亩②。2017年广东全面启动森林小镇建设，现已认定首批共38个“广东省森林小镇”。

四、构筑“五大体系”

2013年，广东做出《关于全面推进新一轮绿化广东大行动的决定》，高位推动广东打造五大森林生态体系，建设全国绿色生态第一

① 柏章良、田新程、陈尖：《绿色广东，勇当生态文明的探路先锋》，2013年4月2日《中国绿色时报》第1版。

② 李涛、唐洁、林冉：《凝心聚力，打造美丽中国“广东样板”》，2017年12月8日《中国绿色时报》第1版。

省。从山上造林到森林围城、从经济效益到生态效益、从自然环境到生态文化的构建,广东坚持不懈地进行生态探索和实践,“绿”已成为广东奋斗前行的底色。到2017年,全省森林覆盖率达到60%,森林面积增加到1.63亿亩,森林蓄积量达到6.20亿立方米,着力形成了五大森林生态体系:一是北部的连绵山体森林生态屏障体系。主要是南岭山脉、凤凰—莲花山脉、云开山脉等北部的连绵山体。建造北部及珠三角外环的森林生态屏障带,稳固了生态防护功能。二是以珠江水系为主要水源地的森林生态安全体系。主要是东江、西江、韩江、北江等江河流域以及饮用水源地的大中型水库集雨区。该体系的形成增强了水土保持林、沿江防护林的建设,提升了水源涵养和水土保持能力。三是以珠三角城市群为主体的森林绿地体系。夯实森林公园、自然保护区、湿地公园、城区绿地、生态控制线等区域的绿地建设,提高城市的森林绿地总量,着力创建国家森林城市。四是道路林带和绿道网生态体系。主要是在高速公路等主要交通干线的两侧建造多树种、多色彩的生态景观林带,提升城乡道路和城市绿带建设水平,重点抓好自行车道和人行道系统建设,提升绿道生态效果。五是打造沿海防护林生态安全体系。以近海岛屿和海岸带为主,开展沿海滩涂红树林以及沿海纵深防护林建设,实现防灾减灾功能和景观效果相结合的生态效果。2012年到2016年,围绕五大森林生态体系,广东已设立各级森林公园1 351处(国家级24处、省级79处、市县级569处,乡镇级679处),占全省国土总面积的6.8%①,森林公园数量跃居全国第一,基本形成了类型齐全、布局合

① 中共广东省委党校 广东行政学院编:《生态文明建设新理念与广东实践》,广东人民出版社2018年版,第59页。

理、管理科学、效益明显的森林公园体系。

广东高度重视森林城市建设工作，开辟了广东绿色发展的新局面。2013年，广东首次提出了要在珠三角地区，率先建成首个国家森林城市群的战略构想，旨在打造具有核心竞争力的、世界级的城市群，这是广东又一次先行先试的探索。2016年8月，国家林业局正式批复，珠三角地区为“国家森林城市群建设示范区”。目前，珠三角9个城市中，广州、东莞、惠州、珠海、佛山、肇庆、江门7市已被授予“国家森林城市”称号，深圳、中山两市和珠三角以外的汕头、茂名等市也加入了创建行列，可以看到，广东正在掀起洋溢着绿色激情的国家森林城市建设高潮。

“建设全国绿色生态第一省”并非一句口号，而是有着深刻的内涵。广东把新一轮绿化广东大行动纳入经济社会的发展全局，层层抓落实，各部门密切配合，形成了强大合力①。党的十八大以来，广东全面践行绿色发展理念，以环保优化经济增长，取得了绿色发展的新成效，开创了生态文明建设的新局面，全省生态环境质量得到总体改善。2015年和2016年广东全省空气质量连续两年整体达标，城乡居民饮用水安全得到保障，森林覆盖率达58.98%②。

第三节 广东绿色发展的典型经验

习近平总书记在党的十九大报告中指出，我们要建设的现代化

① IUD中国政务舆情监测中心：《广东绿色革命 ：10年建成绿色生态第一省》，《领导决策信息》2013年第38期，第18—19页。

② 黄慧诚、钟奇振、陈惠陆、郑秀亮：《美丽与发展共赢——党的十八大以来广东加强环境保护、推进绿色发展综述》，《环境》2017年第11期，第24页。

是人与自然和谐共生的现代化,既要创造更多物质财富和精神财富以满足人民日益增长的美好生活需要,也要提供更多优质生态产品以满足人民日益增长的优美生态环境需要。2015年以来,广东加快发展绿色城市、绿色建设、绿色乡村,积累了宝贵的绿色发展经验值得借鉴,在发布的《中国绿色GDP绩效评估报告(2017年全国卷)》中,广东位列全国第一。

一、绿色城市的广东典型经验

全球城市发展规律表明,城市发展的历史就是人类社会从农业文明、工业文明到生态文明的历史。广东在工业化进程中,致力于绿色城市的建设,涌现出惠州等国家绿色城市,东莞等国家森林城市……这些城市始终保持着天蓝水清、空气清新、环境优美,实现了经济发展和生态保护的"双赢"。

(一)惠州:打造惠民之州,建设绿色家园

惠州多年来始终坚持践行"绿水青山就是金山银山"的理念,将实现"绿水青山"与"金山银山"互融共赢作为追求目标,推动"五位一体"协调发展和绿色跨越。2016年惠州荣获"全国十佳绿色城市"。全市森林覆盖率高达62.42%,已建或在建园林绿化建设项目累计500多个,城市人均公园绿地面积17.85平方米,市民出行实现"300米见绿、500米见园"。东江干流惠州段水质稳定达到国家Ⅱ类水质标准,饮用水源水质达标率100%,近岸海域水质全省最优。"城在山水中,家在花园里",是惠州好生态的真实写照。如今,惠州80%的乡镇已创建成省级生态镇,80%以上的村已创建成市级以上

生态村[①]。近年来，惠州市环保局，积极推进环评审批改革，审批时间比法定时间缩短了90%，在"万众评公务"中群众的满意度大幅提升，取得了较好成效。主要做法有：一是坚持环评关口前移。制定实施了《惠州市实施差别化环保准入促进区域协调发展实施细则》等措施，强化环评审批。二是对列入正面清单的项目承诺即批，而对列入负面清单的项目禁止审批。三是对没有列入"正负面"清单的项目，简化环评内容。四是防范审批廉政风险。公布诚信行为档案，建设项目以高准入门槛支撑绿色发展，引进了乐金（LG）等大型外资企业，先进的装备制造业占GDP的比重达58%，高新技术产品占GDP的比重达44%。惠州已探索出一条经济发展与生态保护协同并进的绿色发展新路子。

为了加大绿色空间管控力度，坚守"绿色发展"初心，"绿水青山就是金山银山"，惠州全面推进生态低碳规划的"多规合一"方案。2015年，惠州发布《惠州市"四规合一"工作方案》，提出将城市总体规划、土地利用规划、产业布局规划、环境保护规划实现"四规合一"，为城市发展争取了更多绿色空间。惠州如今正在打造"四规合一"升级版[②]。惠州计划"十三五"时期GDP年均增速达到9.5%左右，森林覆盖率达62.3%。到2017年，惠州各级财政每年在环保方面投入20亿元，具体行动：一是推进"森林碳汇工程"建设，打造"绿谷"。保护提升罗浮山、南昆山、象头山的自然资源；用两年时间完成重点区域内残次林、低效纯松林、低效桉树林改造。2017年，全市森林覆盖率达62.4%，人均

① 《广东惠州等12个城市获全国"2017美丽山水城市"》，中国新闻网，2017年12月3日。

② 梁光源、黄泽欣：《"粤建粤美"广东行：全媒体探索广东绿色发展新气象》，《环境》2016年第6期，第36页。

森林碳汇达4吨。二是推进森林进城、公园下乡,养护“绿肺”。实施城市增绿工程,加快惠州植物园建设,新建8个森林公园,2017年城市建成区人均公园绿地面积达17.8平方米,推进西湖、红花湖、金山湖“三大湖”建设,年均绿化村庄200个。2017年,所有行政村均实现了绿化、美化目标。三是推进“三大湿地”建设,健壮“绿肾”。推进惠州海洋生态公园、潼湖湿地公园和考洲洋海洋生态公园建设。惠州将不断坚持绿色发展引领,推进人与自然的和谐共生,建造“望得见山、看得见水、记得住乡愁”的绿色家园,实现新时代中国特色社会主义生态思想在惠州大地开花结果。

（二）东莞：全力推进污染总量减排,打造绿色精品

东莞,位于珠江口东岸,位居“广东四小虎”之首 ,号称“世界工厂”,有国际花园城市、全国文明城市、国家森林城市等美誉。2013年,东莞市成为国家节能减排财政政策综合示范城市。2015年,东莞市将推动污染减排当作转变发展方式的抓手,加大污染减排的工作力度。主要成效有:一是推进结构减排。关闭一批重点污染企业,引导部分企业搬迁和退出。二是深化工程治污减排。共投资60亿元,建设11座总处理能力在81万吨/日的污水处理厂以及虎门立沙岛、通明电力等集中供热项目工作。三是严格控制机动车污染减排。2015年共淘汰黄标车5.17万辆,凡是2005年以前注册的黄标车全部淘汰,推广应用新能源汽车2 800辆。比较圆满地完成了广东省下达的任务。四是强化监管减排。推进减排企业的日常监察工作,依法查处环境违法行为的企业。

让环保绿化经济。2015年东莞市水乡“两高一低”造纸企业全面

整治与引导退出工作取得突破进展。54 家造纸企业总设计产能为 567.6 万吨/年，全市重污染企业总数由 1 252 家下降到 434 家，基本建成 6 个环保专业基地，入园企业总数达 139 家，污染排放总量减少了 28.6%。2016 年，东莞进一步深化“两高一低”企业退出整治，制定了《2016 年水乡经济区计划整治与引导退出“两高一低”企业名单》，整治企业 101 家。今日的东莞，已对所有道路和水系完成了绿化建设，建成生态景观林 252 公里、水乡大道 18 公里、万江都市岸线 7.1 公里、麻涌水上绿道 32 公里等一批绿化精品，新建森林公园、湿地公园 17 个，建成绿道 956 公里、休闲绿地 1 287 处[①]。

（三）韶关：建设广东绿色生态第一市

韶关坚持生态立市、依法治林、改革强林、科技兴林原则，全力推进林业生态增绿、增质、增效，构建森林生态安全体系，提升绿色产业惠民能力，不断增强林业生态功能和发展活力，筑牢粤北生态屏障。力争到 2020 年，森林覆盖率、林地保有量等森林资源主要指标保持在广东第一梯队，努力建成森林生态体系完善、林业产业发达、林业生态文化繁荣、人与自然和谐相处的广东绿色生态第一市。立足当前、谋划长远。韶关以补齐当前森林景观质量和资源管护短板为突破口，注重建立长效的森林资源培育和管护机制，构建林业生态安全格局。政府主导、群众参与。充分发挥群众的主体作用，调动社会积极性，建立多元化、多渠道、多层次的参与机制，形成上下联动、共建共享的良好氛围。生态效益和经济效益相结合。大力发展绿色惠民产业，实现生态和经济效

① 《世界工厂描绘水乡美景图　东莞探索水乡特色发展经济》，金羊网，2016 年 11 月 27 日。

益双赢。全面推进、重点突破。全面推进森林资源培育和管护工作落到实处,对短板进行重点攻坚,高标准打造亮点工程。

韶关在建设广东绿色生态第一市的进程中,主要开展了四大行动,实施了六大工程。开展四大行动:一是深化林业体制机制改革行动。积极推进国有林场改革,探索林业碳汇交易机制,继续深化集体林权制度改革,创新国土绿化机制。二是推进林业生态红线保护行动。规范使用林地审核审批程序,保障林业生态红线实施有法可依。组织森林公安开展"利剑"等专项执法行动,守住生态红线。三是落实木材加工厂整治行动。依法关闭一批落后的木材加工企业,培育扶持一批发展潜力大的木材龙头企业,提高全市资源利用水平。四是开展生物多样性保护行动。野生动物自然保护区数量增加到 25 个,加强湿地保护,守住 54.75 万亩的湿地红线,完善陆生野生动物救护体制机制,加强野生动、植物的保护。实施六大工程:一是森林碳汇重点生态工程。到 2020 年,完成各类造林 115 万亩,将京珠和国省道主干道列为绿化造林工程的重点,建立纯桉林退出机制,保持封山育林面积达 1 396 万亩。二是道路生态景观林带提质工程。打造绿化、美化、生态化的道路生态景观廊道。三是乡村绿化美化建设工程。强化山水林田湖综合治理,引导农民在房前屋后植树护绿。到 2020 年新增乡村绿化美化村庄 340 个,发展乡村生态旅游业,打造一村一景的魅力生态乡村。四是森林进城围城建设工程。到 2020 年新增森林公园 13 个以上、湿地公园 3 个以上,让人民群众共享森林生态建设成果。五是重点区域生态治理工程。在石灰岩地区种植油茶、金银花等经济树,加强植被恢复,巩固造林绿化成果。六是绿色惠民产业工程。做强茶叶、水果、中药产业带,推进森林生态旅游业发展，打造韶关品牌①。

（四）湛江："最适合洗肺"的海滨之城

被誉为"洗肺之城"的湛江，环境空气综合质量指数排名广东前列，城市供水的饮用水水源地水质达标率保持100%。对于湛江人来说，这样清新洁净的空气，既是大自然赐予的福利，更是努力保护的结果。空气综合质量持续领"鲜"广东，生动呈现了在实现经济社会较快发展的今天，湛江人坚守"绿水青山就是金山银山"的发展理念。振兴发展中的湛江，以绿色发展的姿态，点亮生态经济。

近年来，湛江全力推动经济社会与环境保护协调发展，圆满完成了大气污染防治各项目标任务。强力治污，常年可见迷人"湛江蓝"。湛江市先后出台了《湛江市大气污染防治行动方案（2014—2017年）》等相关政策，明确每年的工作重点和年度控制目标。在工业污染防治方面，湛江市积极推进水泥等行业的落后产能淘汰，"十三五"期间湛江已有5台大型燃煤火电机组升级改造。并且，加强机动车污染防治，大力推广使用新能源汽车，湛江市区CNG出租车比重达到100%；合力治水，让每条河都成一道风景。湛江将水污染防治作为重点民生实事来抓，全面推行"河长制"，将水污染防治责任落实到人，水环境整治均取得较好成效。2017年，湛江主要江河水质总体良好。产业升级，"放管服"推动湛江绿色崛起。湛江环保部门积极发挥绿色调控作用，取消下放行政审批权力，着力推行"一门式、一网式"服务模式，激发了发展内生动力。目前，环评审批时限缩短50%以上。对需要上级环保部门

① 韶关市环境保护局：《韶关市建设广东绿色生态第一市行动方案》，2017年8月24日。

审批的项目，推动加快审批，湛江在绿色发展的道路上迈出了更大步伐。全民参与，生态自觉引领绿色新风。湛江借助创建全国文明城市的契机，把培育生态自觉作为构建全民参与的核心内容，渗透到生产方式、生活方式、消费模式中，通过开展生态环境意识教育增强人们的生态自觉。湛蓝的天，湛蓝的海。良好的环境成为湛江对外宣传的闪亮名片，清新空气成为湛江旅游开发的新产品。保护环境，人人有责。当前，湛江紧抓机遇，把空气质量转变成经济载体，把资源转化为财富，打造名副其实的“最适合洗肺”的海滨之城①。

二、绿色建设的广东先行经验

为贯彻落实中共中央《关于加快推进生态文明建设的意见》和绿色化发展的文件精神，响应广东省政府与住房城乡建设部签署的《共同推进城乡规划建设体制改革试点省建设合作协议》中的关于推动广东绿色建设体系方面深化改革的要求，广东率先在全国提出绿色建设发展模式，积极推动绿色体系建设与研究工作，带动全社会、全领域、全行业共同参与和实践，为建设行业绿色发展出谋划策，共创住房城乡建设领域“泛绿”新生态②。

（一）广东省建筑科学研究院检测实验大楼——破解城市密集区绿建难题

高层办公建筑成为当今办公建筑形式的主流，广东是我国高层办公建筑较为密集的地区之一，从节约能源角度出发，高层办公绿色建筑

① 《湛江：绿色发展出实效　打造文明城市》，湛江文明网，2017年10月13日。
② 《绿色建设　广东先行》，《广东土木与建筑》2015年第10期，第49页。

在城市中将发挥着越来越重要的作用。高层办公建筑整体布局设计的复杂性与多变性，使得绿色建设在维护节能热工性能设计、空调系统设计、环境照明设计等技术节点上仍存在一定困难。广东省建筑科学研究院集团股份有限公司检测实验大楼，地处广州市先烈东路121号，总建筑面积17 342.9平方米，建设基地面积2 706平方米，建筑地上12层，地下3层，建筑总高度46.6米。该项目所在地具有城市密集区普遍特点，属于城市主干道，交通繁忙，车流量较大，这造成周边噪声和灰尘较大等复杂的环境，此处打造绿色建筑不同于郊区和外界环境先天良好区域。由于周边环境复杂，为实现绿色建筑的建设目标，此项目在环境设计上倡导"以人为本"的设计理念，达到人与自然、自然与建筑的完美结合，在项目的示范内容中涵盖了40多项重点绿色建筑技术。该项目目前已获得多项奖项：国家三星级绿色建筑设计标识——绿色建筑示范工程、广州市绿色建筑示范工程、建设部绿色建筑设计创新奖二等奖、广州市绿色建筑设计创新奖一等奖、2012年广东省低碳技术创新与示范重大科技专项项目——绿色节能建筑楼宇技术集成与示范工程。

（二）广州市气象监测预警中心——岭南建筑现代绿色实践

传统建筑意境优美、赏心悦目，现代绿色技术低碳环保，如果能将两者结合，岂不是能带来艺术与技术的双重享受吗？位于番禺大石街的广州市气象监测预警中心就成功将两者结合起来。设计者用现代建筑语言全新诠释了传统岭南建筑的空间特征，依托视觉上的相互渗透的内外联系和环境相互融合，使得岭南老建筑在现代绿色建设体系中重新焕发光彩。监测预警中心建筑面积9 218平方米，绿化率达到

67%，属于一类办公建筑。该项目充分借鉴了优秀的岭南建筑在应对地域环境和气候等方面的经验，体现出文化意境的处理手法，运用敞厅、天井、冷巷以及庭院的设计手法，烘托出舒适、静逸的富于岭南文化韵味的建筑环境，以较低成本的建筑处理理念达到了节能、环保、生态的设计目的。运用传统岭南建筑的空间策略和气候适应性技术，把传统的岭南建筑空间处理手法有机地融入现代建筑的设计中，从而形成了一系列从建筑内部空间逐步向外部环境过渡和渗透的院落空间，不仅能够有效地屏蔽外围的不利因素影响，而且达到闹中取静的效果，创设内部安静优美的办公环境。监测预警中心在设计与建设过程中，通过围护结构、通风、供冷、通风空调、照明、智能化控制等方面的措施，同时结合场地绿化与雨水集蓄再利用、光伏发电、建筑综合环境控制等技术，实现"节能减排"、"资源低消耗"、"健康舒适的建筑环境"及"自然环境保护和修复"四方面的示范效果。

（三）中新广州知识城——白纸上画出一座绿色之城

位于广州科学城的中新广州知识城项目，是继苏州工业园、天津生态城之后中新合作的又一标志性项目。新城就如一张白纸，要想成为引领中国知识型产业高端发展和广东经济成功转型的新引擎，必须走绿色建设的道路，为此，项目设计者在规划之初就为知识城打造了一幅"绿"图。为保证新建项目全部达到国家或广东省绿色建筑要求，并根据自身情况提高绿色建筑的等级，开发区相继颁布了《关于中新广州知识城发展绿色建筑的实施意见》、《中新广州知识城、生物岛绿色建筑建设管理暂行规定》（穗开管办〔2013〕38 号），设立了知识城发展绿色建筑的明确目标，不断建立健全绿色建筑管理体制、支撑服务体系和实施过程管理。在初步设计审查及施工图审查阶段，开发区严格把关，要求中新知识城的建设项目全面实行绿色建筑，至少达到一星级；知识城天韵、万科幸福誉等项目按绿色建筑二星级推进。《知识城绿色建筑专项规划》已委托深圳建科院编制，并已召开专家评审会，待修改完善后报管委会审议；此外，为顺利推进知识城绿色生态城区的规划建设，专门组织编制了《中新广州知识城生态城区规划建设标准（试行稿）》，将绿色指标分解落实到知识城各层次城市规划、建设项目审查等环节，开创规划编制和规划管理双重控制的管理新模式。

（四）佛山新城——环珠江口崛起绿色生态城

佛山新城是佛山未来城市新中心。佛山新城以低碳绿色建设为发展理念，利用区位优势，打造绿色产业结构。佛山新城位于珠江三角洲西岸，河网发达，辖区内河涌纵横交错，佛山新城注重控制滨水两岸的开发，利用现有浓郁岭南文化和独特的水乡特色，重点打造“绿与城相伴，城与水相依”的生态景观环境，契合低碳绿色的发展理念。通过地区发展条件的分析，佛山新城按照高起点、高标准、高要求，新建绿色建筑覆盖率达100%，其中二星级及以上绿色建筑达30%以上，以宜商宜居为理念，以绿色、生态、低碳为原则，充分体现了“高效率、慢节奏”的绿色生活、工作空间。通过绿色建设，佛山新城将打造绿色产业结构，坚持“产、城、人”融合发展战略，推动建设工业设计、产业孵化、文化创意高端载体，吸引国内外科技型企业进驻，形成低碳化、节能化的高产值工业创新和工业服务聚集区。佛山新城开发建设体现生态理念，佛山新城已按绿色、生态、低碳理念编制完成总体规划、控制性详细规划和绿色建筑、市政、能源、生态设计、碳排放达标控制、公共服务配套设施、交通建设等十多个专项规划,并建立了相应的指标体系。佛山新城(中德工业服务区)是广东省六大重点发展平台之一,是中欧合作新型城镇化示范区。佛山新城创建国家绿色生态示范城区,将全面带动广东发展绿色、生态、低碳建设,提升城市品质。

三、绿色乡村的广东实践经验

我国农村地域广阔、人口众多,要实现美丽中国的目标,首先要建设好美丽乡村。"美丽乡村"是指"产业发展、生活舒适、民生和谐、文化传承、支撑保障"①。美丽乡村的"美丽"主要体现在自然、社会和人文三个层面,涵盖了五个层面的"美":生态环境美、人文环境美、社会环境美、合理布局规划美以及体制机制完善美②。针对当前我国美丽乡村建设在经济发展方面的短板,广东认识到建设绿色乡村是实现生态效益和经济效益"双赢"的重要战略。近几年,广东下大力气打造特色美丽乡村,涌现出一大批引领全国的美丽乡村。

(一)清远市英德市九龙镇河头村

清远市素有广东后花园之称,英德九龙华丽转身为"升级版"美丽乡村。英西峰林走廊核心区九龙镇的大地上,美丽的自然景色与鲜明的村庄特色交相辉映,吸引着每一个参观者的目光:"自然生态型"、"乡村旅游型"、"农业特色产业型"、"乡风文明型"……多种类型的美丽乡村,给人留下深刻的印象。在推进美丽乡村建设中,英德市九龙镇

① 农业部:《"美丽乡村"创建目标体系》,2013年5月15日《农民日报》第5版。

② 柳兰芳:《从"美丽乡村"到"美丽中国"——解析"美丽乡村"的生态意蕴》,《理论月刊》2013年第9期,第167页。

坚持规划先行、因地制宜，力求“村村有规划、一村一特色、一村一亮点”，积累了可以借鉴的“九龙经验”。位于英德市九龙镇中部的河头村，累计投入资金 2 000 多万元用于开展环境整治，建成了绿化亮化、村道巷道硬底化、污水处理设施等一批项目，村容村貌焕然一新。2015 年以来，成功申报为广东省级第三批新农村连片示范建设工程，2016 年获得“中国美丽乡村百佳范例荣誉称号”。在美丽乡村建设过程中，河头村注重发挥党组织的战斗堡垒作用，并与农村综合改革、乡村旅游开发、农业产业转型升级、英西峰林旅游开发、省级新农村示范片建设和新一轮精准扶贫有机结合，率先开展农村综合改革，推进基层组织下移，累计整合涉农资金 26.14 万元，用于改善人居环境建设美丽乡村等公益项目。产业支撑则为河头村美丽乡村建设提质升级。河头村通过引进旅游公司，以约 1 300 亩土地入股的形式，与旅游公司共同开发涵盖原生态观光产业、健康文化产业、养生度假产业、乡村旅游产业于一体的综合生态旅游项目，不仅实现了农民在家门口就业，也带动了当地土特产、竹编手工艺品等特色产品的发展，为美丽乡村建设注入了可持续发展的动力，预计每年可为当地村民带来 3 000 多万元的经济收入。

（二）广州市番禺区石楼镇大岭村

大岭村位于广州市番禺区石楼镇西北面。这个有着 800 多年历史沉淀的小村庄，因为出了探花、进士、举人而闻名。2007 年 5 月 31 日，大岭村被国家建设部和国家文物局评选为“中国历史文化名村”称号，是广州市唯一获得此项殊荣的村。2008 年 4 月 8 日，大岭村还被广东省旅游局评选为“广东省旅游特色村”。2013 年被评为“广东省卫生村”。2014 年 11 月获得“广东省文明村”称号，在 2017 年全国农村示范村的评选中,上榜美丽乡村示范村。如今,这个村庄不只以走出了数量众多的大学生而闻名,而且亦因它分散在小村落中的古塔、祠堂、蚝壳墙等而散发出悠悠的古香。大岭村风景优美,山清水秀,村落布局良好,历史遗存丰富,传统建筑精美。大岭村自创建美丽乡村以来,村庄面貌焕然一新,村内基础设施和公共服务设施不断完善,村民切实感受到美丽乡村建设带来的实惠。大岭村结合自身优势,深入推进村庄环境整治,努力彰显村容整洁环境美;结合历史文化的开发,发掘村庄的悠久历史,彰显属地人文历史景观和建筑特色;大力推进农村生态经济发展、生态文化建设;产业发展上,保障传统农业发展,积极发展特色产业,引导农民调整农业结构①。

(三) 中山市南区曹边村

曹边,1068 年立村,是中山市南区一个美丽乡村,山清水秀,历史悠久,名人辈出,是历史文化底蕴深厚的侨乡村落和广东省侨界人文社区,也是中山保存较为完好的古村落之一。山林环抱、稻田绵延,村人生活悠闲宁静,到处遗留光阴驻足的历史味道。2017 年曹边村获评国家美丽乡村示范村,该村不仅留住了青山稻田等自然风光,还保存有民国乃至明清时期的老屋牌坊等文化景观。有大量明清和民国时期的侨房、石板街、住宅、巷里弄道以及人文景观。例如: 建造于 1929 年的曹边学校,开创了中山市华侨捐建现代学校的先河,目前有保存完好的武侯庙和状元牌坊,还有岭南特色的青砖大屋和西式碉楼,屹立在稻田中央的烂炮楼以及供几代曹边人饮用的龙井等,形成了一幅立体的艺术

---

① 肖桂来:《真棒,大岭村入选全国美丽乡村示范村》,2017 年 8 月 10 日《广州日报大洋网》。

长卷,使这里的风光尤为独特。曹边村除了侨乡文化浓厚,独特之处还在于自然风光[①]。走入曹边村,如同穿越"时光隧道",历史建筑与自然景观相呼应。改革开放以来,曹边村没有沉溺于"城中村"的建设浪潮之中,而是注重打造生态村,"风水林"保护完好,保留了 800 亩生态稻田。多年来,曹边村村委坚守工业不进村的信念,工业厂房的开发一般建在村边周围的闲置用地上。曹边村紧紧围绕省侨联文件精神"以人为本、环境舒适、配套完善、文明和谐"以保障和改善民生为重点,使全村的宜居水平得到提高,使村容村貌得以提升。

（四）揭阳市空港经济区砲台镇南潮村

揭阳市空港经济区狠抓传承村落文明留住美丽乡愁,广泛凝聚乡贤力量,加快社区基础设施建设,扎实推进"水岸共治",下大力气清理河、溪、沟、渠、塘,推动河岸生态化整治,着力重塑水乡风韵,2017 年荣获全国"美丽乡村示范村"称号[②]。南潮位于砲台镇西南侧,为北宋潮州先贤吴复古所创,距今已有 900 多年。如今,南潮村社区人文和自然景观众多,景色如画,榕江、中离江两大水系共同构成南潮小溪和沼泽密布的独特水文环境,形成众多迷人的水乡风景。全村水网密布,门前古树依水,水道栈桥卧波,水泥村道干净整洁,鳞次栉比的新建楼房映衬着独具特色的潮汕古民居。在发展经济的同时,南潮村注重环境的保护与整治,内外合力办好民生实事。创业有成的南潮乡亲,怀着浓浓的家乡情结,响应家乡的号召,踊跃捐资帮助家乡发展公益事业,和家

---

① 许鸿雁:《南区曹边村获评国家级美丽乡村示范村》,中山文明网,2017 年 9 月 8 日。

② 孙晓珊、林怡然:《砲台镇南潮社区:聚乡贤力量建美丽乡村》,2017 年 10 月 20 日《揭阳日报》。

乡人民一道,内外合力建设美丽新家园。为建设美丽乡村,擦亮水乡品牌,南潮村加强环境卫生整治,在8个自然村均成立垃圾管理员负责清运垃圾的同时,还配备溪河管理员,及时打捞水面漂浮物,维护河面洁净。为发展生态文化旅游事业,打造最美水乡,南潮还将计划筹资建设吴复古文化公园,在提高居民生活品位的同时,打造文化品牌,进一步扩大南潮生态文化旅游的知名度和影响力①。

四、绿色粤港澳大湾区的探索经验

2019年2月,由中共中央、国务院印发的《粤港澳大湾区发展规划纲要》(简称《纲要》)明确,要以"绿色发展、保护生态"为基本原则,以"宜居宜业宜游的优质生活圈"为战略定位之一,建设生态安全、环境优美、社会安定、文化繁荣的美丽湾区,"到2035年建成国际一流湾区和世界级城市群"②。

(一)绿色粤港澳大湾区的要义

如何实现绿色发展是粤港澳大湾区未来相当长一段时间的重要课题。为了推动实现绿色发展,建成美丽湾区,《纲要》在发展目标方面提出分两阶段进行,第一个阶段是"到2022年绿色智慧节能低碳的生产生活方式初步确立",第二阶段是"到2035年,资源节约集约利用水平显著提高,生态环境得到有效保护,国际一流湾区全面建成"。粤港澳大湾区地处改革开放前沿阵地,历经四十年的快速发展,粤港澳大湾

---

① 木木:《台镇南潮社区发挥人文优势打造美丽新农村》,揭阳新闻网,2014年11月22日。

② 中共中央、国务院:《粤港澳大湾区发展规划纲要》,人民出版社2019年版。

区绿色发展也处在历史上的最好时期，有条件、有能力解决生态环境突出问题。粤港澳大湾区GDP增长和生态环境投入持续增加，可以推动粤港澳大湾区实现绿色发展。粤港澳大湾区绿色发展也到了压力叠加、负重前行的关键期，即环境容量有限，环境承载力已接近上限，到了必须解决的关键时期。粤港澳大湾区的提出，既是珠三角城市融合发展的升级版，也是服务"一带一路"的重要支点。粤港澳大湾区坚决落实生态优先、绿色发展理念，进一步深化粤港澳三地环保合作，着力打造"优良环境、优美生态"的绿色城市群名片，在绿色发展方面继续引领全国。

（二）香港绿色发展的经验借鉴

香港的绿色发展实践是有不少经验值得大湾区内部其他地区借鉴的。一是将绿色发展理念融入政府行政管理、学校教育和日常生活中；成立可持续发展委员会，委员会成员由环境保育、社会服务专业知识和经验的人士，以及政府高层官员组成；建立绿色发展评估制度，出台的对香港经济、环境及社会带来影响的重大计划，都要进行可持续发展评估①。二是高度重视环境保育和宣传教育工作，香港保护自然环境很重要的一个方法就是让公众一起参与，将自然景观化为教育公园，让市民直接参与到生态环境保护中，将环境教育融于历史文化保护之中。政府带头实践绿色理念，立法会综合大楼的设计充分利用自然光、发挥天然的通风和降温作用，在社会上产生了广泛的示范效应。三是超前规划、高标准建设环境基础设施，高标准建设环境基础设施为高标准运

① 赵峥：《亚太城市绿色发展报告——建设面向2030年的美好城市家园》，中国社会科学出版社2016年版。

行提供了可靠保障;高水平运营管理,香港的主要环境基础设施通常是引进国际环境巨头进行日常运行管理,既保证了专业化运营,又可实现专业化监管。四是高度重视环境管理的精细化和专业化,通过科学模型实现精细化管理。《纲要》强调深化粤港澳合作,发挥香港的开放引领作用,推动大湾区高质量的发展。香港绿色发展实践将绿色发展的理念落到行动上,大力推广绿色建设和绿色交通,真正做到规划引领。

(三)粤港澳大湾区绿色发展的路径选择

粤港澳大湾区经过工业化的快速发展阶段后,具备率先推进绿色发展的基本条件。一是加强顶层设计,搭建粤港澳大湾区绿色治理体系,推动绿色发展共同体的建成,在开放交流与合作治理的基础上,粤港澳大湾区在谋求发展方面,整合11个城市多边合作机制,以合作谋求跨行政区、跨流域、跨领域的治理,构建一个更加高效的治理体系,共同打造更大开放格局的粤港澳大湾区城市群格局,让粤港澳大湾区发展成为影响全球绿色发展的综合体。在生态环境保护与治理方面,粤港澳大湾区需要跨越一直以来各地各自为政的环境保护与治理局面,应当从整个湾区未来共同发展的角度,制定大湾区生态环境保护规则,统筹山水林田湖草系统治理,构建大湾区生态安全格局,既要考虑11个城市发展水平的差异性,又要兼顾生态环境保护方面的共同要求,解决共同面对的生态建设难题。二是推动区域合作,提升粤港澳大湾区各地绿色发展能力。粤港澳大湾区各地发展水平差异较大,香港、深圳、广州绿色发展能力较强,而肇庆、江门、惠州的经济发展水平较低,绿色发展能力更加落后。佛山、东莞、中山、澳门虽然经济发展能力稍强一些，但是在推进绿色发展方面，仍显得力不从心。因此粤港澳大湾区各地形成加强的绿色发展合力，才能切实有效的推动绿色命运共同体实现。三是注重立体支撑，构筑粤港澳大湾区绿色发展支持体系。构建绿色创新支持体系。粤港澳大湾区需要重点开展绿色建设、资源环境、新能源等领域的基础研究，培育新兴增长点。构建绿色经济支持体系。我国经济增长正在经历动能转换，粤港澳大湾区应把发展绿色经济作为新的经济增长点，加快产业结构升级转型，通过企业之间的合作，分享前沿绿色技术，共同推动绿色发展，构建绿色知识支撑体系，增加湾区各地学术界和非政府组织的作用，鼓励科研院校、学术团体、企业对湾区绿色发展方面的研究、宣传，扩大其同政府在绿色发展项目计划、监测、评价等方面的合作，共同为粤港澳大湾区绿色发展提供智力保障①。

第四节　广东绿色发展的当代启示

"十三五"规划提出的主题之一就是绿色发展，近几年，广东一直践行"绿色发展"的理论与实践，率先成为全国绿色发展的领头羊，让"珠江绿、广东蓝"成为享誉中国乃至世界的"品牌"。2017 年广东的灰霾天数创下新低，绿色生态水网建设成效逐渐显现，节能减排目标加速达成……一系列可见的成绩无不描述着广东绿色发展先行者的角色，给全国绿色发展带来重要启示。为了确保 2018 年广东省"三个定位、

① 彭芳梅：《浅析粤港澳大湾区绿色发展路径》，《中共南京市委党校学报》2019 年第 2 期，第 88—90 页。

两个率先”①目标顺利实现，广东在绿色发展方面不断总结经验，可以概括为：牢固树立“务实、发展、协同、创新、法治”意识，坚持“以求真务实改善环境质量，以锐意改革推动环境保护，以齐抓共管健全体制机制，以敢为人先破解环保难题，以法治思维保障绿色发展”。

一、务实：以求真务实改善环境质量

改革开放以来，广东不断探索可持续的绿色发展道路。2016 年 9 月，广东印发的《广东省环境保护“十三五”规划》，要求坚持以改善环境质量为核心，打造互联互通的珠三角绿色生态网，为人民群众提供优美的绿色环境。

（一）转变经济发展方式，加快转型升级

围绕“加快转型升级，必须强化绿色发展”，广东大胆解放思想，掀起了一场绿色变革。广东将优化结构、降低消耗、保护环境、提高效益，作为经济发展的先决条件。广东的结构调整、转型升级由市场来决定，政府不再担当调整经济结构的主角。大力推进产业结构优化升级，推进产业结构调整，促进传统产业转型升级，发展生产服务产业，加大新能源开发和利用，加快发展节能环保型产业，根据走新型工业化道路的要求，推进高新技术产业化，积极开展信息化，淘汰落后的设备和技术，关闭污染严重的企业。开发资源节约的新技术和新设备，使资源的消耗逐步实现从高增长到低增长、再到零增长的转变，从根源上缓解资源

① “三个定位、两个率先”：2012 年 12 月，习近平总书记视察广东时提出，广东要努力成为发展中国特色社会主义的排头兵、深化改革开放的先行地、探索科学发展的实验区，为率先全面建成小康社会、率先基本实现社会主义现代化而奋斗。

的约束矛盾以及环境的巨大压力。加大节能减排和循环经济试点力度，减少资源消耗和污染排放。实施创新驱动发展战略，重点发展绿色产业，将新能源汽车和环保产业等打造成新的经济增长点，推动广东产业不断向高端化和低碳化转变，从而建立起生态型、清洁型、节约型产业结构①。绿色发展，机遇和挑战同在，在广东省委和省政府的正确领导下，广东正以更加开放和包容的心态，以更加奋发昂扬的斗志，务实创新，积极进取，抓住机遇，战胜挑战，在迈向绿色发展的征途中实现建成"美丽广东"的目标。

（二）坚持节能防污，提升高端制造业的竞争力

长期以来，广东的制造业，其竞争力主要来源于低成本，主要表现在人工成本低、土地成本低、环境成本低等。改革发展初期，这种低成本是一种竞争力，但从长远来看，低成本恰恰弱化了企业的核心竞争力。虽然今天广东制造的产品已经风靡全球，但是广东仍不具备担当全球制造中心的条件，尚缺少强有力的技术创新做支撑，过去发展工业制造体系的过程中，企业一直是选择最低成本的劳动力，注意力没有集中到如何提高劳动生产率上。但是，进入新常态，要想提高劳动生产率，从投入的视角来看，生产系统必须要提升制造水平，从产出的视角来看，需要追求与客户的共同成长，只有实现两者的完美结合，才能提升制造业的竞争力②。对于广东低成本的制造业带来的环境欠账，广东着重从末端治理转变为源头控制，尽可能最大限度地减少污染物的

---

① 康念福、郁宏辉：《建设生态文明和"美丽广东"的思路与建议——2013年"省长与专家座谈会"主要观点综述》，《广东经济》2013年第6期，第16—19页。

② 温宪元：《绿色发展对广东具有特别重要的意义》，2012年8月12日《南方日报》第7版。

产生量。主要包括两方面，一是重视环境影响评价，严格产业准入的环评审批，排除地方保护主义的干扰，确保筑牢环境保护的第一道防线；二是持续推进生态设计和清洁生产，加快推进对污染物超量排放和使用毒害物质的企业进行强制性清洁生产审核工作，到2020年，争取实现工业企业清洁生产。对于高端制造业，要向产业链的两端进行延伸，提高对产业链的整合能力。因此，对制造业的结构调整、转变经济增长模式，是一个渐进过程，提升高端制造业的竞争力，夯实实体经济迫在眉睫。

（三）促进结构调整，增强绿色引领经济发展的能力

近年来，广东在树立以生态为重的理念、全面持续推进绿色生态建设、打造全国生态第一省等方面做出很大的努力，取得令人瞩目的成绩。然而，广东和全国一样，在努力实现“绿色增长”的过程中，虽面临着巨大的挑战，但更有着难得的机遇。当前，生态产业是建设“绿色广东”和发展循环经济的重要载体。如果不发展生态产业，那么就不可能打造出“绿色广东”。因此，必须以生态经济和循环经济的理论和方法为指导，全面开展广东的生态产业发展规划，规划应涵盖生态工业、生态农业、生态旅游业和生态服务业，加快对传统产业的改造和升级。要在广东率先建成一批生态工业园区、生态农业园区、生态服务业园区，用示范来带动全省的生态产业的发展。党的十八大以来，广东污染排放减少，环境持续改善，结构不断调整，经济稳步增长，节能减排的任务已经全面超额完成，广东单位GDP化学需氧量、二氧化硫、氨氮和氮氧化物的排放，分别下降了44.7%、46.3%、43.5%、49.9%。2016年广东平均灰霾天数降到1989年以来的最低水平，大江大河的水质

保持良好①。

二、发展：以锐意改革推动环境保护

发展是执政兴国的第一要务，发展始终是解决中国问题的关键。在推动绿色发展进程中，广东不断探索新思路，解决新问题，以环境保护推动绿色发展。

（一）加大环境保护力度全面节能减排

广东以铁腕治污的决心，从源头上严控高污染项目建设，加强对污染源排污行为的监控，推动减排工程建设，广东主要污染物减排工作取得突破性进展。广东按照污染物的排放总量进行分区控制，推动珠三角地区的劳动密集型产业实现转移，高污染的产业果断淘汰，为先进的制造业和高科技产业等附加值高的产业提供了发展空间，各级环保部门充分发挥总量前置审核、规划环评等作用，推动广东经济增长方式的转变。对重点污染源加快在线监控系统建设，全省已经安装污染源在线监控设备的企业达到了 1 200 多家，全省 21 个地级以上市污染监控设备全部建成。全省实现县县建成污水处理厂，新增污水处理规模 1 105 万吨，居全国首位②。广东省在严格污染源监管，全面推进节能减排工作上取得了瞩目的成绩，为全国其他地区提供了有益的借鉴。

（二）大力发展生态农业

食物安全和健康安全是世界各国共同关注的重大问题。随着经济

---

① 谢庆裕：《绿色发展造就广东新“名片”——广东环境保护工作开创绿色发展与生态文明建设新局面》，《同舟共进》2017 年第 12 期，第 47 页。

② 李远、张修玉：《新时期广东生态文明建设》，广东人民出版社 2013 年版，第 187 页。

社会的高速发展,生活水平的不断提高,广东人民对生活质量的要求越来越高。全球经济的一体化发展和中国进入 WTO 也为广东的农产品出口提供了利好机遇和严峻挑战,当前,“绿色壁垒”已成为影响广东农产品打入国际市场的首要障碍。因此,大力发展生态农业,多生产健康食品,已成为满足人民日益增长的美好生活需要的当务之急。这是建设“绿色广东”的战略要求,也是提升广东的农产品在国际市场上的“绿色竞争力”的当务之急。广东优越的气候环境,适合农作物的生长,尤其在山区,环境污染少,更有利于发展生态农业和生产健康食品。因此,广东牢记把农产品质量安全和农业生态环境保护放在首位,加大资金的投入力度,对发展生态农业的农户和企业给予生态补偿,引导和鼓励农民开展生态农业建设,推进生态农业的市场化进程。

(三)推动生态城市绿道建设

生态城市建设是“绿色广东”建设的重要内容。在 2010 年广东省委十届六次全会上,作为一项生态民生工程,绿道被摆上了和轨道发展同样重要的地位,一场轰轰烈烈的造绿行动在珠三角吹响了奋进号角。绿道指的是一种线性的绿色开敞空间,常常倚靠溪谷、河滨、山脊和风景道路等自然的和人工的廊道而建立,设有可供行人和骑车者进入的景观路线,和主要的公园、风景名胜区和自然保护区连接在一起。从 2010 年开始,广东用了三年时间,率先在珠三角地区建成了总长 8 909 公里的 6 条绿道。2013 年出台了《广东省绿道建设管理规定》,绿道通过自行车道和步行道,把珠三角有着较高自然和历史文化价值的自然保护区、风景名胜区和历史古迹等重要节点串联起来,在建构珠三角生态安全网的同时,为人民群众提供更多、更优美的生活游憩空间。当前，绿道已成为广东绿色发展的“标志工程”，珠三角绿道建成驿站238个，珠三角绿道网获得全国人居范例奖、联合国人居署“迪拜国际改善居住环境最佳范例奖”全球百佳范例称号。绿道的建设促进了广东区域协调发展，改善了乡村经济条件，成为实现城市可持续发展，推动广东生态文明和绿色发展的创新之举。

三、协同：以齐抓共管健全体制机制

推进广东绿色发展是一项复杂而又系统的工程，需要党和政府，以及社会各界齐心协力，需要全体公民的积极参与和行动自觉，统筹推进“多规合一”，加强绿色发展人才引进和科技投入，建立健全齐抓共管机制。

（一）统筹推进“多规合一”，严守生态红线

以主体功能区规划为基础统筹各类空间性规划，推进“多规合一”，系统整合各类空间规划，编制实施统一的空间规划，科学划定城镇、农业、生态等空间以及生态保护红线、永久基本农田、城镇开发边界等界限，统筹协调夸行政区域的空间布局安排。强化国土空间用途管制，细化落实主体功能区规划，推进“多规合一”，编制实施珠三角全域规划，提高粤东北城乡规划水平，强化国土空间规划对产业发展的引导作用。严守生态红线，严禁不符合主体功能定位的各类功能定位的各类开发活动，严禁任意改变用途，加强对重点生态功能区、生态敏感区和脆弱区的保护力度，实施一条红线管控重要生态空间，有效遏制生态系统退化趋势，切实维护生态安全。以主题功能区规划为基础统筹各类空间性规划，推进“多规合一”。建立资源环境承载能力检测预警机

制，落实生态空间用途管制，划分并严守生态保护红线，确保生态功能不降低、面积不减少、性质不改变。引入第三方进行过程监管，建立覆盖所有固定污染源的企业排放许可证制度等。

（二）加强绿色发展人才引进和科技投入

实现绿色发展关键在人，应大力培养和引进绿色职业的绿色人才。根据绿色产业和绿色社会的需求来制订人才引进计划，广东重点构建绿色人才资格认证的评价体制，引进绿色产业领域的专家和领军人才。在实现绿色发展方面，发达国家注重绿色人才的引进和投入，已经走在了我们的前面，因此，广东不断强化与发达国家建立国际交流与合作机制，引进国外优秀的绿色人才和先进的绿色技术，借鉴国外的先进绿色发展经验。创新是绿色发展的动力，广东在科技投入和科研经费方面向绿色环保产业倾斜，扶持产学研在绿色领域中的科技攻关与成果转化，培育和打造了一批拥有自主知识产权的、绿色环保的高新技术和产品，建设成了一批绿色产业的高科技企业群，提升了广东绿色产业的整体科技水平及自主创新能力①。

（三）完善区域协作机制，强化跨区域联动治理

生态环境问题具有区域性和蔓延性特征，广东在生态修复和污染防治等方面打破了区域界线，促进了森林、湿地、海洋等重要生态系统的保护的良性互动。此外，广东坚持多策并举、多地联动和全社会共同行动，加快建设区域协作机制，不断强化生态环境跨区域联动治理；完善区域共赢的利益协调机制，只有形成基于公共利益合作的、广泛的区

---

① 刘小琳、罗秀豪：《广东实施绿色发展战略的对策建议》，《科技管理研究》2012年第7期，第37页。

域协作治理，才能够真正避免"集体行动的困境"，强调区域之间在生态治理上既要竞争又要合作，从而实现生态治理的效益的区域共享，避免资源过于集中某一城市或某一产业，防治污染源的转移；加强相关部门、行业和区域之间的共建示范，规范地方政府合作治理过程中的权限，推进区域生态合作治理制度化和规范化，针对突出的生态难题，统筹各方力量协调予以解决，促进区域生态环境的整体优化。

四、创新：以敢为人先破解环保难题

习近平总书记指出，"创新始终是推动一个国家、一个民族向前发展的重要力量"①。这为广东绿色发展指明了新方向。

（一）抓好机制创新和政策完善

机制创新对建设美丽广东具有稳定性、长期性、根本性的作用。创新自然资源有偿使用机制和生态补偿机制，对欠发达地区的生态建设加大财政投入力度，把生态补偿与扶持结合起来。运用财税、价格、金融等手段推动资源节约与有效利用，建立科学的节能减排指标体系、监测体系和考核体系，加大执法和监督检查力度。创新绿色财税制度，对生态发展区引入生态保护激励性财政机制，增强改善环境的内在动力。创新投入机制，进一步完善政府引导、市场推动和公众参与的多元投入机制。创新政策法规，制定出有利于保护资源、鼓励绿色消费等法律法规，广东出台了《珠江三角洲环境保护规划》、《广东省节约能源管理办法》、《广东省环境保护条例》、《广东省党政领导干部生态环境损害责任追究实

① 习近平：《加快实施创新驱动发展战略　加快推动经济发展方式转变》，2014 年 8 月 19 日《人民日报》第 1 版。

施细则》、《珠三角清洁空气行动计划》和《大气、水、土壤污染防治行动计划实施方案》等多项政策法规,在绿色发展方面树立了尊严和权威。

(二)以创新驱动绿色发展

绿色发展主要解决发展与保护之间的矛盾问题,重点是转变发展方式。广东的绿色发展以和谐发展为核心,以生活、生态、生产的共赢发展为准则,同政治、经济、文化和社会建设紧密结合,不断探索新的发展方式,为实现生态文明社会和美丽广东筑牢根基。实现"美丽广东"的目标必须强化创新,坚持创新驱动发展战略。一是更新观念,树立绿色发展理念;二是制度创新,敢于打破传统的路径依赖和制度障碍,健全新的体制机制;三是科技创新,致力于发展绿色科技,用一体化的思维整体推进各项工作,切实实现绿色发展。绿色发展需要推动节能减排,新材料、新能源汽车等新兴绿色制造业的发展将成为广东经济发展新的增长点。节能环保、生态旅游、绿色文化产业等部门开辟了消费需求新空间,引领转型升级的新方向。绿色发展推动经济结构调整,增强绿色引领经济发展的能力,推动产学研的协同创新。近年来,广东在建设"美丽广东"、推进绿色发展等方面做出了巨大努力,但是,新技术意味着新突破,要针对全球经济格局做出的新调整,广东不断增强忧患意识和危机意识,及时顺应世界经济格局的新变化,努力实现依托绿色创新推进经济发展和社会发展①。

(三)绿色发展理念指导粤东西北振兴

绿色发展理念指导粤东西北振兴,广东绿色发展再次走到全国前

① 温宪元:《绿色发展对广东具有特别重要的意义》,2012 年 8 月 12 日《南方日报》第 7 版。

列。2016年,广东第三产业的增加值从2008年的39.8%提高到49.3%。产业结构的调整增强了广东区域经济竞争力,2016年9月,生态环境部和广东省人民政府共同签订了共建“珠江三角洲国家绿色发展示范区”的合作协议,至此,广东绿色发展的目标提升到了国家战略层面。按照协议确定,到2020年,珠三角地区的环境质量明显改善,基本形成绿色发展的格局,构建现代环境治理体系,率先把广东建设成为绿色空间合理、绿色环境优美、绿色经济发达、绿色制度创新、绿色人文繁荣的国家级绿色发展示范区,带动和辐射粤东西北地区实现经济和环境的协调发展,为全国其他省份提供经验和借鉴。根据《广东省主体功能区规划》的定位,粤东、粤西结合其地处沿海,环境容量较大的特点,应重点发展重化工业。作为珠三角生态屏障的粤北地区因环境容量有限,着重保护环境,发展无污染的轻型制造业。科学谋划粤东西北地区与珠三角地区的产业链条,发挥集中发展的集约性和经济性优势,着力打造中心城市,合理规划产业园区,发挥规模效应,限制工业发展空间,为生态保护腾出更多的空间。

五、法治：以法治思维保障绿色发展

改革开放四十多年,随着经济发展对环境和生态系统的压力日益加重,广东对生态建设和环境保护的重视程度也与日俱增,形成了较为完整的生态建设和环境保护机制框架,各种机制在不同层面发挥作用。

（一）完善环境保护立法构建“绿色法制”

构建“幸福广东”必须建立在法制社会的基础之上。为建设“幸福广东”,广东出台了一系列配套政策和法规,例如：生态补偿政策、绿色产品的市场准入政策、绿色 GDP 的鼓励政策、行政官员基于生态保护绩效的考核制度等。一是制定和修改了有助于生态文明建设和保护生态环境的一系列法律和法规,例如:完善最严格的耕地保护制度和水资源的管理制度等。二是落实了一票否决制,强化环境保护责任,采取强制办法,最大限度营造起环保法规的威慑力,把环境违法行为扼杀在摇篮里。应当充分使用好行政处罚的自由裁量权,完善环境公益诉讼,不断提高关于损害环境的民事诉讼案件的起诉成功率,按照刑法有关规定以及最高人民法院的司法解释,对重大环境犯罪行为加大查处力度。广东在提升法治环保水平、严格环保执法、创新地方立法等方面,为推进法治广东贡献了力量,为建设“美丽广东”保驾护航。2015 年 7 月 1 日,《广东省环境保护条例》出台,这是新《环保法》施行后,在全国范围内出台的首部与其相配套的环境保护地方性法规,使广东的生态产品供给能力明显增强,生态质量持续提高,绿色惠民效益显著提升①。

(二) 建立了政府官员的绿色考核体系

广东是全国 10 个绿色 GDP 核算试点省份之一。广东从 2008 年开始,率先在全国推行将生态环境纳入官员的评价考核体系中,通过绿色考核机制的完善,全省各级党政领导干部对环境保护工作比以前更加重视。广东将执行环保法律法规、污染排放强度、环境质量变化、公众对环境的满意度等指标纳入干部的政绩考核内容中去。2016 年 12 月 16 日,《广东绿色发展指数评价研究报告》发布。在广东绿色发展

① 《走生态立省之路　广东绿色发展再举旗》,《同舟共进》2017 年第 6 期,第 1 页。

指数评价中，创造性地运用了环境经济学中最具经典的环境库兹涅茨曲线理论，将地区发展的阶段性纳入评价范畴，使评价结果更加客观、公正。广东绿色发展指数把全省 21 个市作为评价单元，并计算各地市 2015 年的绿色发展指数。同时，报告基于地市评价结果，对珠三角和东、西两翼以及粤北山区进行了综合评价，从主体功能区划与人均收入水平等层面进行了分析。总体上看，惠州、深圳、中山、东莞、佛山、湛江等 6 市绿色发展指数得分较高①。广东不断探索创新生态文明的考核机制，设立最严格的环保制度，进行更严厉的责任追究，认真落实环保“党政同责、一岗双责”制度。《广东省党政领导干部生态环境损害责任追究实施细则》出台后，对损害生态环境的领导干部实行终身追责。

（三）推进环保领域监测督察执法垂管

广东在“十三五”期间，依靠深化环保重点领域的改革和制度建设，进一步解决制约环保事业发展的制度障碍。按照国家环境监测体制改革的要求，强化地方政府治污的主导责任。2016 年，广东认真贯彻落实《环境保护督察方案》，完善相应的环保督察工作机制，针对全省各地市和有关部门贯彻落实国家和广东省环境保护决策、履行环境保护责任、处理突出环境问题等情况开展巡视督察。此外，广东积极推进环评“瘦身”工作，大力推行环评登记表备案制度试点，探索创新执行环境保护设施与主体工程同时设计、同时施工、同时投产使用的“三同时”管理制度，确保环保风险全面受控，推动建设项目工程的环境监

---

① 赵细康：《广东省社会科学院发布〈广东绿色发展指数评价研究报告〉》，《新经济》2017 年第 1 期，第 35 页。

理,实施环保“三同时”验收备案制,引入第三方进行过程监管等。在绿色发展理念的引领下,广东继续砥砺前行,实现经济环境协调发展双赢,创造更多的生产发展、生活富裕、生态良好的“绿色奇迹”,为建成“美丽中国”做出更大的贡献①。

本章小结

绿,是今日广东最浓重的色彩!绿,是南粤大地最靓丽的风景!穿行在广东,一幅幅以绿为底色的秀美画卷,不断在眼前展现,一座座城市、一个个乡村仿佛被壮阔无垠的森林、湿地所簇拥。广东对绿色发展理念持续探索,充分发挥自身优势、把握机遇、直面劣势、迎接挑战。改革开放以来,广东精彩纷呈、持续不断的实践证明,广东已经走出了一条用理念提升意识、用意识开拓创新、用创新引领实践、用实践惠泽民生的绿色发展之路。在全面改善生态状况的同时,广东也成了全国绿色发展的探路先锋。

绿色,赐予广东这个沿海省份饱满的青春气息;发展,使中国改革开放的最前沿焕发着生机活力。对于全国经济总量和人口第一大省的广东来说,积极探索人与自然的和谐、经济社会与环境协调的绿色发展之道,是一份使命和担当。广东坚持走生态立省和绿色低碳发展之路,自觉维护森林生态安全,强化资源保护,增绿增质增效,增进绿色惠民,深入开展新一轮绿化大行动,率先建设全国首个国家森林城市群,全面

① 黄慧诚、钟奇振、陈惠陆、郑秀亮:《美丽与发展共赢——党的十八大以来广东加强环境保护、推进绿色发展综述》,《环境》2017 年第 11 期,第 24 页。

提升生态文明建设水平，致力构建南粤大地新的生态格局，建设"美丽广东"。"绿"已成为广东奋斗前行的底色，生动地印证了习近平总书记"既要金山银山，更要绿水青山"这一重要论断的科学性和可行性，围绕建设全国绿色生态第一省的奋斗目标，着力建设北部连绵山体森林生态屏障体系、珠三角城市群森林绿地体系、珠江水系主要水源地森林生态安全体系、道路林带与绿道网生态体系以及沿海防护林生态安全体系，不断优化生态空间布局。

这是一片率先发展的经济热土，这是一处生机盎然的绿色家园。广东在践行绿色发展的进程中，始终走在时代的前列，敢为天下先，在绿色城市、绿色建设、绿色乡村的建设中不断创新，广东惠州获"全国2017美丽山水城市"，在12个获奖城市中排名第一位，在2017年全国农村示范村的评选中，广东省广州市番禺区石楼镇大岭村等6个村上榜"全国美丽乡村示范村"，处处彰显了广东在绿色发展中的特色和创新，勇做全国的排头兵。

青山欢颜，绿水欢唱！广东"十三五"牢固树立创新、协调、绿色、开放、共享的发展理念，认真贯彻落实好习近平总书记关于生态文明建设的系列重要讲话精神，贯彻落实省委、省政府的决策部署，开辟绿色发展新征程，深入推进新一轮绿化广东大行动，努力走出一条具有广东特色的生态文明建设新路子。"务实、发展、协同、创新、法治"是广东绿色发展经验的深刻总结，为其他省份的绿色发展提供了可资借鉴的经验。

空谈误国，实干兴邦。广东作为改革开放的排头兵，在经济发展领跑全国的同时，深刻认识到"践行生态文明，建设美丽广东"的重要性。

从延绵 5 000 多公里的珠三角绿道网络建设到“实施绿色发展战略、走生态立省道路”的提出，从淡水河、石马河流域污染整治到《南粤水更清行动计划》的实施，这些生动实践不仅是广东人民在生态文明建设中的创举，也是对建设“美丽中国”的有益探索，未来广东将为建设“美丽中国”做出更大贡献。

第六章
凝聚绿色发展合力 实现美丽中国崛起

改革开放四十多年，中国在全世界创造了经济超速增长的奇迹，但同时也有一些不合理的人为开发，引发了我国一系列生态问题。随着人民群众环保意识的觉醒与生活水平的不断提高，人们对干净饮水、清新空气、安全食品和优美环境的要求日趋强烈，生态环境的恶化对人民健康的影响已经成为突出的民生问题。因此，在发展中必须坚守保护环境和节约资源的基本国策，坚定走生产发展、生活富裕、生态良好的绿色发展道路，凝聚绿色发展合力，实现美丽中国崛起，为全球生态安全做出新的更大的贡献。当前，全社会贯彻绿色发展理念的自觉性和主动性显著增强，忽视生态环境保护的状况明显改变。一个充满自信的中国在绿色发展道路上正迈开大步向前走，中国迎来了一个“绿色化”的“十三五”，世界看到了一个昂首屹立在地球东方的“美丽中国”。“十四五”时期要凸显绿色发展，用绿色发展的成果提升整体发展的质量,协同推进经济高质量发展和生态环境高水平保护①。

一、凝聚绿色发展合力

推进绿色发展,建设生态文明,是一场涉及价值观、生产方式、生活方式及发展模式的全方位变革,是复杂的系统工程,也是全社会共同参与、共同建设、共同享有的伟大事业,必须最大限度地凝聚中国力量,汇聚绿色发展合力,形成政府主导、企业主体、多方参与、全民行动的工作格局。

第一,强化领导干部的绿色导向。推动绿色发展,为发展航船定好向、掌好舵,关键在党,关键在人。实现领导方式绿色化,既要营造清明的政治生态,又需要提升领导素质和领导能力,引导领导干部自觉对标校表,避免发展航向偏离和迷失,对领导干部的行为要形成正向的激励,使绿色发展成为领导干部政绩的主旋律和主色调。各级领导干部要充分发挥模范带头作用,科学研判发展形势,准确瞄准发展“堵点”,打好生态保护“组合拳”,用过硬的执行能力和务实的工作作风,为绿色发展保驾护航,让美丽与发展同行。要加强具有鲜明绿色指向的制度建设,完善自上而下的制度体系,为绿色发展注入制度约束力和驱动力。

第二,增进绿色发展的协同。绿色发展追求人与自然和谐,以共享绿色福利作为发展目标,必须协同各方面力量,凝聚各方面资源,唱响绿色发展合唱。要从更加宏观和宽广的事业看绿色发展,增强新发展理念、五大建设的协同和“五化”同步。推动绿色发展与创新、协调、开

---

① 丁瑶瑶:《“十四五”生态环保规划要凸显绿色发展》,《生态经济》2019 年第 11 期,第 22 页。

放、共享的理念互融互通，将生态文明建设放到突出的战略位置，融入政治建设、经济建设、文化建设、社会建设的全过程。增强“绿色化”和其他“四化”的协调统一，将“绿色化”融入新型工业化、信息化、城镇化和农业现代化的各方面，通过“绿色化”提升经济社会发展的质量和水平。在推进绿色发展的过程中，树立“一盘棋”思想，增强地方与地方的协同，部门与部门的协同以及政府、企业、社会与民众之间的协同，形成推动绿色发展的强大合力，让绿色发展理念在全社会广泛普及、普遍认可。

第三，形成全球绿色治理共识。中国的发展进步离不开世界，世界的繁荣稳定离不开中国。中国特色社会主义已进入新时代，开启了实现中华民族伟大复兴的新篇章，描绘出加强中国同世界交融发展的新画卷，习近平总书记在2018年博鳌亚洲论坛的主旨演讲，回顾了改革开放四十多年来中国与世界各国共同的发展进步，一起走过了万水千山，凝聚了中国力量，宣示了新时代中国与世界交融发展的决心，为世界和平和发展注入了中国信心。今日中国，是世界经济增长的稳定器、国际秩序的维护者、全球发展的贡献者。面对生态问题的层出不穷，中国人民将继续扩大开放和加强合作，与世界人民同行，形成全球绿色治理共识，为人类做出更大贡献。新时代，开放带来进步，封闭必然落后。世界各国的经济社会发展相互影响，因此，推进互联互通，共同应对环境挑战，实现绿色发展已经成为解决生态危机，促进共同繁荣发展的必然选择。中国正在坚定不移走和平发展道路，持之以恒推动构建人类命运共同体，我们坚信，只要中国与世界各国同心协力、携手同行，中国的明天一定会更美好！世界的未来也一定会更美好！

二、实现美丽中国崛起

绿色发展理念以建设美丽中国为奋斗目标,以开创生态文明新时代为引领,明确了我国当前发展的重要价值取向,丰富了中国梦的美好蓝图,是实现“富强、民主、文明、和谐、美丽”的社会主义现代化国家的必由之路。

第一,遵循全面小康的绿色基调。小康全面不全面,生态环境质量是关键。坚持绿色发展是实现全面小康和可持续发展的必然选择,坚决补齐生态短板是夺取全面建成小康社会决胜阶段所必须攻克的难关,更是建设“美丽中国”、实现中华民族的永续发展亟待破解的重大课题。我们只有从本质上去深刻理解全面小康的内涵,并在决策中始终准确把握好绿色发展理念,才能够让“绿色”贯穿到全面建成小康社会的全过程并转化成建设“美丽中国”的实际行动。在 2020 年实现全面建成小康社会的目标中,我们党把绿色发展作为“五大发展”的战略目标之一,指出生态文明建设水平和全面建成小康社会的目标相一致。党的十九大对新时代中国特色社会主义发展做出新的战略安排,我们党提出的从实现“小康社会”到“全面建设小康社会”再到“全面建成小康社会”的伟大目标,表明我们实现目标的路径越来越清晰,坚持绿色发展就是实现这一目标的重要一环。推动绿色发展是全球所有国家和地区共同的事业,既是我国全面建成小康社会与现代化建设的内在需要,更是中国作为一个负责任的社会主义大国在国际社会应有的姿态的展现。

第二,坚持以新时代中国特色社会主义生态文明思想为行动指南。党的十九大报告对绿色发展提出了一系列新思想、新要求、新目标和新部署。在新思想方面,将坚持人与自然和谐共生作为新时代坚持和发展中国特色社会主义的基本方略重要内容,提出生态文明建设是中华民族永续发展的千年大计、人与自然是生命共同体等重要论断。在新要求方面,明确我国社会主要矛盾已经转化为人民日益增长的美好生活需要和不平衡不充分的发展之间的矛盾,我们要建设的现代化是人与自然和谐共生的现代化,既要创造更多的物质财富和精神财富以满足人民日益增长的美好生活需要,也要提供更多优质生态产品以满足人民日益增长的优美生态环境需要。在新目标方面,提出到 2020 年,坚决打好污染防治攻坚战;到 2035 年,生态环境根本好转,美丽中国目标基本实现;到 21 世纪中叶,把我国建成富强民主文明和谐美丽的社会主义现代化强国,物质文明、政治文明、精神文明、社会文明、生态文明将全面提升。在新部署方面,提出要推进绿色发展、着力解决突出环境问题、加大生态系统保护力度、改革生态环境监管体制。这些新思想、新要求、新目标、新部署,为建设"美丽中国"提供了根本遵循和行动指南,党的十九大再次吹响了加快生态文明体制改革、建设美丽中国的号角。

第三,实现中国社会的绿色崛起。胡鞍钢在《中国崛起之路》一书中指出,中国崛起之路就是中国现代化之路。具体来说,包括绿色崛起与绿色发展、和谐崛起与和谐发展、和平崛起与和平发展、创新崛起与创新发展、合作崛起与合作发展。在全球绿色治理过程中,中国正全面展现负责任的大国形象。从金砖国家的领导人会晤到联合国发展峰会,再到气候变化的巴黎大会,从 20 国集团领导人的峰会到亚太经合组织会议,再到中非合作论坛的约翰内斯堡峰会,习近平总书记一直都在向世界传递着推进绿色发展,建设美丽中国的理念。这既是对中国绿色行动的阐述,也是中国对世界的绿色承诺。坚持走具有中国特色的绿色可持续发展道路,不仅是对亚洲文明内涵的高度凝练和升华,同时也是对世界文明与世界和平发展的重大贡献。中国是世界第一人口大国,通过倡导绿色发展,逐步实现绿色崛起,为绿色地球村的建设贡献不可替代的"中国经验"。作为世界上最大的发展中国家,中国正在世界舞台上积极发挥中国智慧,以绿色发展等新发展理念为引导,以更全面的实践自觉,厚植绿色发展优势,影响和带动其他发展中国家共同迈向绿色发展道路。

凝聚绿色发展合力,实现美丽中国崛起,是实现伟大中国梦的重要组成部分。七十年来,中国人民一直为建设一个山川秀美的新中国而不懈努力;展望未来,美丽中国的图景更加令人憧憬和向往。我们坚信,在新时代中国特色社会主义思想的指引下,全体中国人民凝心聚力、开拓创新,持之以恒地大力推进社会主义生态文明建设,驰而不息,久久为功,一个和谐美丽、繁荣富强的"绿色中国"一定会屹立于世界的东方,中华民族伟大复兴的中国梦一定会实现!

参考文献

文献类

《马克思恩格斯文集》(第1—10卷),人民出版社2009年版.

《马克思恩格斯选集》(第1—4卷),人民出版社2012年版.

《毛泽东选集》(第1—4卷),人民出版社1991年版.

《邓小平文选》(第1—2卷),人民出版社1994年版.

《邓小平文选》(第3卷),人民出版社1993年版.

《江泽民文选》(第1—3卷),人民出版社2006年版.

《胡锦涛文选》(第1—3卷),人民出版社2016年版.

《科学发展观学习读本》,学习出版社2008年版.

《中国特色社会主义学习读本》,学习出版社2013年版.

《习近平关于社会主义生态文明论述摘编》,中央文献出版社2017年版.

《习近平谈治国理政》,外文出版社2014年版.

UNDP:《中国人类发展报告2002:绿色发展,必选之路》,中国财政经济出版社2002年版.

中国可持续发展研究会:《绿色发展:全球视野与中国抉择》,人民邮电出版社 2014 年版.

中共中央文献研究室:《科学发展观重要论述摘编》,中央文献出版社 2008 年版.

中共中央宣传部:《习近平总书记系列重要讲话读本》,学习出版社、人民出版社 2016 年版.

《2000 年人类发展报告》,中国财政经济出版社 2001 年版.

《生态文明建设新理念与广东实践》,广东人民出版社 2018 年版.

中共中央文献研究室:《习近平总书记重要讲话文章选编》,中央文献出版社 2016 年版.

《中共中央国务院关于实施乡村振兴战略的意见》,人民出版社 2018 年版.

中共中央、国务院:《粤港澳大湾区发展规划纲要》,人民出版社 2019 年版.

报纸类

《中共中央国务院关于加快推进生态文明建设的意见》,2015 年 5 月 6 日《人民日报》.

《环境就是民生,青山就是美丽,蓝天也是幸福》,2015 年 3 月 7 日《中国青年报》.

《"美丽乡村"创建目标体系》,2013 年 5 月 15 日《农民日报》.

《广东省人民政府 2017 年政府工作报告》,2017 年 5 月 18 日《南方日报》.

《八、绿水青山就是金山银山》,2014 年 7 月 11 日《人民日报》.

习近平:《携手共建生态良好的地球美好家园》,2013 年 7 月 21 日《人民日报》.

习近平:《决胜全面建成小康社会　夺取新时代中国特色社会主义伟大胜利——在中国共产党第十九次全国代表大会上的报告》,2017 年 10 月 28 日《人民日报》.

习近平:《像保护眼睛一样保护生态环境　像对待生命一样对待生态环境》,2016 年 3 月 11 日《新华日报》.

习近平:《关于〈中共中央关于制定国民经济和社会发展第十三个五年规

划的建议〉的说明》,2015 年 11 月 4 日《人民日报》.

习近平:《携手构建合作共赢新伙伴　同心打造人类命运共同体——在第七十届联合国大会一般性辩论时的讲话》,2015 年 9 月 29 日《人民日报》.

习近平:《共同构建人类命运共同体》,2017 年 1 月 20 日《人民日报》.

余永跃、李渺:《女性与自然价值的生态女性主义审视》,2015 年 4 月 21 日《中国妇女报》.

胡恒松、周宏春:《发展绿色经济重在协同》,2017 年 12 月 1 日《经济日报》.

熊辉、吴晓:《坚持人与自然的和谐共生》,2018 年 2 月 9 日《人民日报》.

温宪元:《绿色发展对广东具有特别重要的意义》,2012 年 8 月 12 日《南方日报》.

钟奇振、陈惠陆:《广东: 当好绿色发展排头兵》,2016 年 3 月 3 日《中国环境报》.

黎明:《广东努力建设全国绿色生态第一省》,2016 年 4 月 11 日《中国绿色时报》.

唐彬:《绿色生态: 广东发展必然战略选择》,2013 年 9 月 9 日《东莞日报》.

黄应来:《让美丽广东成为共建共享的美好现实》,2013 年 8 月 30 日《南方日报》.

朱唐:《中国绿色发展正迈上新台阶》,2019 年 8 月 29 日《社会科学报》.

张厚美:《绿色发展政绩怎么考?》,2020 年 1 月 22 日《中国环境报》.

唐丙元:《以绿色发展引领乡村振兴》,2019 年 11 月 29 日《河北日报》.

人民日报评论员:《做好垃圾分类　推动绿色发展》,2019 年 6 月 4 日《人民日报》.

专著类

(一) 中文专著

刘德海:《绿色发展》,江苏人民出版社 2016 年版.

张云飞:《生态文明——建设美丽中国的创新抉择》,湖南教育出版社 2014

年版.

牛文元:《2010中国科学发展报告》,科学出版社2010年版.

胡鞍钢:《中国:创新绿色发展》,中国人民大学出版社2012年版.

诸大建:《生态文明与绿色发展》,上海人民出版社2001年版.

赵建军:《如何实现美丽的中国梦——生态文明开启新时代》,知识产权出版社2013年版.

高红贵:《绿色经济发展模式论》,中国环境出版社2015年版.

何爱国:《当代中国生态文明之路》,科学出版社2012年版.

周启星、魏树和、张倩茹:《生态修复》,中国环境科学出版社2006年版.

李远、张修玉:《新时期广东生态文明建设》,广东人民出版社2013年版.

刘湘溶:《我国生态文明发展战略研究》,人民出版社2013年版.

张哲强:《绿色经济与绿色发展》,中国金融出版社2012年版.

刘鸿志:《绿色发展的实证研究和探索》,中国环境科学出版社2012年版.

刘文霞:《用"深绿色"理念引导经济发展》,人民出版社2012年版.

王秋艳:《中国绿色发展报告》,中国时代经济出版社2009年版.

中国可持续发展研究会:《绿色发展:全球视野与中国抉择》,人民邮电出版社2014年版.

（二）译著

[美] 丹尼斯·梅多斯著:《增长的极限:罗马俱乐部关于人类困境的报告》,李宝恒译,吉林出版社1997年版.

[挪] 兰德斯著:《2052:未来四十年的中国与世界》,秦雪征等译,译林出版社2013年版.

[英] 雷切尔·卡逊著:《寂静的春天》,吕瑞兰、李长生译,吉林出版社1997年版.

[英] 大卫·皮尔斯等著:《绿色经济的蓝图》(第四卷),初兆丰、张绪军译,北京师范大学出版社1997年版.

[美] 丹尼尔·A. 科尔曼著:《生态政治:建设一个绿色社会》,梅俊杰译,上海译文出版社2002年版.

［美］福斯特著:《马克思的生态学》,刘仁胜、肖峰译,高等教育出版社 2006 年版.

［美］福斯特著:《生态革命》,刘仁胜、李晶、董慧译,人民出版社 2015 年版.

［美］萨克赛著:《生态哲学》,文韬、佩云译,东方出版社 1991 年版.

［美］卡洛琳·麦茜特著:《自然之死》,吴国盛等译,吉林人民出版社 1999 年版.

［美］约翰·贝拉米·福斯特著:《生态危机与资本主义》,耿建新、宋兴无译,上海译文出版社 2006 年版.

［美］赫尔曼·E. 达利、小约翰·B. 柯布著:《21 世纪生态经济学》,王俊、韩冬筠译,中央编译出版社 2015 年版.

［美］弗朗西斯·福山:《国家构建: 21 世纪的国家治理与世界秩序》,郭华译,上海三联书店 2020 年版.

（三）外文专著

Pearce, *Blue Print for a Green Economy: a Report*, London: Earthscan publications Ltd, 1989.

Word Commission on Environment and Development. Our Common Future, Oxford: Oxford University Press, 1987.

UNESCAP, *State of the Environment in Asia and the Pacific 2005*, United Nations publication, 2006.

Dale Jamieson, *A Companion to Environmental Philosophy*, Blackwell Publishing Ltd., 2003.

UNEP(2011), *Towards a Green Economy: Pathways Sustainable Development and Poverty Eradication*, Nairobi: UNEP.

A. Hurrell: *International Political Theory and the Global Environment in KenBooth and Stece. Smith, eds. International Relations Theory Today, Philadelphia* The Pennsy Lvnia State University Press, 1995.

Michael Stocking and Stephane Morse, *People and Environment: Development for the Future*, Taylor & Francis Ltd., 1995.

UNESCAP. *State of the Environment in Asia and the Pacific 2005*, United Nations publication, 2006.

期刊论文类

张云飞:《试论中国特色生态治理体制现代化的方向》,《山东社会科学》2016 年第 6 期.

张云飞:《走向绿色新政的国际潮流》,《生态文明世界》2014 年第 2 期.

赵建军:《人与自然的和解:“绿色发展”的价值观审视》,《哲学研究》2012 年第 9 期.

赵建军:《中国的绿色发展: 机遇、挑战与创新战略》,《学术前沿》2013 年第 10 期.

赵智奎:《少数民族地区生态文明建设与中国特色社会主义》,《科学发展观与民族地区建设实践研究》2009 年第 7 期.

胡鞍钢、周绍杰:《绿色发展: 功能界定、机制分析与发展战略》,《中国人口资源与环境》2014 年第 1 期.

秦书生:《习近平的绿色发展思想探析》,《理论学刊》(济南)2015 年第 6 期.

陈慧:《绿色发展视域中“人类命运共同体”的建构》,《广西社会科学》2018 年第 2 期.

陈慧:《习近平绿色发展观的发生逻辑及内在旨趣》,《广西社会科学》2016 年第 11 期.

陈慧:《绿色消费的妇女道路构建研究》,《生态经济》2008 年第 4 期.

王玲玲、张艳国:《“绿色发展”内涵探微》,《社会主义研究》2012 年第 5 期.

范和生、刘凯强:《从黑色文明到绿色发展: 生态环境模式的演进与实践生成》,《青海社会科学》2016 年第 2 期.

毕鸿昌:《绿色发展: 理论基础、落实困境与对策》,《福州党校学报》,2017

年第1期.

陈金龙:《五大发展理念的多维审视》,《思想理论教育》2016年第1期.

陈荣香:《女性主义视域下生态文明建设的领导理念》,《理论前沿》2015年第5期.

小约翰·B.柯布、陈伟功:《论有机马克思主义》,《马克思主义与现实》2015年第1期.

陈凡、白瑞:《论马克思主义绿色发展观的历史演进》,《学术论坛》2013年第4期.

周杨:《"五位一体"总体布局的演进与当代价值》,《重庆社会科学》2013年第9期.

苏立宁、李放:《"全球绿色新政"与我国"绿色经济"政策改革》,《科技进步与对策》2011年第8期.

李红霞、李琪:《全球绿色新政的动向与中国的策略》,《改革与战略》2011年第10期.

张旋:《论资本逻辑与生态逻辑之关系》,《现代经济探讨》2016年第9期.

孙志:《生态价值的实现路径与机制构建》,《中国科学院院刊》2017年第1期.

包宇、张继新:《浅谈生态价值的实质》,《内蒙古林业》2011年第3期.

杨通进:《论正义的环境——兼论代际正义的环境》,《哲学研究》2006年第6期.

宋瑞霞:《论代内正义的环境与代内正义问题》,《当代社科视野》2009年第1期.

丁成际:《论代际正义与可持续发展》,《毛泽东邓小平理论研究》2011年第8期.

刘旭:《马克思生态哲学视野下的绿色发展:理论渊源和现代启示》,《哈尔滨师范大学社会科学学报》2017年第5期.

李建华、蔡尚伟:《"美丽中国"的科学内涵及其战略意义》,《四川大学学报(哲学社会科学版)》2013年第5期.

沈佳文:《推进国家生态治理体系和治理能力现代化的现实路径》,《领导视点》2016 年第 2 期.

宫蕾:《我国绿色消费问题研究》,《时代金融》2017 年第 2 期.

杜创国、张小丫:《欧洲生态文明发展及其启示》,《新视野》2013 年第 4 期.

左守秋、张红丽:《以科学生态价值观引领生态文明建设》,《人民论坛》2014 年第 7 期.

余潇枫、王江丽:《“全球绿色治理”是否可能? ——绿色正义与生态安全困境的超越》,《浙江大学学报(人文社会科学版)》2008 年第 1 期.

刘玉侠、丁晋清:《“生态文明”理念与“绿色广东”建设》,《佛山科学技术学院学报(社会科学版)》2010 年第 3 期.

张开城:《基于 SWOT 分析的广东绿色可持续发展研究》,《区域发展战略》2011 年第 5 期.

康念福、郁宏辉:《建设生态文明和“美丽广东”的思路与建议》,《广东经济》2013 年第 12 期.

梁光源、黄泽欣:《“粤建粤美”广东行: 全媒体探索广东绿色发展新气象》,《环境》2016 年第 6 期.

朱帮助、张梦凡:《绿色发展评价指标体系构建与实证》,《统计与决策》2019 年第 17 期.

陶晓:《论建设性后现代主义对中国绿色发展的借鉴价值》,《哲学研究》2020 年第 1 期.

向荣淑:《完善生态法治　推动绿色发展》,《人民论坛》2019 年 3 月上.

段艳丰:《乡村振兴视角下绿色发展的价值意蕴及实践指向》,《重庆社会科学》2019 年第 12 期.

李海棠:《绿色“一带一路”推动沿线国家绿色发展》,《生态经济》2019 年 16 期.

彭芳梅:《浅析粤港澳大湾区绿色发展路径》,《中共南京市委党校学报》2019 年第 2 期.

丁瑶瑶:《“十四五”生态环保规划要凸显绿色发展》,《生态经济》2019 年第 11 期.

学位论文

王永芹:《当代中国绿色发展观研究》,武汉大学博士论文,2014 年.

潘文岚:《中国特色社会主义生态文明研究》,上海师范大学博士论文,2015.

郝栋:《绿色发展道路的哲学探析》,中共中央党校研究生院博士论文,2012 年.

李斌:《绿色新政下中国绿色经济发展的相关问题研究》东北财经大学博士论文,2013 年.

后　记

本书是在我的博士论文基础上修改完成的。捧着即将杀青的书稿,如同怀抱自己昔日刚出生的婴孩。眼中浸透着拼搏的泪水,心中饱含着奋斗的喜悦。我作为一个高龄“产妇”,从“孕育”书稿到“生产”,度过了常人无法想象的无数个不眠之夜。今天终于可以伸一个懒腰,掩卷轻舒一口气了。怀抱着沉甸甸的书稿,我的思绪禁不住开始翻滚,眼睛开始模糊。恩师的谆谆教导时刻在耳畔回响,亲人的殷切目光不停在眼前呈现。

想起5年前,已过不惑之年的我决定考博还是源于儿子的一句话。那时儿子正读初三,为了激励儿子考上广州最好的高中,我整日苦口婆心,也许是儿子听烦了我无休止的唠叨,有一天突然告诉我:“妈妈,只要你考上博士,我一定考上广州最好的高中。”这句话也许是儿子真的希望妈妈更加优秀,也许就是儿子的一句玩笑话,我却当真。为了儿子能考上好的高中,那年寒假,我和儿子一起奋战了40天。2015年9月,我和儿子都如愿以偿。我考取中国社会科学院攻读博士学位,儿子跨进广东省首批国家级示范性高中。读博的3年,我和儿子一同成长,我们互相激励,时刻准备着,感谢儿子给了我动力!相信儿子不忘初心,一直坚守,能够经常看到他架起小提琴,左手执琴颈按弦,右手持弓拉奏,音色优美、音质纯正、音域宽广的天籁琴音荡漾回响。

读博的3年,我遇到了我人生中最重要的导师赵智奎研究员。“天涯海角有尽处,只有师恩无穷期”。先生严谨的治学态度,使我深知学者应当潜心钻研,不为世俗所困,忍受得了寂寞,享受得了清苦;先生高度的社会责任感和使命感激励我:作为一位教育工作者应肩负着建设国家的使命担当;先生对我论文的高标准、严要求让我不敢有丝毫的懈怠,从论文的选题到开题再到撰写,几次从北京到广州为我悉心指导,鉴于自身的学术功底和知识储备的局限,论文中不免有一些不足之处,对此先生不厌其烦地引导我,尤其对我论文第一稿一字一句进行修改批注,使我深受感动,先生对论文中的独到见解让我柳暗花明。感谢先生在我犹豫彷徨时给了我战胜困难的勇气和毅力,而在我想偷懒时又及时给予我警醒。我从先生犀利的眼光中读懂了他身上为什么会散发着无限的感召力。在先生的指点下,我的论文历经多次修改打磨,我的认知层次和理论水平得到提升,从中我也品味到春暖花开之心灵欢乐。高山巍巍,师恩如山!

感谢中国社会科学院马克思主义学院为我们上过课、帮助过我的老师,我从诸多先生身上汲取了思想和学术的营养,就像海绵吸收水分一样。中国社会科学院马克思主义学院金民卿老师、辛向阳老师,中国人民大学张云飞老师，中央党校赵建军老师，内蒙古大学包庆德老师在我开题和写作期间，就我的论文框架、理论实践创新、用词严谨、注释准确等方面提出许多宝贵的意见。雾海航灯，甘为人梯，令人难忘！在此表示由衷的敬意和诚挚的感谢！

我的单位领导杜方敏校长对我的鼓励给我无限的动力。作为学校的“双肩挑”人员，繁忙的工作让我无暇顾及更多，当我想打退堂鼓的时候，是学校领导的支持让我砥砺前行！单位马克思主义学院的高耀志院长、李晓培博士，对我的论文都提出的中肯的建议，解我心惑。特别是我的师姐陈媚林教授，在我攻读博士期间，一直激励我迎难而上，曾替我开家长会，为我解决后顾之忧。还有我的办公室同事，他们在我论文冲刺阶段，主动承担更多的工作任务，给予我莫大的支持。在此，由衷地感谢他们的付出！

忘不了中国社会科学院我的班主任李楠老师和同窗小伙伴们，我们一起度过了人生中一段最美好的时光。在读博，尤其是论文写作期间，我得到了韩育哲师姐、向海英师妹、蒋明伟博士、左伟博士、王丽颖博士、张琳琳博士、王丽娟博士、殷林飞博士、陈子飞博士、雷虹艳博士等朋友的大力支持和帮助。这份纯真的友谊将深深地珍藏在我的心间！

我年迈的母亲一直默默支持着我，在我书稿的攻坚阶段，母亲主动从河南来到广州为我承担起所有家务，默默地支持着我。我的爱人李锦顺先生工作繁忙，回到家就催促我，分明就是一个摇旗助威的鼓手，推着我只许前进不能后退。还有我的两个姐姐和公公婆婆，他们经常打电话让我注意平衡好工作、学习和休息。亲人的关爱给了我无限的力量,让我倍感温暖!

不经历风雨,何来见彩虹。感谢中国社会科学院研究生院给我提供了宝贵的学习平台,感谢所有帮助和支持过我的引路人,向你们致以崇高的敬意和深深的感谢!

2020 年 4 月于广州